中等职业学校商贸类专业公共课教材

普通话与口语交际训练

魏 雪 主 编

王海花 主 审

电子工业出版社

Publishing House of Electronics Industry

北京·BEIJING

内 容 简 介

本书讲述的是如何说普通话，如何说好普通话，如何锻炼交际口语并通过良好的交际口语获得成功。全书分为基础训练篇和交际与职业应用篇两部分。基础训练篇解决会说、说准、说好普通话的问题，主要包括普通话的历史及发展、普通话水平测试、普通话基础语音知识、如何说好普通话等内容；交际与职业应用篇解决怎样用好普通话，怎样让它服务于交际需要的问题，主要包括交谈与接待、介绍与求职、谈判与推销、演讲与辩论、主持与电话沟通等内容。各章节既有独立性，又有连贯性。学习者无论是零起点，还是高起点，都能各取所需，从中有所收获。

本书可作为中等职业学校公共课教材，也可作为教师、学生及其他行业从业人员普通话考级的辅导用书。

本书配有电子教学参考资料包，包括教学指南、电子教案、习题答案（电子版），详见前言。

图书在版编目（CIP）数据

普通话与口语交际训练 / 魏雪主编. —北京：电子工业出版社，2011.9

中等职业学校商贸类专业公共课教材

ISBN 978-7-121-14480-6

Ⅰ. ①普… Ⅱ. ①魏… Ⅲ. ①普通话—口语—中等专业学校—教材 Ⅳ. ①H193.2

中国版本图书馆 CIP 数据核字（2011）第 174927 号

策划编辑：徐　玲
责任编辑：沈桂晴
印　　刷：涿州市京南印刷厂
装　　订：涿州市京南印刷厂
出版发行：电子工业出版社
　　　　　北京市海淀区万寿路 173 信箱　邮编 100036
开　　本：787×1092　1/16　印张：15.5　字数：396 千字
版　　次：2011 年 9 月第 1 版
印　　次：2025 年 1 月第 19 次印刷
定　　价：28.00 元

前　　言

当今社会什么最重要？答案有很多，但归根结底，信息很重要。个人成功需要具备哪些素质？答案也有很多，但归根结底，沟通很重要。从农耕文明走到今天，我们惊奇地发现，人和人的沟通交流竟然也能成为创造财富、创造文明的手段。在某些领域，语言的交流已日益成为事业成功的强力推手，口语交际能力成为实现个人理想的重要技能。你想成功吗？那就磨练你言传心声、口吐莲花、语定乾坤的口语能力吧。

如何能够口吐莲花？在这样一个拥有古老文明的多民族国家，人和人之间进行语言交流可以有多种选择。从文化的多样性来看，掌握方言是极其必要的。然而，从信息化、通用化、标准化、便捷化的角度看，使用通用的共同语是必须的。因此，早在建国之初，普通话的普及和推广就写入了宪法。普通话是我国的官方语言，在外事活动中，在国际交流中，在日常工作和学习中，以及在其他各种交流场合中，普通话成为最便捷的沟通工具。能说一口标准、流利的普通话，成为个人修养能力的标志之一。

这本书能够带给你什么？对于大多数接受完九年义务教育的人来说，会说普通话已经不是什么问题了。那么，为什么还要再学习呢？从两个方面阐述编写本书的初衷。首先，普通话作为一种完整的语言体系，其自身的语音系统、语义系统、语用系统十分丰富，以往不作为学习的重点，但随着年龄增长和个人发展的需要，有必要更深入、更系统地去了解和练习，以便形成正确完美的语音面貌，为个人形象增分。毋庸置疑，优美、流畅的普通话会让你的声音和形象充满魅力。其次，流利的交际口语能力，会为事业发展助力，会帮助我们充分展现个人抱负，发挥个人才干，实现个人理想。因为，语言交流的现场性、不可替代性和及时反馈性，会让我们在第一时间就能感受到语言带来的成功喜悦，我们没有理由不重视它、不把它磨炼好。

本书在编排上分为基础训练篇和交际与职业应用篇。基础训练篇解决会说、说准、说好普通话的问题，主要包括普通话的历史及发展、普通话水平测试、普通话语音基础知识、如何说好普通话等内容；交际与职业应用篇解决怎样用好普通话，怎样让它服务于交际需要的问题，主要包括交谈与接待、介绍与求职、谈判与推销、演讲与辩论、主持与电话沟通等内容。各章节既有独立性，又有连贯性。学习者可以是零起点，也可以是高起点，各取所需。

本书由魏雪主编，王海花主审，王玉增、付强、常瑛、乔欣、庞学延、魏霖、杨郑鹏参加编写，孟建军为全书绘制了插图。他们中有长期从事普通话普及和推广的测试员，也有来自教学一线的口语教师和就业指导教师，他们了解学生的需求，也了解社会和岗位的需求。希望这本书能为你的成功助一臂之力。

在编写期间，我们得到了郑州市语委办的大力支持，参考了大量的教学实践案例、资料文献和互联网文献，虽在文后列出，但难免会有遗漏，在此一并致谢！希望这本书能够对从事或即将从事语言交流工作的朋友们有所裨益，愿它成为广大读者的良师益友。

为了方便教师教学，本书还配有电子教案、教学指南及习题答案（电子版），请有此需要的教师登录华信教育资源网（www.hxedu.com.cn）下载，或与电子工业出版社联系，我们将免费为您提供（E-mail:hxedu@phei.com.cn）。

编　者

2011 年 5 月

目　　录

基础训练篇

交际与职业应用篇

基础训练篇

第1章 普通话与普通话水平测试

【知识能力要点】

（1）普通话的概念。
（2）普通话水平测试的内容和标准。
（3）朗读技巧。
（4）命题说话技巧。

【建议的教学方式】

讲授法，实训法，情景模拟法。

【建议的学习方法】

课堂：模拟普通话水平测试的情境，训练学生的应试心理和应试能力。
课下：以小组为单位，分别以字、词、篇、章为专题进行正音练习。

【建议学时】

4 学时

1.1 普通话简介

1.1.1 普通话的产生和规范

汉语自古以来有方言，也有共同语言。根据有关史料记载，春秋时期孔夫子时代称共同语为雅言。雅言以洛阳雅言为标准。孔夫子的三千多徒弟来自当时的各地，各地的学生都讲自己的方言，孔夫子讲课的时候怎么能够让大家都听得明白呢？因为当时有共同语叫雅言，所以孔夫子在讲学的时候用雅言，这样交际就没有什么障碍了。

在汉代，共同语有了进一步的发展，当时把共同语叫做通语。各地讲不同方言的人可以月通语进行交际。从秦汉开始，黄河沿岸的中原人陆续向南方迁移，把河洛古语带到南方。

晋代以后，中原雅言南移。不同的政权都以其首都的语言为标准。北方一般以洛阳话为标准音，南方一般以建康话为标准音。洛阳话和晋代前的汉语已经有很大差别，是北方游牧民族学习汉语的产物，而建康话是南迁的晋王室的语言和当地语言融合形成的，也是今天吴语的源流。汉族知识分子主流上以南方的建康话为正统。

隋朝统一中国定都长安后，编著《切韵》，音系以参考洛阳话和建康话为主。唐代在《切韵》的基础上，又制定了《唐韵》作为唐朝标准音，规定官员和科举考试必须使用唐韵。宋代又在《唐韵》的基础上，制定了《广韵》。另外，隋唐时代，江南经济跃居全国前列，又是南朝时代的文化中心，因此，吴语仍然有一定流行度。金陵话、苏州话和扬州话都是当时吴语的代表。隋炀帝就曾经在扬州学习过吴语。

元代以首都大都话为基础，制定《中原音韵》作为标准音。明代，朱元璋将以南京话为基础的《洪武正韵》作为标准音。南京话也是南方官话的代表。清代雍正帝在 1728 年设正音馆，规定以北京话为基础的"官话"作为标准音。此外，在民间，由于南京和扬州在近代成为北方话地区，因此，南方的吴语开始以苏州话为主要代表，继承南朝的南方雅言，加之当地强大的经济实力而成为中国通行的语言之一。当时越剧、昆曲、评弹都以吴语为基础。另外，明清时期，粤语也因为经济发展逐渐流行。

到了 19 世纪末，也就是清朝末年，中国的形势发生了很大变化，开始受到西方尤其是日本学术思想的影响。比如，国语这个词本来是中国古代一本书的名字，日本人把它当做民族共同语的名称，之后这个名词便在中国得到传播。在民国时期，国语这个词得到当时政府的承认，成为民族共同语的一个正式称呼。

近代"普通话"一词，是朱文熊于 1906 年首次提出的，经过"五四"以来的白话文运动、大众语运动和国语运动，北京语音的地位得到确立并巩固下来。

1949 年新中国成立，为了发展新中国的文化教育，推广民族共同语变得非常必要。在 1955 年举行的"全国文字改革会议"上，张奚若在大会主题报告中说："为了突出我们是一个多民族的大家庭，为了突出我们各民族语言文字的平等，所以，经过深入研究，我们决定不采取国语这个叫法。如果叫国语的话，担心会被误解为把汉语凌驾于国内其他民族之上。"经过研究最后决定叫普通话。至此"普通话"一词开始以明确的内涵被广泛应用。

1.1.2　普通话的概念

"普通"二字的含义是"普遍"和"共通"。1956 年 2 月 6 日，国务院发布的《关于推广普通话的指示》中，正式把普通话定义为"以北京语音为标准音，以北方话为基础方言，以典范的现代白话文著作为语法规范"的现代汉民族共同语这个定义从语音、词汇、语法三个方面明确规定了普通话的标准，使得普通话的定义更为科学，更为周密。可以从以下三个方面理解这一定义。

1．语音

"以北京语音为标准音"，指的是以北京话的语音系统为标准，而并不是把北京话一切读法全部照搬，普通话并不等于北京话。从 1956 年开始，国家对北京土话的字音进行了多次审订，制定了普通话的标准读音。因此，普通话的语音标准，当前应该以 1985 年公布的《普通话异读词审音表》以及 1996 年版的《现代汉语词典》为规范。

2．词汇

就词汇标准来看，普通话"以北方话为基础方言"，指的是以广大北方话地区普遍通行的说法为准，同时，也要从其他方言吸取所需要的词语。北方话词语中也有许多北方各地的土语，例如，北京人把"吝啬"说成"抠门儿"；北方不少地区将"玉米"称为"棒子"。所以，不能把所有北方话的词汇都作为普通话的词汇，要有所选择。有的非北方话地区的方言词有特殊的意义和表达力，而北方话里没有相应的同义词，这样的词语可以吸收到普通话词汇中来。例如"搞"、"垃圾"、"尴尬"、"噱头"等词已经在书面语中经常出现，早已加入了普通话词汇的行列。普通话所选择的词汇，一般都是流行较广而且早就用于书面上的词语。近年来，国家语委正在组织人力编写《现代汉语规范词典》，以对普通话词汇进一步进行规范。

3．语法

普通话的语法标准是"以典范的现代白话文著作为语法规范"，这个标准包括四个方面的意思："典范"就是排除不典范的现代白话文著作作为语法规范；"白话文"就是排除文言文；"现代白话文"就是排除五四以前的早期白话文；"著作"就是指普通话的书面形式，它建立在口语基础上，但又不等于一般的口语，而是经过加工、提炼的语言。

1.1.3　学习普通话的意义

国家推广全国通用的普通话。普通话是以汉语文授课的各级各类学校的教学语言，是以汉语传送的各级广播电台、电视台的规范语言，是汉语电影、电视剧、话剧必须使用的规范语言，是我国党政机关、团体、企事业单位干部在公务活动中必须使用的工作语言，是不同方言区及国内不同民族之间人们的通用语言。

掌握和使用一定水平的普通话，是进行现代化建设的各行各业人员，特别是教师、播音员、节目主持人、演员等专业人员必备的职业素质。因此，有必要在一定范围内对某些岗位的人员进行普通话水平测试，并逐步试行持等级证书上岗制度。

普通话是汉民族的共同语，是规范化的现代汉语。共同的语言和规范化的语言是不可分割的，没有一定的规范就不可能做到真正的共同。普通话的规范指的是现代汉语在语音、词汇、语法等各方面的标准。普通话水平测试是推广普通话工作的重要组成部分，是使推广普通话工作逐步走向科学化、规范化、制度化的重要举措。推广普通话，促进语言规范化，是汉语发展的总趋势。普通话水平测试工作的开展必将对社会的语言生活产生深远的影响。

1.2　普通话水平测试

普通话水平测试，汉语拼音简称为 PSC，是我国为加快共同语普及进程，提高全社会普通话水平而设置的一种语言测试制度。它属于语言测试的范畴，又不同于一般意义的语言测试：普通话水平测试是由政府专门机构主持的一项测试，由国家语委普通话培训测试中心及地方（省、自治区、直辖市）普通话培训测试中心具体负责实施。非普通话培训测试实施机构组织的测试结果，一律不作为普通话水平的凭证。普通话水平测试是资格证书测试。有关行业对本行业从业人员提出了相应的普通话水平等级要求，《普通话水平等级证书》是从业人员普通话水平的凭证，在全国范围内通用。

普通话水平测试是一种口语测试，全部测试内容均以口头方式进行。普通话水平测试不是口才的评定，而是对应试人掌握和运用普通话所达到的规范程度和熟练程度的测查和评定。经报名核准后，应试者应在规定的日期，凭本人的准考证和身份证，进入指定的考场，并按指定试卷上的内容进行测试。每个测试室有 2～3 位测试员负责对应试者的普通话水平进行判定，时间在 12 分钟左右。

普通话水平测试是对应试人员运用普通话所达到的标准程度的检测和评定。它的着眼点是要确定应试人中谁已经达到普通话等级的哪一级哪一等，从而确定他是否达到工作岗位所要求的最低标准；而不是要从应试人中选拔出若干优秀者，淘汰若干水平差的，也就是说，并不是要通过测试分清应试人相互之间水平的等级差别。

1.2.1　普通话水平测试等级划分

普通话水平分为三级六等，分别是一级甲等、一级乙等、二级甲等、二级乙等、三级甲等、三级乙等，各等级的具体标准如下。

一级甲等：朗读和自由交谈时，语音标准，词汇、语法正确无误，语调自然，表达流畅。测试失分率在 3%以内，也就是得 97 分以上。

一级乙等：朗读和自由交谈时，语音标准，词汇、语法正确无误，语调自然，表达流畅。偶然有字音、字调失误。测试总失分率在 8%以内，也就是得 92 分以上。

二级甲等：朗读和自由交谈时，声韵调发音基本准确，语调自然，表达流畅。少数难点音（平翘舌音、前后鼻尾音、边鼻音等）有时出现失误。词汇、语法极少有误。测试总失分率在 13%以内，也就是得 87 分以上。

二级乙等：朗读和自由交谈时，个别调值不准，声韵母发音有不到位现象。难点音较多（平翘舌音、前后鼻尾音、边鼻音、fu-hu，z-zh-j，送气不送气，i-ü不分，保留浊塞音、浊塞擦音、丢介音、复韵母单化音等），失误较多。方言语调不明显。有使用方言词、方言语法的情况。测试总失分率在 20%以内，也就是得 80 分以上。

三级甲等：朗读和交谈时，声韵母发音失误较多，难点音超出常见范围，声调调值多不准。方言语调绞明显。词汇、语法有失误。测试总失分率在 30%以内，也就是得 70 分以上。

三级乙等：朗读和自由交谈时，声韵调发音失误较多，方音特征突出。方言语调明显。词汇、语法失误较多。外地人听其谈话有听不懂的情况。测试总失分率在 40%以内，也就是得 60 分以上。

1.2.2　普通话水平测试内容及评分标准

试卷包括 5 个部分，满分为 100 分（见附录 A）。

1. 读单音节字词（100 个音节，不含轻声、儿化音节），限时 3.5 分钟，共 10 分
目的：测查应试人声母、韵母、声调读音的标准程度。
要求：
（1）100 个音节中，70%选自《普通话水平测试用普通话词语表》"表一"，30%选自"表二"。
（2）100 个音节中，每个声母出现次数一般不少于 3 次，每个韵母出现次数一般不少于 2

次，4 个声调出现次数大致均衡。

（3）音节的排列要避免同一测试要素连续出现。

评分标准：

（1）语音错误，每个音节扣 0.1 分。

（2）语音缺陷，每个音节扣 0.05 分。

（3）超时 1 分钟以内，扣 0.5 分；超时 1 分钟以上（含 1 分钟），扣 1 分。

2．读多音节词语（100 个音节），限时 2.5 分钟，共 20 分

目的：测查应试人声母、韵母、声调和变调、轻声、儿化读音的标准程度。

要求：

（1）词语的 70% 选自《普通话水平测试用普通话词语表》"表一"，30% 选自"表二"。

（2）声母、韵母、声调出现的次数与读单音节字词的要求相同。

（3）上声与上声相连的词语不少于 3 个，上声与非上声相连的词语不少于 4 个，轻声不少于 3 个，儿化读音不少于 4 个（应为不同的儿化韵母）。

（4）词语的排列要避免同一测试要素连续出现。

评分标准：

（1）语音错误，每个音节扣 0.2 分。

（2）语音缺陷，每个音节扣 0.1 分。

（3）超时 1 分钟以内，扣 0.5 分；超时 1 分钟以上（含 1 分钟），扣 1 分。

3．选择判断，限时 3 分钟，共 10 分

（1）词语判断（10 组）。

目的：测查应试人掌握普通话词语的规范程度。

要求：根据《普通话水平测试用普通话与方言词语对照表》，列举 10 组普通话与方言意义相对应但说法不同的词语，由应试人判断并读出普通话的词语。

评分标准：判断错误，每组扣 0.25 分。

（2）量词、名词搭配（10 组）。

目的：测查应试人掌握普通话量词和名词搭配的规范程度。

要求：根据《普通话水平测试用普通话与方言常见语法差异对照表》，列举 10 个名词和若干量词，由应试人搭配并读出符合普通话规范的 10 组名量短语。

评分标准：搭配错误，每组扣 0.5 分。

（3）语序或表达形式判断（5 组）。

目的：测查应试人掌握普通话语法的规范程度。

要求：根据《普通话水平测试用普通话与方言常见语法差异对照表》，列举 5 组普通话和方言意义相对应，但语序或表达习惯不同的短语或短句，由应试人判断并读出符合普通话语法规范的表达形式。

评分标准：判断错误，每组扣 0.5 分。

选择判断和朗读合计超时 1 分钟以内，扣 0.5 分；超时 1 分钟以上（含 1 分钟），扣 1 分。答题时语音错误，每个音节扣 0.1 分，如判断错误已经扣分，不重复扣分。

4．朗读短文（1篇，400个音节），限时4分钟，共30分

目的：测查应试人使用普通话朗读书面作品的水平。在测查声母、韵母、声调读音标准程度的同时，重点测查连读音变、停连、语调及流畅程度。

要求：

（1）短文从《普通话水平测试用朗读作品》中选取。

（2）评分以朗读作品的前400个音节（不含标点符号和括注的音节）为限。

评分标准：

（1）每错1个音节，扣0.1分；漏读或增读1个音节，扣0.1分。

（2）声母或韵母的系统性语音缺陷，视程度扣0.5分、1分。

（3）语调偏误，视程度扣0.5分、1分、2分。

（4）停连不当，视程度扣0.5分、1分、2分。

（5）朗读不流畅（包括回读），视程度扣0.5分、1分、2分。

（6）超时扣1分。

5．命题说话，限时3分钟，共30分

目的：测查应试人在无文字凭借的情况下说普通话的水平，重点测查语音标准程度、词汇语法规范程度和自然流畅程度。

要求：

（1）话题从《普通话水平测试用话题》中选取，由应试人从给定的两个话题中选定1个话题，连续说一段话。

（2）应试人单向说话。如发现应试人有明显背稿、离题、说话难以继续等表现时，主试人应及时提示或引导。

评分标准：

（1）语音标准程度，共20分，分六档：

一档：语音标准，或极少有失误。扣0分、0.5分、1分。

二档：语音错误在10次以下，有方音但不明显。扣1.5分、2分。

三档：语音错误在10次以下，但方音比较明显；或语音错误在10～15次，有方音但不明显。扣3分、4分。

四档：语音错误在10～15次，方音比较明显。扣5分、6分。

五档：语音错误超过15次，方音明显。扣7分、8分、9分。

六档：语音错误多，方音重。扣10分、11分、12分。

（2）词汇语法规范程度，共5分。分三档。

一档：词汇、语法规范。扣0分。

二档：词汇、语法偶有不规范的情况。扣0.5分、1分。

三档：词汇、语法屡有不规范的情况。扣2分、3分。

（3）自然流畅程度，共5分。分三档。

一档：语言自然流畅。扣0分。

二档：语言基本流畅，口语化较差，有背稿子的表现。扣0.5分、1分。

三档：语言不连贯，语调生硬。扣2分、3分。

　　说话不足 3 分钟，酌情扣分：缺时 1 分钟以内（含 1 分钟），扣 1 分、2 分、3 分；缺时 1 分钟以上，扣 4 分、5 分、6 分；说话不满 30 秒（含 30 秒），本测试项成绩计为 0 分。

　　说明：各省、自治区、直辖市语言文字工作部门可以根据测试对象或本地区的实际情况，决定是否免测"选择、判断"测试项。如免测此项，"命题说话"测试项的分值由 30 分调整为 40 分。评分档次不变，具体分值调整如下。

　　（1）语音标准程度的分值，由 20 分调整为 25 分。

　　一档：扣 0 分、1 分、2 分。

　　二档：扣 3 分、4 分。

　　三档：扣 5 分、6 分。

　　四档：扣 7 分、8 分。

　　五档：扣 9 分、10 分、11 分。

　　六档：扣 12 分、13 分、14 分。

　　（2）词汇语法规范程度的分值，由 5 分调整为 10 分。

　　一档：扣 0 分。

　　二档：扣 1 分、2 分。

　　三档：扣 3 分、4 分。

　　（3）自然流畅程度，仍为 5 分，各档分值不变。

1.3　如何准备普通话测试

　　很多人在参加普通话水平测试的过程中由于心理状态不好，不能正常发挥出自己的普通话水平，留下许多遗憾。比如：读字、词时把本来很熟悉的字、词误读了；读文章时结巴、重复、漏字、添字；说话时没有思路，想一句说一句，说说停停，总也挨不够"漫长的 3 分钟"。其实，掌握了普通话水平测试的基本情况，是能够测出满意的成绩的。

1.3.1　普通话测试的准备技巧

1．认真准备，具备实力

　　造成应试人心情紧张的根本原因，首先是因为考前准备不充分，心理没底儿。克服这种心理状态的唯一办法就是平时多下点儿工夫，时时刻刻关注自己的普通话水平，利用一切机会学习普通话。具备了充足的实力，自信就有了，紧张心理就自然消除了。（见图 1-1）

2．调节气氛，轻松应考

　　具体做法如下。

　　① 找个机会了解一下普通话水平测试的全过程，做好相应准备；不要因为某个环节与预想的情况不一致就手忙脚乱，无所适从。

　　② 以平静的心态对待测试时的抽签，不抱侥幸心理。其实，每个签的题目难度差别并不大，关键还是要全面准备，胸有成竹。

我最棒！

图 1-1　认真准备，具备实力

③ 进入测试室后找个机会和测试员说几句话，有理有节地"套近乎"。这样既放松了自己，又调节了气氛，使测试在轻松愉快的氛围中进行。

④ 测试中专心致志（见图 1-2），不要老盯着测试员的笔头给自己增加紧张的情绪。当然，有个别字词你拿不准时，看看测试员的反应并及时更正是允许的，不必多次这样做。

图 1-2　专心致志

⑤ 测试完离开测试室时，对测试员说声"谢谢"，然后从容走出考场。

3．利用规则，减少失误

① 读字词时，如发现错读或误读，不要轻易放弃，按规则是可以更正的。读双音词时，如果其中有一个字不认识，不要整个词都不读。双音词的每个音节独立计分，无论读对哪个字都能得到一半分。

② 读文章时，发现某字错读或漏读，按规则，不能重读整个句子。

③ 说话要说自己熟悉的事情，不必刻意追求句子优美，故事生动有趣；不要时时看手表。

在整个测试中，每一项测试内容都有相应的测试规则，应试人在测试前应该充分掌握这些规则，避免不必要的失误。朗读与说话所占的分值比重较大，也是应试人容易失分的考项。下面主要介绍如何准备这两项测试。

1.3.2　朗读

在普通话水平测试中，朗读是对应试者普通话运用能力的一种综合检测。日常朗读活动中，决定朗读者朗读水平高低、朗读效果优劣的因素是多方面的。下面就普通话水平测试中影响应试者成绩的几个主要因素，谈谈朗读的一些基本要求，目的是帮助应试人把握难点，在测试中减少失误，更好地发挥水平。

1．用普通话语音朗读

要使自己的朗读符合普通话的语音规范，必须在以下几方面下工夫。

（1）注意普通话和方言在语音上的差异。

普通话和方言在语音上的差异，在大多数情况下是有规律的。这种规律又分为大规律和小规律，规律之中往往又包含一些例外，这些都要靠自己去总结。要多查字典和词典，加强记忆，反复练习。在练习中，不仅要注意声、韵、调方面的差异，还要注意轻声词和儿化韵的学习。

（2）注意多音字的读音。

多音字可以从两个方面去学习。第一类是意义不相同的多音字，要着重弄清它的每个不同的意义，根据意义的差别记住它不同的读音。第二类是意义相同的多音字，要着重弄清它不同的使用场合。这类多音字大多数情况是一个音使用场合"宽"，一个音使用场合"窄"，只要记住"窄"的就行。

（3）注意由字形相近或由偏旁类推引起的误读。

由于字形相近而把甲字张冠李戴地读成乙字，这种误读十分常见。用偏旁本身的读音或者由偏旁组成的较常用的字的读音，去类推一个生字的读音而引起的误读，也很常见。所谓"秀才认字读半边"，闹出笑话，指的就是这种误读。

（4）注意异读词的读音。

普通话词汇中，有一部分词（或词中的语素）意义相同或基本相同，但在习惯上有两个或几个不同的读法，这些词被称为"异读词"。1985 年，国家公布了《普通话异读词审音表》（以下简称《审音表》），要求全国文教、出版、广播，以及其他部门、行业所涉及的普通话异读词的读音、标音，均以这个新的审音表为准。在使用《审音表》的时候，最好是对照工具书（如《新华字典》、《现代汉语词典》等）来看（见图 1-3）。先看某个字的全部读音、义项和用例，然后再看《审音表》中的读音和用例。比较以后，如发现两者有不合之处，一律以《审音表》为准。这样就达到了读音规范的目的。

图 1-3　读音规范

2．把握作品的基调

基调是指作品的基本情调，即作品的总的态度和感情，总的色彩和分量。任何一篇作品，都会有一个统一完整的基调。朗读作品必须把握住作品的基调，因为，作品的基调是一个整体概念，是层次、段落、语句中具体思想感情的综合表露。要把握好基调，必须深入分析、理解作品的思想内容，力求从作品的体裁、主题、结构、语言，以及综合各种要素而形成的风格等方面入手，进行认真、充分和有效的解析，在此基础上，朗读者才能产生出真实的感情、鲜明的态度，产生出内在的、急于要表达的律动。只有经历这样一个复杂的过程，作品的思想才能成为朗读者的思想，作品的感情才能成为朗读者的感情，作品的语言表达才能成为朗读者要说的话；也只有经历这样一个复杂的过程，朗读者才能以作品思想内容出发，把握住基调。无论读什么作品，这"案上的工作"都不能少。

3．掌握朗读的基本技巧

（1）停顿。

朗读时，有些句子较短，按书面标点停顿就可以。有些句子较长，结构也较复杂，句中虽没有标点符号，但为了表达清楚意思，中途也可以做些短暂的停顿。但如果停顿不当就会破坏句子的结构，这就叫读破句。朗读测试中忌读破句，应试者要格外注意。正确的停顿有以下几种类型。

① 标点符号停顿。标点符号是书面语言的停顿符号，也是朗读作品时语言停顿的重要依据。标点符号的停顿规律一般是：句号、问号、感叹号、省略号停顿略长于分号、破折号、

连接号；分号、破折号、连接号的停顿时间又长于逗号、冒号；逗号、冒号的停顿时间又长于顿号、间隔号。另外，在作品的段落之间，停顿的时间要比一般的句号时间长些。以上停顿，也不是绝对的。有时为表达感情的需要，在没有标点的地方也可以停顿，在有标点的地方也可以不停顿。

② 语法亭顿。语法停顿是句子中间的自然停顿。它往往是为了强调、突出句子中主语、谓语、宾语、定语、状语或补语而做的短暂停顿。学习语法有助于我们在朗读中正确地停顿断句，不读破句，正确地表达作品的思想内容。

③ 感情停顿。感情停顿不受书面标点和句子语法关系的制约，完全是根据感情或心理的需要而做的停顿处理，它受感情支配，根据感情的需要决定停与不停。它的特点是声断而情不断，也就是声断情连。

（2）重音。

重音是指对那些在表情达意上起重要作用的字、词或短语在朗读时加以强调的技巧。重音是通过声音的强调来突出意义的，能给色彩鲜明、形象生动的词增加分量。重音有以下几种情况。

① 语法重音。语法重音是按语言习惯自然重读的音节。这些重读的音节大都是按照平时的语言规律确定的。一般说，语法重音不带特别强调的色彩。

② 强调重音。强调重音不受语法制约，它是根据语句所要表达的重点决定的，它受应试者的意愿制约，在句子中的位置不固定。强调重音的作用在于揭示语言的内在含义。由于表达目的不同，强调重音会落在不同的词语上，它所揭示的含义也就不相同，表达的效果也不一样。

③ 感情重音。感情重音可以使朗读的作品色彩丰富，充满生气，有较强的感染力。感情重音大部分出现在表现内心节奏强烈、情绪激动的情况。

（3）语速。

应试者在朗读时，适当掌握朗读速度的快慢，可以营造作品的情绪和气氛，增强语言的表达效果。朗读的速度决定于作品的内容和体裁，其中内容是主要的。

① 根据内容掌握语速。朗读时的语速应当与作品的情境相适应，根据作品的思想内容、故事情节、人物个性、环境背景、感情语气、语言特色来处理。当然，语速的快慢在一篇作品中并不是一成不变的，要根据具体的内容而有所变化。

② 根据体裁掌握语速。国家《普通话水平测试大纲》在选编朗读测试材料时，为了保证作品难易程度和评分标准的一致性，所选的 50 篇作品几乎都是记叙文。记叙文包括记事、记言。一般来说，记事要读得快些，记言要读得慢些。

（4）语调。

语调指语句里声音高低升降的变化，其中以结尾的升降变化最为重要。语调一般是和句子的语气紧密结合的。应试者在朗读时，如能注意语调的升降变化，就能使语音有动听的腔调，听起来具有音乐美，也就能够更细致地表达不同的思想感情。语调变化多端，主要有以下几种。

① 高升调。高升调多在疑问句、反诘句、短促的命令句，或者是表示愤怒、紧张、警告、号召的句子里使用。朗读时，应注意前低后高、语气上扬。

② 降抑调。降抑调一般用在感叹句、祈使句或表示坚决、自信、赞扬、祝愿等感情的句子里。表达沉痛、悲愤的感情，一般也用这种语调。朗读时，应注意调子逐渐由高降低，末

字低而短。

③ 平直调。平直调一般用在叙述、说明或表示迟疑、思索、冷淡、追忆、悼念等的句子里。朗读时始终平直舒缓，没有显著的高低变化。

④ 曲折调。曲折调用于表示特殊感情，如讽刺、讥笑、夸张、强调、双关、特别惊异等句子里。朗读时由高而低后又高，把句子中某些特殊的音节特别加重加高或拖长，形成一种升降曲折的变化。

目前，由国家语委主持编写的《普通话水平测试大纲》中，收录了 60 篇朗读作品（见附录 B），熟读这些作品，对于磨炼朗读技巧，提高普通话水平有大帮助，有利于在普通话水平测试中发挥出良好的水平。

1.3.3　命题说话

《普通话水平测试大纲》中规定，普通话水平测试第五部分的"说话"，是为了考查应试人在没有文字凭借的情况下，说普通话时，语音、词汇、语法所能达到的规范程度。它是以单向说话为主，必要时辅以主试人和应试人的双向对话。因此，对于应试人的口头语言表达能力要求较高，它不是生活中很随意的谈话，而是在考场上面对测试员的考试。这就要求应试人不但要具有相对标准的语音和实际运用能力，而且还要有良好的心理素质、思维能力和语言组织能力，并在没有文字凭借的情况下，把思维的内部语言转化为自然、准确、流畅的外部语言。

1．测试中命题说话的具体要求

（1）话语要自然。

说话与其他测试内容的主要区别在于无文字凭借。说话是口语表达，但口语表达并不等于口语本身。口头说话，要使用语言材料，但是，说话的效果并不是这些语言材料的总和。口头说的话应该是十分生动的，它和说话的环境、说话人的感情、说话的目的和动机都有很大的关系。而要做到自然，就要按照日常口语的语音、语调来说话，在语音、语调、语气、语态等方面都应该保持自然、流畅的日常说话状态。说话既不允许拿着稿子读，也不应该有类似背稿子的表现，不要带着朗读或背诵的腔调，同时，也不必进行艺术加工。说话时要注意流畅，干净利落，言简意赅，没有重复信息和多余信息。

（2）语音要标准。

语音面貌反映的是一个人普通话水平的基础，也最能反映出应试人的普通话水平和表达能力，而"说话"中语音面貌在此测试项中所占的分值比较高，对应试人的总成绩影响也最大。影响语音面貌的因素主要有以下几点。

① 语音错误。由于没有文字凭借，或者是准备不够充分，或精神高度紧张，或是受以前语言习惯的影响等，应试人在说话时往往会暴露出许多前三个测试项已经掩盖的语音错误。

② 语音缺陷。语音缺陷是指在发音时声母、韵母、声调等没有错误，但说出的话让人听起来又不是纯正的普通话，这其实是声母、韵母、声调在发音时没有到位。说话中，这种情况虽然不扣缺陷分，但它们的存在影响了语音的整体面貌，也会造成失分。

③ 方言语调。方言语调一方面体现在语流中出现过多的缺陷，另一方面是说出的整个句子没有按照普通话的语调说出，而带有明显的方言语调的色彩，让人听起来只是普通字，而

不是普通话。这些因素都会影响应试人的语音面貌。

（3）多用口语词汇，少用书面语词汇。

有一部分应试人的语音面貌很好，只是在话语中不时地加一些书面词和方言词，这些词的出现使词汇的规范程度大打折扣。

口语词汇和书面语词汇的界限不易分清。一般说来，口语词汇指日常说话用得多的词，书面语词汇指书面上用得多的词。口语词和书面语词相比，是有其特点的。书面语中保留了许多古汉语词，它具有文雅、精练、内涵深刻及表现力丰富等特点，但同时也少了几分生动、亲切，有时意思不够直接明了，因此不适宜在口耳相传的交际中使用。

由于普通话词汇标准是开放的，它不断地从方言中吸收富有表现力的词汇来丰富、完善自己的词汇系统，普通话水平测试允许应试人使用较为常用的新词语和方言词语。需要强调的是，进行说话准备时，一方面，要克服方言的影响，摈弃方言词汇和方言语气；另一方面，不要把说话材料写成书面材料，因为，写出来的东西往往具有书面语色彩，不符合口语表达的要求。

（4）多用短语、单句。

尽管现代汉语的口语和书面语基本是一致的，使用的句式也大体相同，但是，从句式使用的经常性来看，口语和书面语仍然存在着差别。

① 口语句式比较松散，短句多。
② 较少使用或干脆不用关联词语。
③ 经常使用非主谓句。
④ 较多地使用追加和插说的方法，分句之间关联不紧密。
⑤ 停顿和语气词多。

因此在说话过程中，可以顺其自然地用一些短语、自然句、省略句，少用或不用长修饰语句，多重复句、欧化句式也应在口语表达中尽可能避免。有时因口语表达的需要，可以用补充的方法来进行解释、说明、更改，用重复的方式来表示强调，用某些独立成分或语气词来表示内容的转折、提顿和思考。总之，口语表达要符合口语习惯，符合口语语法。

（5）避免口头禅、"啰嗦词"。

有些应试人在说话中间会夹带一些"这个"、"就是说"、"嗯"、"啊"等口头禅和"啰嗦词"，而且，往往是机械地重复多遍，甚至贯穿说话过程的始终。这是一种毫无意义的冗余成分，会使说话断断续续，使人感到语句不流畅，听起来很累。因此，要尽可能避免和努力改正这种不良的说话习惯。

2. 普通话水平测试说话题的特点

普通话水平测试中的说话，除了具有上述的一些要求外，还有其自身的特点。

（1）普通话水平测试中的说话题是命题说话。

《测试大纲》规定了 30 个说话题目，测试者可以在测试前根据大纲要求做好充分准备。这里需要说明的是：普通话水平测试中的命题说话与口头作文考核不同，说话中的立意、结构、内容、层次条理等不是考核的项目；普通话水平测试也不是口才的评估，它主要是考查应试人在说话过程中表现出来的普通话语音面貌，以及语句流畅，语脉清晰和词汇、语法规范的程度。但话又说回来，说话的立意、内容、结构和层次条理等是说好话的前提条件，必须在测试前做好准备。没有这方面的准备，应试者边说边思考怎么说下去，就很难把注意力集中在普通话语音的准确性和词汇、语法的规范上，也极易将方言的习惯语和方音流露出来。

另外，既然是命题说话，就要求内容基本合题。说话过程中要避免出现三种情况：第一种情况是散漫，西瓜芝麻一起抓，拉拉杂杂，不分主次，对一件件小事侃侃而谈，说了半天，说不出个所以然；第二种情况是无话可说，思路狭窄，内容空洞，话题不利于发挥，三言两语就把该说的都说完了，翻来覆去就那么几句话，使人感觉乏味、厌烦；第三种情况是话不对题，离题万里，拿与题目毫不相干的故事、传说去生拉硬扯地应付。这三种情况都违背了测试对"命题"和"说话"的要求，是测试所不允许的。

（2）普通话水平测试中的说话题是单向说话。

为了使测试员的评分有一个统一的依据，《测试大纲》规定：测试中的说话，"以单向说话为主，必要时辅以主试人和应试人的双向对话"；"应试人根据抽签确定的话题，说 3 分钟（不得少于 3 分钟）"。这里的"单向说话"，是要求应试人在不少于 3 分钟的单位时间里说的话达到一定的量，以便主试人在这个统一的前提下，测出应试人语音、词汇、语法失误量的多少，打出定性和定量相结合的各档成绩。这里的"必要时"一般是指应试者因种种原因说话不能进行下去，而使测试员不能正常判分的情况。比如在应试人说话不到 3 分钟而又不能继续说下去时，主试人会鼓励、提示应试人继续说话，以使单向说话累计时间达到规定的 3 分钟。如果应试人实在难以为继，无话可说，那么就不能按常规给分。因为按"多说多错、少说少错"的常规来分析，在未达到测试规定的时间时，应试人说话中各项失误会按比例下降。因此，测试评分时对说话时间不足者的扣分是从严的。所以，对应试者来说，说话内容要准备得很充分，从而有很多材料可供发挥，以充分展示自己普通话的语音面貌，使测试员可以借此打出公正、合理的分数。

3．测试中命题说话的准备

（1）述说类。

述说类的说话，一般要用生动的语言介绍人、事、物、景等具体事物的特征。

① 人的介绍。人的介绍是最常见的话题，如，我尊敬的人、我的朋友等。介绍人物要做到以下几点：第一，运用恰当的语气表现出对被介绍人的感情。第二，详细了解被介绍人的情况，这样才能筛选出最感人的事情。第三，介绍的情况要真实、准确。不要随意夸张、渲染，更不可随意胡编乱造。第四，要抓住人物在外貌、语言、动作、性格等各方面的特征，绘声绘色的讲述，给人一种如见其人的感觉。

② 事的介绍。介绍的可以是生活、学习、工作的情况，如，我的学习生活、我所在的集体等。这一类话题的特点是带有自己生活的体验和对介绍对象的评价的性质。从表面上看是它介绍某一事物，实际上介绍的中心是人，因此选材时，最好能选择一两件自己体验深刻的事，这样说起来就能生动具体，给人印象深刻。或者也可以介绍风土人情，如我喜欢的节日、我所知道的风俗（婚丧礼仪、重要的节日活动、饮食文化等），其实质上是介绍地域文化和民族文化。这其中最基本的是把地方习俗、文化说清楚，让听众感到新鲜有趣；进一步的要求是说得有深度，让听众觉得像是在上一次地方文化或民族文化课，学到了许多新知识。对地方文化和民族文化了解越深透，这一类话题就越容易说好。

③ 物的介绍，即介绍某种具体的事物，如我喜爱的动物（或植物）、谈谈美食等。介绍

具体事物，要以说明为主要的表达方式，对事物的形状、构造、性质、用途加以诠释或说明，给听众留下鲜明、深刻的印象；介绍具体事物要有合理的顺序，使人感到条理清楚。介绍的语言要简洁明了、通俗易懂。

④ 景的介绍。介绍时令、地域特色，如，我的家乡、我喜欢的季节（或天气）等。它的中心是描述景物，通过介绍让听众眼前呈现出一幅鲜明的图画，从而向往和喜爱它。介绍时要抓住两点：一是时令或地域的概貌，二是景物特点。这两点要有机结合起来，通过特点反映概貌，选材时要把最能反映时令、地域特点的材料组织在自己的话语中。

（2）议论类。

议论类的说话，一般是要说明自己的主张、观点并取得听者的认同。这类说话内容的开头一般是提出论点，主要有直入法和引出法两种。直入法即单刀直入，开门见山亮出自己的观点、主张；引出法则委婉一些，用设问，叙述事例，引用领袖、伟人或典故传说来引出论点，展开讨论。这类话题的结尾方法很多，有结论式、呼应式、启迪式、自然式、卒章显志式等。议论评说类话题的主要框架是论证部分，我们可以把议论文的论证方法化为谈话方法。论证方法无非是演绎法、归纳法、类比法三类。构思"谈谈社会公德"可以用叙述事例的方法开头，说"一个红领巾下来推车，一些大人们却稳坐车上"的例子，然后用对比法来论证自己的主张，最后可以用启迪法——设问——引起思考做结尾。"评说"、"启示"、"有感"之类的小评论，则不一定用某种方法去套，只要在叙述典型事例之后把自己想要表达的几层意思有条有理地说明白就可以了。

注意：为同类型题目准备生动事例，测试的时候从不同角度去讲述，可以收到事半功倍的效果。

4．其他要注意的几个问题

（1）说话时神态自然、镇静自若、充满自信。

在考试中，应试者的紧张心情多少会对水平的正常发挥产生一些影响，而精神紧张因素对口试的影响就更大了。在测试的五项内容中，说话测试因为没有文字凭借，更容易使应试者产生心理负担。从这个角度看，命题说话也是对应试者心理素质的测试。我们在为说话内容做好充分准备的前提下，要把心态调整到最佳状态，并把测试员当做自己的朋友，使说话产生对象感——这是说话自然、流畅的基本保证，也是使自己的普通话表达尽可能符合规范的基本保证。

（2）掌握好说话时间，正确把握语速和节奏。

说话的材料要准备充分，避免临时没话找话，东拉西扯，看看还没说满 4 分钟，又拖泥带水地啰唆几句，这样既影响应试情绪，又影响成绩。语速适当，是话语自然的重要表现。正常语速大约每分钟 240 个音节。如果根据内容、情景、语气的要求稍快或稍慢也应视为正常。但语速过快就容易导致发音时口腔打不开，复元音的韵母动程不够和归音不准。语速过慢，则容易导致语流凝滞，话语不够连贯。有人为了不在声、韵、调上出错，说话的时候一个字、一个字地往外挤，听起来非常生硬。因而，应该努力避免语速过快或过慢。

命题说话成功的关键，在于平时说话坚持使用标准普通话，养成用普通话思维和说话的习惯。如果我们平时经常借助新闻传媒等学习普通话，并针对自己的主要语音毛病，有的放矢地、有重点地进行训练，那么，经过一段时间的努力，我们的普通话语音面貌就会得到改善，普通话水平也能够逐步提高，测试时就胸有成竹，应付自如了。以下是普通话水平测试大纲中命题说话的 30 个题目。

1. 我的学习生活
2. 我的业余生活
3. 我的假日生活
4. 我的朋友
5. 我尊敬的人
6. 我的成长之路
7. 我的愿望（或理想）
8. 我的家乡（或熟悉的地方）
9. 我喜爱的动物（或植物）
10. 我喜爱的职业
11. 我喜爱的文学（或其他）艺术形式
12. 我喜欢的季节（或天气）
13. 我喜欢的节目
14. 我喜欢的明星（或其他知名人士）
15. 我喜爱的书刊
16. 我知道的风俗
17. 我所在的集体（学校、机关、公司等）
18. 我向往的地方
19. 我和体育
20. 谈谈服饰
21. 谈谈科技发展与社会生活
22. 谈谈美食
23. 谈谈社会公德（或职业道德）
24. 谈谈个人修养
25. 谈谈对环境保护的认识
26. 谈谈卫生与健康
27. 童年的记忆
28. 难忘的旅行
29. 学习普通话的感受
30. 购物（消费）的感受

训练题

模拟普通话水平测试现场，熟悉测试规程。

按照普通话水平测试的朗读要求，熟读朗读作品 60 篇，并将容易读错的字词进行总结，以小组为单位交流。

按照普通话水平测试的命题说话要求，撰写 30 篇说话题的大纲，以小组为单位练习，小组成员间互评分数。

普通话水平测试样卷见附录 A。

第2章　普通话声母与韵母训练

【知识能力要点】

（1）声母的概念。

（2）声母的发音要领。

（3）韵母的概念。

（4）韵母的发音及辩证。

【推荐的教学方法】

以教学法和实训法为主，加强实践技能的训练。

【推荐的学习方法】

课堂：在教学的基础上进行训练，可采取分小组竞赛的方法完成各种类型的实践技能训练。

课外：以个人的实践训练为主。

【建议学时】

4学时

人类说话的声音就是语音。语音是语言的物质外壳，是人类发音器官发出来的、具有一定意义的、能起社会交际作用的声音。

自然界的各种声音是否叫语音？自然界的声音不是人类器官发出来的，所以不是语音；咳嗽、打哈欠虽然是人类发音器官发出来的，但只是一种本能的反应，并不起交际作用，所以也不叫语音。

音素是构成音节的最小的语音单位或最小的语音片段。音节是听觉感觉可以区分清楚的语音的基本单位，也是自然感到的最小语音片段。汉语中一个汉字就是一个音节，每个音节由声母、韵母和声调三个部分组成。如"旦"（dàn）是一个音节，由声母d、韵母an和去声声调组成。

2.1　普通话声母

采　桑　谣

春日起每早，采桑惊啼鸟。

风过碧空飘幽香，花落知多少。

这首小诗通过描写乡间百姓生活劳作的场面表达某种感情，从形式和内容上跟大家学过的其他诗词没有什么不同，其实，在简短的文字背后，却隐藏着汉语注音的密码，大家仔细观察一下，发现了什么？《采桑谣》共 22 个字，正好对应了汉语普通话的 22 个声母（包括零声母）——声声不同。

2.1.1　普通话声母概述

1. 概念

声母是指位于汉语音节开头的辅音。普通话里共有 22 个声母（包括 21 个辅音声母和 1 个零声母），如《汉语拼音方案》的声母表中列出的 b、p、m、f、d、t、n、l、g、zh、r、s 等是辅音声母。因为有辅音声母的音节和没有辅音声母的音节意义有所不同，如"忙"和"昂"，"昂"字音节韵母前空位的作用相当于声母，所以叫做零声母。

2. 普通话中的声母

声母表

b	玻	p	坡	m	摸	f	佛
d	得	t	特	n	讷	l	勒
g	哥	k	科	h	喝		
j	基	q	欺	x	希		
zh	知	ch	吃	sh	诗	r	日
z	资	c	雌	s	思		

① y、w、yu 分别为有韵头的零声母音节，韵头 i、u、ü 的改写，不应划入声母。

② 韵尾 ng 属于鼻辅音，但普通话发音系统中，此音不再作为首辅音，故不在普通话声母的范畴，但在一些方言中，可能以声母形式出现。

2.1.2　普通话声母的分类

1. 发音部位

发音时气流在发音器官受到阻碍的位置叫做发音部位。发音部位可分为 7 类。

① 双唇音：包括 b、p、m。上唇和下唇构成阻碍。

② 唇齿音：只有 f。上齿和下唇构成阻碍。

③ 舌尖前音：包括 z、c、s。舌尖和上门齿背构成阻碍。

④ 舌尖中音：包括 d、t、n、l。舌尖和上齿龈构成阻碍。

⑤ 舌尖后音：包括 zh、ch、sh、r。舌尖翘起，与硬腭的最前端接触或接近构成阻碍。

⑥ 舌面音：包括 j、q、x。舌面前部和硬腭前部接触或接近构成阻碍。

⑦ 舌根音：包括 g、k、h。舌根和软腭构成阻碍。

2．发音方法

发音方法是指发音时，发音器官用什么方式来阻碍气流通道，发音动作的过程，以及发音时喉头、口腔和鼻腔节制气流的方式和状况。

（1）根据成阻和除阻的不同方式，可将21个声母分为5类。

① 塞音：包括b、p、d、t、g、k。塞音也叫爆发音、迸发音、破裂音。发音时发音部位完全闭塞，阻挡气流，然后突然打开，气流冲破阻碍，爆发成音。

② 擦音：包括f、h、x、sh、s、r。发音时，发音部位靠近形成窄隙，气流从中间通过，摩擦成音。

③ 塞擦音：包括j、q、zh、ch、z、c。发音时发音器官先完全闭塞，阻挡气流，然后打开形成窄隙，使气流从中间通过，摩擦成音。兼有塞音和擦音的特点。

④ 鼻音：包括m、n。发音时，口腔通路完全闭塞，软腭下垂，气流震动声带后由鼻腔发出。

⑤ 边音只有l。发音时舌尖抵住上齿龈，形成阻碍，舌尖两边松弛下垂，气流震动声带后从舌尖两边空隙流出。

（2）根据声带是否震动，分为清音和浊音两类。

① 浊音：是指少数发音时声带震动的辅音。21个声母中有m、n、l、r4 个是浊音。

② 清音：是指大部分发音时声带不震动的辅音。21 个声母中除浊音外，其余 17 个是清音。

（3）根据气流强弱，把塞音、塞擦音这两类声母再分为送气音和不送气音两种。

① 送气音：包括p、t、k、q、ch、c。

② 不送气音：包括b、d、g、j、zh、z。

气流强弱只是针对塞音和塞擦音而言的。

3．零声母

（1）零声母的定义。

有些音节开头部分没有声母，只有一个韵母独立成为音节，如爱ài、移yí、五wǔ、遇yù，但是，它们在发音时音节开头部分往往带有一点轻微的摩擦成分。

例字：阿 哦 额 衣 武 于 而 爱 熬 偶 押 瓦 叶 约 我 外 摇 围

例词：异汉 皑皑 娃娃 微微 渊源 遨游 额外 偶尔 万物 忘我 威望 言语

（1）零声母的作用。

有辅音声母的音节和无辅音声母的音节可以区别不同的意义，如"报"与"傲"。韵母前面空位的作用相当于一个声母，可以用符号表示。有了零声母这个概念，以元音开头的各类音节都可以归成一类，叫"零声母音节"，这样汉语的音节结构就可以简括地说明为每个音节都由两部分组成，一声一韵，声韵结合就是一个音节。

（3）零声母音节的读音。

严格地说零声母音节并不是以纯元音开头。

以高元音[i] [u] [y]起头的音节，实际发音中往往带一个同部位的轻微的摩擦音，也就是半元音。例如，"移"yí、"吴"wú、"鱼"yú。

　　以[a] [o] [e]起头的零声母音节，往往带一个轻微的喉塞音，例如，"按" àn、"偶" ǒu、"饿" è。

2.1.3　普通话声母综合训练

b（双唇不送气清塞音）

斑驳　辨别　辩驳　背包　表白　颁布　奔波　宝贝　版本　帮办　包办　褒贬　报表

p（双唇送气清塞音）

匹配　评判　偏旁　品评　乒乓　偏颇　批判　批评

m（双唇浊鼻音）

埋没　满面　满目　谩骂　盲目　茂密　冒昧　没命　美满　美貌　蒙昧　弥漫

f（唇齿清擦音）

发放　繁复　反复　犯法　方法　防范　仿佛　非法　分发　纷繁　纷飞　芬芳　奋发

d（舌尖中不送气清塞音）

达到　打倒　打动　大抵　大地　大殿　大豆　大度　大队　大多　带电　带动　单调

t（舌尖中送气清塞音）

调停　坍塌　谈天　谈吐　探听　探头　逃脱　淘汰　梯田　体贴　剃头　天堂　铁蹄

n（舌尖中浊鼻音）

恼怒　农奴　牛奶　能耐　泥泞　南宁　男女　袅娜

l（舌尖中浊边音）

拉力　来历　劳累　劳力　勒令　冷落　理论　历来　立论　利率　联络　嘹亮　料理

g（舌根不送气清塞音）

改观　坩埚　感官　杠杆　高贵　更改　公共　公关　公馆　攻关　巩固　沟谷　古怪

k（舌根不送气清塞音）

刻苦　坎坷　宽阔　空旷　可靠　慷慨　开垦　夸口

h（舌根清擦音）

憨厚　含混　航海　行会　豪华　好汉　合乎　合伙　和缓　呼喊　呼号　呼唤　花卉

j（舌面不送气清塞擦音）

机井　机警　肌腱　积极　积聚　基建　基金　激进

q（舌面送气清塞擦音）

亲切　确切　请求　崎岖　群情　恰巧　秋千　全勤

x（舌面清擦音）

歆羡　习性　喜讯　细小　细心　狭小　遐想　下行　下旬　先行　纤细　闲暇　现象

zh（舌尖后不送气清塞擦音）

战争　长者　招致　折中　褶皱　珍重　珍珠　真正　真知　真挚　斟酌　争执　征兆

ch（舌尖后送气清塞擦音）

查处　拆除　蟾蜍　长城　超产　超常　超出　车床　成虫　惩处　赤诚　充斥　抽查

sh（舌尖后清擦音）

杀伤　霎时　山水　闪烁　赏识　上身　上市　上书　上述　少数　舍身　设施　射手

r（舌尖后浊擦音）

仍然　柔软　荣辱　忍让　如若　闰日　仁人　荏苒　冉冉　容忍　柔弱　软弱

z（舌尖前不送气清塞擦音）

自尊　走卒　藏族　造作　在座　罪责　总则　曾祖

c（舌尖前不送气清塞擦音）

层次　参差　催促　粗糙　猜测　苍翠　措辞　从此　仓促　草丛　摧残　催促　璀璨

s（舌尖前清擦音）

思索　松散　琐碎　瑟缩　洒扫　色素　四散　诉讼　搜索

2.1.4　普通话声母的辨正

图 2-1　公母田螺

【案例 2-1】

公 母 田 螺

一次朋友们在一块儿吃饭，先上一盘田螺，主人夹起一颗一看说："公的（空的）！"便弃之，再夹起一个田螺说："又是公的（空的）！"（见图 2-1）

朋友非常惊讶，心想："真厉害，连田螺的公母都能看得出来！"

看来，声母发不准，会造成很多误会。

从声母系统来看，各地方言与普通话有出入的地方主要表现在以下几种情况。

1. 区分舌尖后音zh、ch、sh与舌尖前音z、c、s

由于声母zh、ch、sh发音时，舌尖上翘，所以又叫翘舌音；声母z、c、s发音时，舌尖平伸，所以又叫平舌音。赣方言不分平翘舌音，翘舌音一律发成平舌音，所以，分清平翘舌音是赣方言区的人学好普通话的一大难点。

练习平翘舌的发音，首先要掌握发音要领，平翘舌音的发音方法相同，但发音部位不同，发平舌音时，上下齿对齐舌尖向前平伸，发翘舌音时，舌尖向后微翘。初学者往往把翘舌音发成平舌音，把平舌音发成翘舌音，或者学了翘舌音不记得平舌音，把大部分的平舌音都发成了翘舌音。

熟练掌握这两类声母的发音特点及规律，还必须准确辨别含有两类不同声母的字词。在3000 多个常用的汉字中，声母是zh、ch、sh和z、c、s的字大约有 900 个，其中平舌音字约占30%，翘舌音字约占 70%，要一个一个记住是很不容易的。其实，大部分的字音是有规律可循，有方法来帮助我们记忆的。

首先，利用普通话声韵配合关系来区分。普通话声韵配合规律显示。

① z、c、s 绝不和韵母ua、uai、uang相拼，所以，"抓、刷、耍、揣、踹、拽、摔、甩、率、庄、床、双、疮、爽"等字就可以放心地读翘舌音了；sh 绝不和韵母ong相拼，所以，"送、松、耸、宋、颂、诵、怂、讼、凇、菘"等字可放心地读平舌音了。

② 以 en 做韵母的字，除了"怎、参（差）、岑、森"几个字外，以 eng 做韵母的字，除了"层、曾"和以"曾"做声旁的少数字外，其余字的声母都是翘舌音。

③ 以 ou 做韵母的字，除了"凑"等少数字外，其余的声母是 ch。

④ 以 un 做韵母的字中，只有"顺、吮、楯、舜、瞬"五个字的声母是 sh，其余字声母是 s。

其次，根据形声字声旁的表音功能，利用已知的声旁推断出同声旁的一批字的读音。例如：

主（zhǔ）—住、拄、柱、注、驻（zhu）

召（zhào）—照、招、昭、沼、诏（zhao）

朱（zhū）—珠、诛、侏、茱、洙、铢、蛛、株（zhu），殊、姝（shu）

昌（chāng）—菖、猖、娼、鲳、唱、倡（chang）

当然，类推不是绝对正确的，有些例外字还需要特别记忆，比如，"才"是平舌声母，"材、财"也是平舌声母，但"豺"却是翘舌声母。

再次，利用记少不记多的办法记忆。

（1）zh、ch、sh 和 z、c、s 对比辨音练习。

自 zì—志 zhì　　　刺 cì—翅 chì　　　私 sī—诗 shī　　　造 zào—照 zhào

栽 zāi—摘 zhāi　　姿 zī—知 zhī　　　村 cūn—春 chūn　　宗 zōng—中 zhōng

自 zì—制 zhì　　　糟 zāo—招 zhāo　　四 sì—视 shì　　　搜 sōu—收 shōu

增 zēng—征 zhēng　从 cóng—重 chóng

（2）读准舌尖后音 zh、ch、sh 和舌尖前音 z、c、s。

振作 zhènzuò　　　正宗 zhèngzōng　　赈灾 zhènzāi　　　职责 zhízé

沼泽 zhǎozé　　　制作 zhìzuò　　　杂志 zázhì　　　　栽种 zāizhòng

增长 zēngzhǎng　　资助 zīzhù　　　自制 zìzhì　　　　自重 zìzhòng

差错 chācuò　　　陈醋 chéncù　　　成材 chéngcái　　　出操 chūcāo

（3）练读下面词组和绕口令。

上层　山川　马上　专政　专款　专程　从中　从此　支持　主宰　手软　未曾　生产
生存　光泽　冲刷　存款　收缩　成年　收藏　汗水　色彩　设施　传说　佛寺　完整
层次　折光　沉重　纯粹　财政　身后　运输　侧重　锦标赛　似是而非　一筹莫展

① 四是四，十是十，十四是十四，四十是四十。不要把十四说成四十，不要把四十说成十四。要想说对四和十，得靠舌头加牙齿。谁说四十是戏习，谁的舌头没用力，谁说四十是事实，谁的舌头没伸直，要想说对常练习、十四四十四十四。

② 隔着窗户撕字纸，一次撕下横字纸，一次撕下竖字纸，是字纸撕字纸，不是字纸，不要胡乱撕一地纸。

③ 三山撑四水，四水绕三山，三山四水春常在，四水三山四时春。

2．分清鼻音韵母 n 与边音韵母 l

【案例 2-2】

凤凰卫视中文台一位嘉宾主持，在一次节目中说："我是荷兰（河南）人。"并解释说："我是三点水的辣（那）个荷兰（河南）人。"让人忍俊不禁。（见图 2-2）

图 2-2　我是荷兰（河南）人

普通话中的n和l是对立的音位，分得很清楚，但是在很多方言区中n和l是不分的。对于那些n、l不分的方言区来说，学习起来比较困难一点。赣语区除了少数地方，如星子、都昌、湖口、余江、贵溪、横峰、弋阳、铅山、波阳、万年、南城、黎川、南丰、广昌、永新、万安等市县能分辨n、l以外，其余市县一般n、l不分，把该读n的读为l。无n声母的方言，发n大多发音困难，语音矫正时多数读成鼻音边音的混合音。这需要正确地掌握发音要领：二者都是舌尖中音，接触部位都在上齿龈，但发音方法不同。发n时舌尖接触上齿龈软腭下降，堵住通往口腔的通路，打开通往鼻腔的通路，之后发鼻音，如"能耐"、"泥泞"的声母。发l时舌尖也接触上齿龈，软腭上升，堵住通往鼻腔的通路，气流从舌头两边流出，如"玲珑"、"嘹亮"的声母。

由于n发音时，气流从鼻腔通过，所以发出的声音带有"鼻音"；而l在发音时注意舌头的动作，即在发音前，舌头向上卷，发音时，舌头伸平，不带有鼻音，即使用手捏住鼻子也能发音。

怎样体会n和l正确的发音方法呢？不妨试一试以下对比做法。

做法一：按照n的发音要求做好发音准备。用拇指和食指捏住鼻孔并试图发n音。如果有很强的憋气的感觉，说明发音的部位和方法正确，松开拇指和食指，带上元音e或a呼读，n则自然成声；反之则错误。

做法二：按照l的发音要求做好发音准备，用手捂住嘴巴，并试图发l音，如果两腮鼓起并伴有憋气的感觉，说明符合发音要求，移开手掌，带上元音e或a呼读，l则自然成声。

（1）n、l对比辨音练习。

无赖（lài）—无奈（nài）	水牛（niú）—水流（liú）	男（nán）裤—蓝（lán）裤
旅（lǚ）客—女（nǚ）客	脑（nǎo）子—老（lǎo）子	连（lián）夜—年（nián）夜

（2）读准n和l。

哪里nǎlǐ	纳凉nàliáng	奶酪nǎilào	脑力nǎolì
内涝nèilào	能力nénglì	来年láinián	老农lǎonóng
冷暖lěngnuǎn	流脑liúnǎo	留念liúniàn	岭南lǐngnán
牛奶niúnǎi	恼怒nǎonù	扭捏niǔniē	

（3）练读下面词组和绕口令。

儿女	下列	本领	训练	孙女	红娘	吹牛	技能	来源
男女	效率	旅馆	桥梁	流行	流动	浪头	热量	能量
旋律	粗略	绿化	谋略	领土	新娘	概率	嫩绿	濒临

① 蓝教练是女教练，吕教练是男教练，蓝教练不是男教练，吕教练不是女教练。蓝教练是教男篮的女教练，吕教练是教女篮的男教练。

② 南边来了两队篮球运动员，男运动员穿了蓝球衣，女运动员穿了绿球衣。不怕累，不怕难，男女运动员努力练投篮。

3．分清舌尖前音 r 与边音 l

赣方言区没有"r"声母，凡普通话"r"做声母的字，通常被改读成"l"声母。如把"人"读成了"lén"。

普通话中"r"声母的字比"l"声母的字少得多，采用记少不记多的方法较容易记住"r"声母的字。比如，"r"声母只与前鼻韵母 en 相拼，常用字有人、任、忍、认、刃、仁、韧、妊、纫、壬、仞、荏、饪、稔等，不与后鼻韵母 eng 相拼；而"l"声母不与前鼻韵母 en 相拼，只与后鼻韵母 eng 相拼，常用字有冷、棱、楞、塄、愣。

从发音部位看，"r"是舌尖后音，同"zh、ch、sh"发音部位一样，是由舌尖和硬腭前部构成阻碍而发的音。从发音方法看，"r"是浊擦音，发音时，舌尖上翘，抵硬腭前部留一小缝，让气流从小缝中摩擦而出，同时声带震动。为找到正确的感觉，可以先发"sh"音，然后保持口型和舌位不动，振动声带，即是"r"音。

"r"和"l"的区别是发音部位不同，舌尖抵的位置有前后之别。"r"的发音部位在硬腭，"l"的发音部位在齿龈。两者发音方法也不同，"r"发音除阻时，气流的通道很窄，限于舌尖和硬腭之间的一点点缝隙，摩擦很重；而"l"音除阻时，气流的通道在舌侧两边，很宽松，摩擦不十分明显。

（1）r、l 对比辨音练习。

碧蓝（lán）—必然（rán）　　娱乐（lè）—余热（rè）　　阻拦（lán）—阻燃（rán）

囚牢（láo）—求饶（ráo）　　卤（lǔ）汁—乳（rǔ）汁　　露（lòu）馅—肉（ròu）馅

近路（lù）—进入（rù）　　流露（lù）—流入（rù）

（2）读准 r 和 l。

锐利 ruìlì　　　　　　日历 rìlì　　　　　　扰乱 rǎoluàn　　　　热烈 rèliè

认领 rènlǐng　　　　容量 róngliàng　　　人力 rénlì　　　　　日落 rìluò

让路 rànglù　　　　　热浪 rèláng　　　　老人 lǎorén　　　　烈日 lièrì

（3）练读下面的绕口令：

夏日无日日亦热，冬日有日日亦寒，春日日出天渐暖，晒衣晒被晒褥单，秋日天高复云淡，遥看红日迫西山。

4．分清唇齿音声母 f 与舌根音声母 h

赣方言存在 f 和 h 混读的现象。比如，开会（kāihuì）说成"kāifuì"，花（huā）说成"fā"。在学习时首先要注意 f 和 h 的发音，然后要清楚声母 f 和 h 相对应的字词。

f 发音时，上齿接触下唇内侧、气流从唇和齿之间的缝隙中摩擦出来，声带不颤动。

h 发音时，舌根接近软腭，留出一条窄缝，软腭上升，堵塞鼻腔通路，声带不颤动，气流从窄缝中摩擦出来。

（1）f、h 对比辨音练习。

舅父（fù）—救护（hù）　　　　　　　公费（fèi）—工会（huì）

附（fù）注—互（hù）助　　　　　　　仿佛（fǎngfú）—恍惚（huǎnghū）

防（fáng）虫—蝗（huáng）虫　　　　斧（fǔ）头—虎（hǔ）头

飞（fēi）机—灰（huī）鸡　　　　　　非凡（fēifán）—辉煌（huīhuáng）

（2）读准f和h。

复活fùhuó	发挥fāhuī	附和fùhè	分毫fēnháo
附会fùhuì	焚化fénhuà	混纺hùnfǎng	后方hòufāng
化肥huàféi	洪峰hóngfēng	画符huàfú	花粉huāfěn

（3）练读下面的绕口令。

① 红凤凰，黄凤凰，粉红墙上飞凤凰，凤凰飞，飞凤凰，红黄凤凰飞满墙。

② 风吹灰堆灰乱飞，灰飞花上花堆灰。风吹花灰飞去，灰在风里灰又飞。

5．分清zh、ch、sh与j、q、x及尖音

在普通话训练与测试过程中，赣方言区有一部分学生（特别是女生）j、q、x的发音偏靠前，在发音时，成阻、除阻的部位太接近舌尖，产生齿化音，发出的音带有"刺刺"的舌尖音的味道。这样的发音缺陷要注意克服。

粤方言、闽方言、湘方言及吴方言区会出现声母zh、ch、sh与j、q、x混用的情况，如把"知道"读成"jīdào"，"少数"读成"xiǎoshù"等。在赣中南的遂川本地方言有声母zh、ch、sh与j、q、x混用的情况。

（1）zh、ch、sh和j、q、x对比辨音练习。

墨迹（jì）—墨汁（zhī）	交际（jì）—交织（zhī）
密集（jí）—密植（zhí）	边际（jì）—编制（zhì）
就（jiù）业—昼（zhòu）夜	浅（qiǎn）明—阐（chǎn）明
砖墙（qiáng）—专长（cháng）	洗（xǐ）礼—失（shī）礼

（2）读准下列各词。

缉私jīsī	集资jízī	其次qícì
袖子xiùzi	下策xiàcè	戏词xìcí
资金zījīn	字迹zìjì	字据zìjù
迁就qiānjiù	劝酒quànjiǔ	稀奇xīqí

（3）练读下面的绕口令。

① 司机买雌鸡，仔细看雌鸡，四只小雌鸡，叽叽好欢喜，司机笑嘻嘻。

② 精致不是经济，组织不是举机，把不直念成不急，秩序就会变成继续，喜人就会变成死人。

6．零声母的辨正

普通话一部分读零声母的字，如"鹅、爱、欧、袄、安"等在有些方言中读成了声母的字，大致情况如下。

在读以a、o、e开头的零声母字时，常在前面加舌根鼻音ng，如将"安"读成"ngan"，"欧"读成"ngou"，"恩"读成"ngen"。纠正时，只要去掉舌根鼻音ng，直接发元音就行了。

普通话中合口呼的零声母字，有的方言读成了［v］（唇齿浊擦音）声母，如"万、闻、物、尾、问"等字，在吴方言中读成［v］声母。这只要在发音时注意把双唇拢圆，不要让下唇和上齿接触，就可以改正了。

（1）零声母辨音练习。

爱（ài）心—耐（nài）心	海岸（àn）—海难（nàn）	大义（yì）—大逆（nì）
傲（ào）气—闹（nào）气	疑（yí）心—泥（ní）心	语（yǔ）序—女（nǔ）婿
文（wén）风—门（mén）风	余味（wèi）—愚昧（mèi）	

（2）读准零声母字词。

阿姨āyí	挨饿ái'é	昂扬ángyáng	熬药áoyào
偶尔ǒu'ěr	扼要èyào	压抑yāyì	沿用yányòng

7．声母对比词组练习

（1）b和p的对比词组练习。

被俘—佩服	毕竟—僻静	背脊—配给	备件—配件

（2）d和t的对比词组练习。

盗取—套取	吊车—跳车	赌注—土著	调动—跳动

（3）n和l的对比词组练习。

千年—牵连	恼怒—老路	允诺—陨落	难住—拦住

（4）g和k的对比词组练习。

骨干—苦干	河谷—何苦	歌谱—科普	工匠—空降

（5）f和h的对比词组练习。

开方—开荒	防空—航空	幅度—弧度	理发—理化
复员—互援	防止—黄纸		

（6）j和q的对比词组练习。

经常—清偿	手脚—手巧	迹象—气象	激励—凄厉
积压—欺压	集权—齐全		

（7）平翘舌对比词组练习（z、c、s与zh、ch、sh）。

三头—山头	综合—中和	冲刺—充斥	自立—智力
栽花—摘花	私人—诗人		

8．平翘舌音辨正

z—zh	自治	尊重	增长	做主	杂志	再植	资助
zh—z	制造	转载	追踪	振作	正宗	准则	种子
c—ch	蚕虫	操场	财产	擦车	促成	采茶	残喘
ch—c	炒菜	冲刺	尺寸	陈词	差错	纯粹	初次
s—sh	松树	宿舍	算术	损失	三山	四十	丧失
sh—s	收缩	神速	哨所	殊死	申诉	疏松	山色

平翘舌绕口令的练习。

① 上桑山，砍山桑，背着山桑下桑山。

② 锄长草，草长长，长草丛中出长草，锄尽长草做草料。

9．鼻音n和边音l辨正

n—l	农林	年轮	耐劳	哪里	脑力	奴隶	纳凉

	奶酪	内涝	暖流	能力	凝练	逆流	年龄
l—n	岭南	辽宁	冷暖	留念	烂泥	连年	来年
	老娘	林农	落难	历年	流脑	遛鸟	

鼻音和边音绕口令练习。

① 牛良蓝衣布履杠楠木，刘妞绿衣挎楼买蓝布，牛良的楠木上房梁，刘妞的蓝布做衣裳。

② 大梁拴好牛在柳树下纳凉，碰上从牛栏山牛奶站挤了牛奶要拎到岭南乡牛奶店的刘奶奶，大梁忙拉刘奶奶到柳树下纳凉，接过刘奶奶的牛奶去岭南乡牛奶店送牛奶。

10．唇齿音f和舌根音h辨正

f—h	凤凰	繁华	附和	防护	发挥	返回	妨害
h—f	恢复	会费	活佛	荒废	划分	换防	豪放

唇齿音和舌根音绕口令练习。

① 我们要学理化，他们要学理发。理化不是理发，理发也不是理化，理化理发要分清。学会理化却不会理发，学会理发却不会理化。

② 风吹灰飞，灰飞花上花堆灰。风吹花灰灰飞去，灰在风里灰飞灰。

2.2　普通话韵母

捕　鱼　歌

周有光

人远江空夜，浪滑一舟轻。

网罩波心月，竿穿水面云。

儿咏哎唷调，橹和嗳啊声。

鱼虾留瓮内，快活四时春。

这首《捕鱼歌》可不是一首简单的诗歌哟，仔细看看，发现了什么？它总共 40 个字，涵盖了汉语普通话的全部 38 个韵母。

2.2.1　韵母概述

1．概念

韵母是指一个汉字音节中声母后面的成分。

2．韵母的分类（韵母的发音）

按结构可将韵母分为单韵母（10）、复韵母（13）和鼻韵母（16）。按四呼可将韵母分为开口呼、齐齿呼、合口呼和撮口呼。按韵尾可将韵母分为元音韵尾韵母（i/u）、鼻音韵尾韵母（n/g）和无韵尾韵母（a/o/e）。

（1）按结构分类。

1）单韵母。由一个元音构成的韵母叫单韵母，又叫单元音韵母。单元音韵母发音的特点是自始至终口形不变，舌位不移动。普通话中单元音韵母共有十个，即a、o、e、ê、i、u、ü、-i（"思"的韵母）、-i（"诗"的韵母）、er。

单韵母的发音方法如下。

① 舌面元音。

a发音时，口腔大开，舌头前伸，舌位低，舌头居中，嘴唇呈自然状态。如"沙发"、"打靶"的韵母。

o发音时，口腔半合，知位半高，舌头后缩，嘴唇拢圆。如"波"、"泼"的韵母。

e发音状况大体像o，只是双唇自然展开成扁形。如"歌"、"苛"、"喝"的韵母。

ê发音时，口腔半开，舌位半低，舌头前伸，舌尖抵住下齿背，嘴角向两边自然展开，唇形不圆。在普通话里，ê很少单独使用，经常出现在i、ü 的后面。

i发音时，口腔开度很小，舌头前伸，前舌面上升接近硬腭，气流通路狭窄，但不发生摩擦，嘴角向两边展开，呈扁平状。如"低"、"体"的韵母。

u发音时，口腔开度很小，舌头后缩，后舌面上升接近硬腭，气流通路狭窄，但不发生摩擦，嘴唇拢圆成一小孔。如"图书"、"互助"的韵母。

ü发音时，口腔开度很小，舌头前伸，前舌面上升接近硬腭，但气流通过时不发生摩擦，嘴唇拢圆成一小孔。发音情况和i基本相同，区别是ü嘴唇是圆的，i嘴唇是扁的。如"语句"、"盱眙"的韵母。

② 舌尖元音。

-i（前）发音时，舌尖前伸，对着上齿背形成狭窄的通道，气流通过不发生摩擦，嘴唇向两过展开。用普通话念"私"并延长，字音后面的部分便是-i（前）。这个韵母只跟z、c、s配合，不和任何其他声母相拼，也不能自成音节。如"资"、"此"、"思"的韵母。

-i（后）发音时，舌尖上翘，对着硬腭形成狭窄的通道，气流通过不发生摩擦，嘴角向两边展开。用普通话念"师"并延长，字音后面的部分便是-i（后）。这个韵母只跟zh、ch、sh、r配合，不与其他声母相拼，也不能自成音节。如"知"、"吃"、"诗"的韵母。

③ 卷舌元音。

er发音时，口腔半开，开口度比ê略小，舌位居中，稍后缩，唇形不圆。在发e的同时，舌尖向硬腭轻轻卷起，不是先发e，然后卷舌，而是发e的同时舌尖卷起。"er"中的r不代表音素，只是表示卷舌动作的符号。er只能自成音节，不和任何声母相拼。如"儿"、"耳"、"二"字的韵母。

2）复韵母。由两个或三个元音结合而成的韵母叫复韵母。普通话共有 13 个复韵母：ai、ei、ao、ou、ia、ie、ua、uo、üe、iao、iou、uai、uei。

复韵母的发音特点如下。

① 发音时舌位、唇形有变化。从一个元音到另一个元音是逐渐过渡的，中间包括一连串过渡音。比较"哎"与"阿姨"。

② 各个元音的响度也不相等，通常只有一个比较清晰、响亮，叫韵腹。如"外"[uɑi]。

根据主要元音所处的位置，复韵母可分为前响复韵母、中响复韵母和后响复韵母。

前响复韵母共有四个，即ai、ei、ao、ou。它们的共同特点是前一个元音清晰响亮，后一个元音轻短模糊，音值不太固定，只表示舌位滑动的方向。（韵腹在前的叫前响复元音韵母）

ai发音时，先发a，这里的a舌位前，念得长而响亮，然后舌位向i移动，不到i的高度。i只表示舌位移动的方向，音短而模糊。

例字：爱 来 耐 拜拜

ei发音时，先发e，比单念e时舌位前一点，这里的e是个中央元音，然后向i的方向滑动。

例字：坡 泪 内 美眉

ao发音时，先发a，这里的a舌位靠后，是个后元音，发得响亮，接着向u的方向滑动。

例字：妖、好、闹、报道

ou发音时，先发o，接着向u滑动，舌位不到u即停止发音。

例字：呕、楼、后、绸缪

后响复韵母共有五个，即ia、ie、ua、uo、üe。它们的共同特点是前面的元音发得轻短，只表示舌位从那里开始移动，后面的元音发得清晰响亮。（韵腹在后的叫后响复元音韵母）

ia发音时，i表示舌位起始的地方，发得轻短，很快滑向前元音a，a发得长而响亮。

例字：牙、加、虾、下家

ie发音时，先发i，很快发ê，前音轻短，后音响亮。

例字：业、接、跌、歇业

ua发音时，u念得轻短，很快滑向a，a念得清晰响亮。

例字：瓦、夸、抓、哗哗

uo发音时，u念得轻短，舌位很快降到o，o清晰响亮。

例字：我、说、多、啰唆

üe发音时，先发高元音ü，ü念得轻短，舌位很快降到ê，ê清晰响亮。

例字：曰、倔、却、略略

中响复韵母共有四个，即iao、iou、uai、uei。它们共同的发音特点是前一个元音轻短，后面的元音含混，音值不太固定，只表示舌位滑动的方向，中间的元音清晰响亮。（韵腹在中间的叫中响复元音韵母）

iao发音时，先发i，紧接着发ao，使三个元音结合成一个整体。

例字：要 票 叫 巧妙

iou发音时，先发i，紧接着发ou，紧密结合成一个复韵母。

例字：优 流 绣 悠久

uai发音时，先发u，紧接着发ai，使三个元音结合成一个整体。

例字：歪 坏 快 摔坏

uei发音时，先发u，紧接着发ei，紧密结合成一个整体。通常，把uei简写成ui。

例字：微 围 伟 水位

中响复韵母在自成音节时，韵头i、u改写成y、w。复韵母iou、uei前面加声母的时候，要省写成iu、ui，例如liu（留）、gui（归）等；不跟声母相拼时，不能省写用y、w开头，写成you（油）、wei（威）等。

3）鼻韵母。由一个或两个元音后面带上鼻辅音构成的韵母叫鼻韵母。鼻韵母共有 16 个：an、ian、uan、üan、en、in、uen、ün、ang、iang、uang、eng、ing、ueng、ong、iong。

普通话里可以出现在元音后面的鼻辅音只有两个，即舌尖鼻辅音n（舌尖抵住上齿龈）

和舌根鼻辅音ng（舌根轻轻抵住软腭）。

　　鼻韵母发音时发音器官由元音的发音状态向鼻音的发音状态逐渐变动，鼻音成分逐渐增加，最后完全变为鼻音。同作为声母的鼻辅音相比，它们是塞而不破，无除阻阶段。

　　鼻韵母可分为以下两类。

　　① 舌尖鼻音韵母。

　　an发音时，先发a，然后舌尖向上齿龈移动，最后抵住上齿龈，发前鼻音n。

　　例字：按 半 喊 谈判

　　ian发音时，先发i，i轻短，接着发an，i与an结合得很紧密。

　　例字：眼 边 天 显眼 偏见

　　uan发音时，先发u，紧接着发an，u与an结合成一个整体。

　　例字：完 段 关 转换

　　üan发音时，先发ü，紧接着发an，ü与an结合成一个整体。

　　例字：远 卷 选 源泉

　　en发音时，先发e，然后舌尖向上齿龈移动，抵住上齿龈发鼻音n。

　　例字：恩 门 盆 认真

　　in发音时，先发i，然后舌尖向上齿龈移动，抵住上齿龈，发鼻音n。

　　例字：因 进 亲 亲信

　　uen发音时，先发u，紧接着发en，u与en结合成一个整体。通常，把uen简写成un。

　　例字：问 准 春 伦敦

　　ün 发音时，先发ü，舌尖向上齿龈移动，抵住上齿龈，气流从鼻腔通过。

　　例字：云 群 军 均匀

　　in、ün自成音节时，写成yin（音）、yun（晕）。

　　② 舌根鼻音韵母。

　　ang发音时，先发a，舌头逐渐后缩，舌根抵住软腭，气流从鼻腔通过。

　　例字：昂 当 刚 厂长

　　iang发音时，先发i，接着发ang，使二者结合成一个整体。

　　例字：样 将 想 亮相

　　uang发音时，先发u，接着发ang，由u和ang紧密结合而成。

　　例字：望 双 窗 状况

　　eng发音时，先发e，舌根向软腭移动，抵住软腭，气流从鼻腔通过。

　　例字：风 声 等 冷风

　　ing发音时，先发i，舌头后缩，舌根抵住软腭，发后鼻音ng。

　　例字：英 冰 星 命令

　　ueng发音时，先发u，接着发eng，由 u 和eng紧密结合而成。

　　例字：翁 瓮 嗡

　　ong发音时，舌根抬高抵住软腭，发后鼻音ng。

　　例字：东 龙 中 工农

　　iong发音时，先发i，接着发ong，二者结合成一个整体。

　　例字：用 兄 穷 汹涌

iang、iɑng、uang、ueng自成音节时，韵头i、u改写成y、w。

另外，uən跟声母相拼时，省写做un。如lun（伦）、chun（春）。uen自成音节时，仍按照拼写规则，写做wen（温）。

（2）按四呼分类。

四呼就是按韵母开头的元音口形分的类别。

① 开口呼：没有韵头，韵腹不是i、u、ü的韵母，共有15个。

a、o、e、ê、-i[前]、-i[后]、er（7 个）/ai、ei、ao、ou（4 个）/an、en、ang、eng（4个）

② 齐齿呼：i或以i起头的韵母，共有9个。

i（1个）/ia、ie、iao、iou（4个）/ian、in、iang、ing（4个）

③ 合口呼：u或以u起头的韵母，共有10个。

u（1个）/ua、uo、uai、uei、（4个）/uan、uen、uang、ueng、ong（5个）

④ 撮口呼：ü或以ü起头的韵母，共有5个。

ü（1个）/üe（1个）/üan、ün、iong（3个）

ong、ueng本来是一个韵母的不同表现形式，ong前面一定有声母，ueng则永远自成音节。汉语拼音方案根据字母形式把ong分配到开口呼，把ueng分配到合口呼。但是从语音系统来说，ong、ueng只是同一个韵母在不同条件下的不同表现形式，应该根据实际读音归入合口呼。iong的实际读音往往有圆唇的成分，应归入撮口呼。

（3）按韵尾分类。

1）无韵尾韵母（开尾韵母吴宗济）15个。

① 单韵10个，即a、o、e 、i、u、ü、ê、-i[前]、-i[后] er。

② 后响复合韵母5个，即ia、ua、ie、ue、uo。

2）元音韵尾韵母8个。

① 前响4个，即ai、ei、uei、uai。

② 中响4个，即ao、iao、ou、iou。

3）鼻音韵尾韵母。

① 舌尖鼻韵母8个，即an、ian、uan、üan、en、in、uen、ün。

② 舌根鼻韵母8个，即ang、iang、uang、eng、ing、ueng、ong、iong。

综上分析，列出下面的韵母表。

按韵头分结构韵分母	开口呼	齐齿呼	合口呼	撮口呼
单韵母	-i（前） -i（后）	i	u	ü
	a			
	o			
	e			
	ê			
	er			
复韵母		ia	ua	
			uo	

续表

按韵头分结构韵分母	开口呼	齐齿呼	合口呼	撮口呼
复韵母		ie		üe
	ai		uai	
	ei		uei	
	ao	iao		
	ou	iou		
鼻韵母	an	ian	uan	üan
	en	in	uen	ün
	ang	iang	uang	
	eng	ing	ueng	
	ong	iong		

2.2.2　普通话韵母发音及辨正

1．单韵母的发音

（1）i和ü的分辨。

这两个音唯一的区别就在于i是不圆唇音，ü是圆唇元音。抓住这一点，便能基本上分清这两个音了。

名义—名誉　　　　结集—结局　　　　前面—全面　　　　小姨—小鱼

意义—寓意　　　　盐分—缘分　　　　通信—通讯　　　　意见—预见

潜水—泉水

（2）o和e的分辨。

这两个音发音时的区别在于o是圆唇元音，而e是不圆唇元音。我们可以根据这一点加以区别。

破格　职责　策略　侧重　博士　摸底　国歌　合法　摩擦

蛋壳　舌头　偏颇　佛教　没收　奢侈

2．复韵母的发音

（1）复韵母发音要领。

① 有明显振动过程的变化。

② 从一个发音状态向另一个发音状态快速滑动。

③ 韵尾表示滑动方向。

④ 唇形、舌位的变化要自然、连贯，形成整体。

（2）复韵母发音练习。

　　ai（唉）　ei（欸）　ao（奥）　ou（欧）　ia（呀）　ie（耶）　ua（哇）

　　uo（窝）　üe（约）　iao（腰）　iou（优）　uai（歪）　uei（威）

（3）宽窄韵母辨正。

① ai（uai）和ei（uei）的分辨。

海带　拍卖　开怀　晒台　白菜　财会　奶奶　太太

北美	累赘	回归	追随	委培	妹妹	魁伟
开会	来回	海味	百倍	暧昧	再会	海龟

②ao（iao）和ou（iou）的分辨。

ou—ao

　　柔道　　投靠　　周到　　厚道　　寿桃　　手套

iao—iou

　　要求　　表舅　　郊游　　校友　　漂流　　调休

iou—iao

　　油条　　邮票　　酒药　　有效　　牛角

（3）对比辨音。

摆手—把手	小麦—小妹	分派—分配	卖力—魅力
怀想—回想	怪人—贵人	未来—外来	鬼子—拐子

3．鼻韵母的发音

（1）鼻韵母的发音特点。

　　普通话韵母中有两个鼻辅音韵尾-n、-ng。韵尾-n的发音同声母n基本相同，只是-n的部位比n靠后。从受阻的情况来看，声母n必须除阻后同后面的韵母拼合，而韵尾-n不必除阻,发音逐渐减弱而终止。

（2）鼻韵母的发音训练。

　　前鼻韵母包括an、en、in、ian、uan、üan、uen。

　　后鼻韵母包括ang、eng、ing、iang、uang、ong、iong、ueng。

（3）前后鼻韵母辨正。

① an，uan和ang, iang, uang。

② en和eng。

③ in和ing。

④ un和ün。

（4）词语练习。

an—ang

　　安放　　繁忙　　肝脏　　南方　　反抗　　赞赏

ang—an

　　傍晚　　畅谈　　方案　　钢板　　唐山　　当然

en—eng

　　本能　　人称　　神圣　　文风　　真正　　人证

eng—en

　　诚恳　　登门　　缝纫　　胜任　　承认　　成分

in—ing

　　民警　　聘请　　银杏　　心灵　　新兴　　引擎

（5）对比辨音。

安然—昂然	烂漫—浪漫	葬送—赞颂	搪瓷—弹词

审视—省市　　　　申明—声明　　　　陈旧—成就　　　　深思—生丝

eng—ong

中东zhōngdōng　　　　东海dōnghǎi　　　　灯笼dēnglóng

忠贞zhōngzhēn　　　　笼统lóngtǒng　　　　疼痛téngtòng

ün—iong

允许yǔnxǔ　　　　韵律yùnlǜ　　　　游泳yóuyǒng

庸俗yōngsu　　　　汹涌xiōngyǒng　　　　群雄qúnxióng

uen ǔ ueng

uen　昆仑　温存　温顺　论文　混沌　谆谆

ueng　蕹菜　水瓮　老翁　蓊郁　嗡嗡

避免丢失韵头i和u。

以i为韵头的韵母属于齐齿呼韵母，有 7 个，即ia、ie、iao、iou、ian、iang、iong。

以u为韵头的韵母属于合口呼韵母，有 8 个，即ua、uo、uai、uei、uan、uen、uang、

ueng。

声母在与这些韵母相拼时，虽然作为韵头的i或u发音轻短，但不能忽略，更不能丢失。

① 读准以i为韵头的字。

ia	国家	华夏	龙虾	放假	嘉奖
ie	蔑视	街道	猎取	重叠	戒备
iao	骄傲	憔悴	香蕉	欢笑	敲门
iu	流水	丢弃	秋天	荒谬	小牛
ian	连天	扁担	欺骗	面粉	甜蜜
iang	大娘	将军	手枪	幻想	高粱
iong	汹涌	熊爪	贫穷	窘态	胸膛

② 读准以 u 为韵头的字。

ua　苦瓜kǔguā　　　　红花hónghuā　　　　夸奖kuājiǎng

　　刷子shuāzi　　　　抓住zhuāzhù　　　　青蛙qīngwā

uo　萝卜luóbo　　　　生活shēnghuó　　　　水果shuǐguǒ

　　挪动nuódòng　　　　啰嗦luōsuo　　　　夺目duómù

uai　坏蛋huàidàn　　　　奇怪qíguài　　　　快捷kuàijié

　　怀揣huáichuāi　　　　元帅yuánshuài　　　　摔跤shuāijiāo

ui　推开tuīkāi　　　　乌龟wūguī　　　　亏损kuīsǔn

　　开会kāihuì　　　　追逐zhuīzhú　　　　垂直chuízhí

uan　端庄duānzhuāng　　　　卵石luǎnshí　　　　鸾鸟luánniǎo

　　管家guǎnjiā　　　　宽容kuānróng　　　　缓慢huánmàn

uen　蹲下dūnxià　　　　吞吐tūntǔ　　　　轮回lúnhuí

　　捆绑kǔnbǎng　　　　浑浊húnzhuó　　　　尊敬zūnjìng

uang　光明guāngmíng　　　　镜框jìngkuàng　　　　嫩黄nènhuáng

　　庄稼zhuāngjià　　　　闯祸chuǎnghuò　　　　双簧shuānghuáng

ueng　渔翁yúwēng　　　　陶瓮táowēng　　　　蓊郁wěngyù

（6）对比辨音。

钻石zuànshí—暂时zànshí　　　　变乱biànluàn—变烂biànlàn

打量dǎling—打狼dǎláng　　　　木匾mùbiǎn—木板mùbǎn

点子diǎnzi—胆子dǎnzi　　　　刷子shuāzi—沙子shāzi

抓住zhuāzhù—扎住zhāzhù　　　　坏人huàirén—害人hàirén

不怪bùguài—不盖bùgài　　　　创导chuàngdǎo—倡导chàngdǎo

换床huànchuáng—欢唱huānchàng　　　　净赚jìngzhuàn—进站jìnzhàn

顺治shùnzhì—甚至shènzhì

2.2.3　普通话韵母综合训练

1．单元音韵母发音练习

（1）a：舌位低、不圆唇、央元音。

阿　八　搭　法　尬　哈　卡　辣　码　纳　爬　撒　他　瓦　崖　砸　眨

爸爸　妈妈　发达　打靶　打发　哈达　腊八　喇叭　喇嘛　拉萨　麻纱

马达　沙拉　牵拉　哪怕　打蜡　扒拉　大妈　飒飒　大厦　沙发

张大妈夏大妈

张大妈，夏大妈，
你看咱村的好庄稼：
高的是玉米，低的是芝麻，
开黄花、紫花的是棉花，
圆溜溜的是西瓜，
谷穗长得像镰把，
勾着想把地压塌。
张大妈，夏大妈，
边看边乐笑哈哈。

（2）o：舌位半高、圆唇、后元音。

播　魄　佛　拨　婆　膜　驳　脉　磨　喔　末　博　玻　颇　哟　巨　默　摩　沫　沃

伯伯　婆婆　泼墨　破墨　漠漠　魔术　抹杀　脉脉　慢吸　摸底　薄膜　磨炼　磨破　蘑菇

墨 与 馍

老伯伯卖墨，老婆婆卖馍。
老婆婆卖馍买墨，老伯伯卖墨卖馍。
墨换馍老伯伯有馍，馍换墨老婆婆有墨。

（3）e：舌位半高、不圆唇、后元音。

得　特　勒　蛇　歌　革　葛　者　浙　车　个　科　厃　渴　课　喝　惹　贺　遮　折

特色　特赦　哥哥　这个　舍得　咋舌　啧啧　色泽割舍　隔阂　各个　各色　折射　瑟瑟

鹅 和 河

坡上立着一只鹅，
坡下就是一条河。
宽宽的河，肥肥的鹅。
鹅要过河，河要渡鹅。
不知是鹅过河还是河渡鹅。

（4）ê：舌位半低、不圆唇、前元音。这个音素在普通话中只与 i、ü 一起构成复韵母，单念只有一个"欸"（ai）字。

学业　雀跃　血液　贴切　雪夜

（5）i：舌位高、不圆唇、前元音。

习 姨 低 急 底 弟 梯 题 体 替 妻 器 腻 梨 理 力 基 敌 挤 济
鼻翼 比拟 笔迹 笔记 臂力 栖息 极力 遗弃 疑义 以及 义旗 议题 屹立 异己

王七上街去买席

清早起来雨稀稀，王七上街去买席。
骑着毛驴跑得急，捎带卖蛋又贩梨。
一跑跑到小桥西，毛驴一下跌了蹄。
打了蛋，撒了梨，跑了驴，
急得王七眼泪滴，又哭鸡蛋又骂驴。

（6）u：舌位高、圆唇、后元音。

俗 都 独 素 赌 度 秃 徒 土 兔 奴 怒 卢 普 路 姑 骨 故 枯 库
服务 护符 俘虏 浮土 幅度 俯伏 辅助 辜负 骨碌 古朴 谷物 服输 股骨 鼓舞

山上五棵树

山上五棵树，架上五壶醋，
林中五只鹿，箱里五条裤。
伐了山上的树，搬下架上的醋，
射死林中的鹿，取出箱中的裤。

（7）ü：舌位高、圆唇、前元音。

淤 于 雨 玉 女 妞 驴 吕 绿 居 局 举 巨 区 渠 曲 去 虚 徐 许
女婿 吕剧 旅居 屡屡 曲剧 居于 语句 屈居 渔具 语序 栩栩 郁郁

遇 雨

豫剧女小吕这天天下雨，
体育运动委员会穿绿雨衣的女小吕，
去找计划生育委员会不穿绿雨衣的女老李。

体育运动委员会穿绿雨衣的女小吕，

没找着计划生育委员会不穿绿雨衣的女老李；

计划生育委员会不穿绿雨衣的女老李，

也没见着体育运动委员会穿绿雨衣的女小吕。

（8）er：卷舌、央元音。

这是特殊元音。发音时，舌前部上抬，舌尖向硬腭卷起。这里需要注意的是，不代表音素，只表示卷舌的动作，所以e和r的距离要紧凑，弱化r，不要发得很笨拙。

儿 而 尔 耳 迩 洱 饵 二 贰

儿女 儿孙 儿戏 而今 而且 而立 而已 尔后 耳朵 耳福 儿童 耳环 耳机 耳鸣

（9）-i（前）：舌尖前不圆唇元音。

这是特殊元音。发音时，舌尖轻抵下齿背，舌面前部朝向上齿龈，但不要接触，也不要发生摩擦。在普通话里只能和z、s、c相拼，不能自成音节。

词 瓷 此 次 兹 滋 紫 子 字 自 司 死 四 踢 孜 辞 思 籽 赐 肆

字词 刺死 自私 自此 孜孜 此次 刺字 赐死 嗣子 次子 子嗣 四次

（10）-i（后）：舌尖后不圆唇元音。

这是特殊元音。发音时，舌尖朝硬腭前部翘起，舌头后缩，使气流受到一定的节制，但不要发生摩擦。在普通话里只能和zh、ch、sh、r相拼，不能自成音节。

织 值 止 诗 吃 迟 耻 斥 湿 石 史 世 日 之 齿 式 视 质 池 弛

支持 支恒 知识 直至 值日 只是 指使 史诗 志士 日食 时事 实施 指示 咫尺

2．复韵母发音练习

（1）前响复韵母。

ai：

奶 耐 来 赖 该 改 盖 开 概 筛 晒 再 猜 财 彩 菜 腮 载

爱戴 白菜 摆开 买卖 拍卖 开采 晒台 海带 彩带 灾害 采摘 拆台 彩排 开赛

掰 白 菜

掰白菜，搬白菜，

掰完白菜搬白菜，

搬完白菜掰白菜。

小艾和小戴

小艾和小戴，一起来买菜，

小艾把一斤菜给小戴，

小戴有比小艾多一倍的菜；

小戴把一斤菜给小艾，

小艾小戴就有一般多的菜，

请你想想猜猜,

小艾和小戴各买了多少菜?

ei:

非 得 飞 拂 黑 煤 北 美 内 杯 背 胚 赔 配 煤 媚

肥美 配备 贝类 非得 蓓蕾 妹妹 黑妹 背煤 霏霏 黑煤 北美 北非

花 更 美

有水无肥花不肥,有肥无水花不美。

种花施肥又浇水,肥肥水肥花更美。

ao:

跑 泡 猫 毛 卯 冒 刀 岛 道 挠 脑 闹 捞 牢 老 涝 高 稿 告 考

号召 包抄 报道 报告 报考 抛锚 跑道 唠叨 祷告 逃跑 讨好 牢靠 高傲 劳保 老少

老老道小老道

高高山上有座庙,庙里住着两老道。

一个年纪老,一个年纪少。

庙前长着许多草,有时候老老道煮药,小老道采药,

有时候小老道煮药,老老道采药。

ou:

兜 抖 豆 偷 头 透 楼 都 篓 臭 收 手

口授 叩头 口臭 瘦肉 收受 猴头 扣肉 兜售 斗殴 欧洲 丑陋 走漏 抖擞 手头

黄狗咬我的手

清早上街走,走到周家大门口,

门里跳出大黄狗,朝着我哇啦哇啦吼。

我拾起石头打黄狗,黄狗跳上来就咬我的手。

也不知我手里的石头,打没打着周家的大黄狗?

也不知周家的大黄狗,咬没咬着我的手?

(2)后响复韵母。

ia:

鸦 芽 雅 讶 家 贾 嫁 掐 甲 假

家家 假牙 加价 加压 恰恰 下嫁 压价

麻 字 谣

麻家爷爷挑着一对麻叉口,

走到麻家婆婆的家门口,

麻家婆婆的一对麻花狗，
咬破了麻家爷爷的麻叉口。
麻家婆婆拿来麻针、麻线，
来补麻家爷爷的麻叉口。

ie：

蝶 铁 灭 涅 聂 别 撇 列 且 榭 接 届 鞋 切 戒 爹 帖 孽 叠 界
爹爹 歇业 贴切 姐姐 接界 铁屑 铁鞋

打南来了个瘸子

打南来了个瘸子，
手里托着个碟子，
碟子里装着茄子。
地下钉着个橛子，
绊倒了瘸子，
撒了碟子里的茄子。
气得瘸子，撒了碟子，
拔了橛子，踩了茄子。

ua：

蛙 娃 瓦 袜 瓜 寡 挂 夸 垮 跨 花 华 化 抓 刷 耍 刷 卦 跨
挂花 花袜 娃娃 耍滑 哇哇 画画 挂画

胖娃娃和蛤蟆

一个胖娃娃，提了三个大花活蛤蟆；
三个胖娃娃，只提了一个大花活蛤蟆。
提了一个大花活蛤蟆的三个胖娃娃，
真不如提了三个大花活蛤蟆的一个胖娃娃。

uo：

阔 豁 活 火 货 桌 浊 戳 绰 说 多 硕 弱 托 昨 左 作 搓 座 错 梭 锁
咄咄 哆嗦 堕落 国货 过错 过活 过火 活捉 火锅 硕果 脱落 窝火 着落 坐落

骆 驼

我家里有八百八十八只大公骆驼，
他家里有八百八十八只大母骆驼。
他家要用他家里的四百四十四只大母骆驼
来换我家里的四百四十四只大公骆驼。
两家换完了，
他家成了八百八十八只大公母骆驼，
我家也成了八百八十八只大公母骆驼。

两家骆驼合在一起，
还是八百八十八只大公骆驼和八百八十八只大母骆驼，
共计一千七百七十六只大公母骆驼。

ue：

约 月 虐 略 决 倔 缺 确 靴 雀 跃
学习 掠夺 略微 绝活 疟疾

喜鹊

一群灰喜鹊，一群黑喜鹊。
灰喜鹊飞进黑喜鹊群，
黑喜鹊群里有灰喜鹊。
黑喜鹊飞进灰喜鹊群，
灰喜鹊群里有黑喜鹊。

（3）中响复韵母。

iao：

票 苗 秒 庙 钓 挑 条 腰 晓 敲 跳 鸟 尿 撩 聊 了 料 焦 嚼 狡
缥缈 飘摇 悄悄 巧妙 小苗 迢迢 调教 调料 逍遥 萧条 小桥 小调 小巧

猫 闹 鸟

东边庙里有个猫，
西边树梢有只鸟，
猫鸟天天闹。
不知猫闹树上鸟，
还是鸟闹庙里猫？

iou：

优 尤 友 幼 谬 丢 牛 扭 溜 刘 柳 揪 久 旧 秋 球 修 朽
优秀 悠久 悠悠 有救 啾啾 久久 久留 舅舅 秋游 求救 咎由 妞妞 绣球

一个老头儿一盅酒

一个老头儿一盅酒，就着一块藕，吃一口，喝一口。
一棵柳树搂一搂，一个小妞扭一扭。
十个老头儿十盅酒，就着十块藕，吃十口，喝十口。
十棵柳树搂十搂，十个小妞扭十扭。

uai：

歪 外 乖 拐 怪 筷 怀 坏 揣 踹 摔 甩 帅 衰 侩
乖乖 踹坏 怀揣 快甩 摔坏

管会计和季会计

管会计打算盘噼里啪啦，

季会计打算盘啪啦噼里，

管会计、季会计齐打算盘，

噼里啪啦，啪啦噼里。

uei：

规 鬼 跪 亏 葵 傀 愧 灰 回 毁 汇 追 吹 垂 水 蕊 锐 嘴 灰 堆
推诿 退回 巍巍 尾随 追尾 追回 罪魁 醉鬼 垂危 悔罪 摧毁 翠微

嘴 和 腿

嘴说腿，腿说嘴。

嘴说腿爱跑腿。

腿说嘴爱卖嘴。

光动嘴，不动腿，不如不长腿。

光动腿，不动嘴，不如不长嘴。

又动腿，又动嘴，腿不再说嘴，嘴不再说腿。

（4）鼻元音韵母发音。

① 前鼻音韵母。

an：

安然 案板 暗淡 暗含 斑斓 犯案 烂漫 单产 单干 胆敢 翻案

大姐梳辫

大姐梳辫，两个人编。

二姐编那半边，三姐编这半边；

三姐编这半边，二姐编那半边。

ian：

沿 变 更 迁 宴 垫 肩 电 见 面 联 翩
连篇 脸面 绵延 参赞 参战 惨淡 泛滥 翻板 反感 反叛 电线 艰险 检点 检验 面前
年间 年鉴

男演员女演员

男演员女演员，同台演戏说方言，

男演员说吴语言，女演员说闽南言。

男演员演远东旅行飞行员，

女演员演鲁迅文学研究员。

研究员、飞行员、吴语言、闽南言，

你说男女演员演得全不全。

uan：

湾 丸 碗 腕 端 短 断 湍 团 欢 暖 鸳 卵 乱 关 管 灌 宽 款
传唤 专断 官宦 管段 贯穿 乱窜 换算 软缎 酸软 团团 婉转
万端 万贯

二人山前来比眼

山前有个阎园眼，山后有个阎眼园，二人山前来比眼。

不知是阎园眼比阎眼园的眼圆，还是阎眼园比阎园眼的眼圆？

üan：

全 员 冤 圆 远 愿 捐 卷 圈 泉 犬 劝
涓涓 全权 渊源 源远 源泉 源源 圆圈

两 判 官

城隍庙内两判官，左边的是潘判官，右边是庞判官。

不知是潘判官管庞判官，还是庞判官管潘判官。

en：

纷 焚 粉 奋 嫩 根 稳 绅 亘 深 痕 狠 恨 真 枕 慎 镇 陈 森
愤愤 粉尘 愤愤 愤恨 根本 深沉 根深 门神 门诊 人们 人身 认真

盆 碰 棚

老彭拿着一个盆，路过老陈住的棚。

盆碰棚，棚碰盆，棚倒盆碎棚压盆，

老陈要赔老彭的盆，老彭不要老陈来赔盆，

老陈陪着老彭去补盆，老彭帮着老陈来修棚。

in：

因 银 引 印 彬 殡 拼 频 品 聘 民 敏 您 临 凛 赁 金 锦 尽 亲
濒临 秦晋 仅仅 紧邻 尽心 近邻 近亲 民心 临近 拼音 贫民 频频 聘金 亲信

不 同 姓

同姓不能念成通信，

通信也不能念成同姓，

同姓可以互相通信，

通信可不一定同姓。

uen：

敦 钝 魂 春 纯 吞 混 村 存 轮 论 滚 棍 捆 困 昏
混沌 困顿 温存 温润 温顺 春笋 论文 伦敦 昆仑 稳准 枪棍 昏昏 馄饨 谆谆

炖冻冬瓜

冬瓜冻，冻冬瓜，

炖冻冬瓜是炖冻冬瓜，

不炖冻冬瓜不是炖冻冬瓜。

炖冻冬瓜吃炖冻冬瓜，

不炖冻冬瓜，不吃炖冻冬瓜。

ün：

晕 匀 允 运 均 俊 群 熏 寻 训 助 询 循 汛 陨 酝 熨 郡 旬 茵

军训 均匀 芸芸

通州和运河

东运河，西运河，东西运河运东西。

南通州，北通州，南北通州通南北。

② 后鼻音韵母。

ang：

肮 昂 盎 榜 棒 乓 旁 胖 莽 芳 盲 防 仿 放 档 荡 汤 糖 倘 烫

帮忙 常常 厂房 厂商 苍茫 沧桑 当场 党纲 党章 方丈 放荡 放浪 商场

拾 木 房

红木方，黄木方，红黄木方搭木房。

红木方搭红木房，黄木方搭黄木房，

红黄木方一起搭，搭的木房红混黄。

红蜂黄蜂

红蜂红，黄蜂黄，红蜂黄蜂打起仗。

红蜂强占黄蜂房，黄蜂强占红蜂房。

红蜂攻，黄蜂防，黄蜂攻，红蜂防，

红蜂黄蜂双方亡。

iang：

娘 酿 良 两 羌 锵 亮 江 奖 匠 腔 墙 抢 呛 梁 详

江洋 将相 强项 相向 踉跄 像样 湘江 两样 亮相 香江 奖项 洋枪 两江 两厢

杨家养了一只羊

杨家养了一只羊，

蒋家修了一垛墙。

杨家的羊撞倒了蒋家的墙，

蒋家的墙压死了杨家的羊。

　　　杨家要蒋家赔杨家的羊，
　　　蒋家要杨家赔蒋家的墙。

uang:

光 广 逛 筐 狂 旷 况 框 荒 慌 疮 床 闯 状

狂妄 状况 矿床 框框 惶惶 装潢 双簧 往往 网状 闯王 忘光 窗框 黄光 装筐

大和尚小和尚

　　　大和尚常常上哪厢？
　　　大和尚常常过长江。
　　　过长江为哪厢？
　　　过长江看小和尚。
　　　大和尚原是襄阳姓张，
　　　小和尚原是商乡姓蒋，
　　　大和尚和小和尚常常互相商量，
　　　大和尚讲小和尚强，
　　　小和尚讲大和尚长。
　　　小和尚煎姜汤让大和尚尝，
　　　大和尚奖赏小和尚檀香箱。

eng:

蒙 猛 梦 丰 逢 讽 凤 枫 登 等 凳 腾 能 棱 冷 楞 庚 梗 更 登峰 丰盛 丰登 乘风

乘胜 逞能 风声 风筝 奉承 更生 更正 耿耿

东洞庭和西洞庭

　　　东洞庭，西洞庭，
　　　洞庭山上一根藤，
　　　藤上挂个大铜铃。
　　　风起藤动铜铃响，
　　　风停藤定铜铃静。

ing:

应 营 影 硬 兵 丙 病 膺 苹 明 宁 赢 京 景 静 清 晴 瓶 姓 颖

定型 经营 惊醒 晶莹 精兵 精灵 精明 精英 警醒 菱形 伶仃 零星 领情

殷英敏和应尹铭

　　　东庄儿住着个殷英敏，西庄儿住着个应尹铭。
　　　应尹铭挖蚯蚓，殷英敏捕苍蝇。
　　　不管天阴或天晴，两人工作不停。
　　　为了比辛勤两人通了信，要看谁行谁不行。
　　　不知殷英敏的苍蝇，多过应尹铭的蚯蚓，

还是应尹铭的蚯蚓，多过殷英敏的苍蝇。

ueng:

翁　瓮仲　嗡嗡　瓮城（围绕在城门外的小城）　　瓮声瓮气　蓊郁　瓮中　老翁

ong:

拥　泳　用　窘　琼　凶　雄　庸　雍　熊　动容　工种

从众　轰隆　共通　共同　红肿　葱茏　公共　公众　空洞　空中　恐龙　隆冬　隆重　共同　轰动
雍容　臃肿　用功　踊跃　勇猛　英勇　汹涌　凶险　庸医　胸膛

炖冻豆腐
会炖我的炖冻豆腐，
才炖我的炖冻豆腐；
不会炖我的炖冻豆腐，
就别胡炖乱炖炖坏了我的炖冻豆腐。
要是混充会炖我的炖冻豆腐，
弄坏了我的炖冻豆腐，
那就吃不成我的炖冻豆腐。

训练题

1．读下列词语。

繁华　　符号　　烽火　　花费　　焕发　　恢复　　自己　　自觉　　领巾
私交　　外围　　忘我　　村庄　　灵敏　　挺进　　迎新　　影印　　清新

2．对比以下词组。

开发—开花	初犯—出汗	公费—工会	姿势—知识
暂时—战时	增收—征收	绝迹—绝句	沿用—援用
白银—白云	眉头—埋头	安培—安排	镁光—买光

3．快速读。

肉眼不念右眼
肉眼不念右眼，
仍然不念棱兰，
远山不念软山，
然后不念言后，
日夜不念热夜。
假使念错了语言就不准确。

树上结柿子
树上结了四十四个涩柿子，
树下蹲着四十四头石狮子。

树下四十四头石狮子，
要吃树上四十四个涩柿子；
树上四十四个涩柿子，
不让树下四十四头石狮子吃它们四十四个涩柿子；
树下四十四头石狮子，偏要吃树上四十四个涩柿子。

画 老 虎

纸上画老虎，又画一只兔，
老虎想吃兔，兔子怕老虎。
老虎追小兔，可怜兔子弱，
兔子下虎肚。

女 小 吕

这天天下雨，
体育运动委员会穿绿雨衣的女小吕，
去找计划生育委员会不穿绿雨衣的女老李。
体育运动委员会穿绿雨衣的女小吕，
没找着计划生育委员会不穿绿雨衣的女老李；
计划生育委员会不穿绿雨衣的女老李，
也没见着体育运动委员会穿绿雨衣的女小吕。

菠萝与陀螺

坡上长菠萝，坡下玩陀螺。
坡上掉菠萝，菠萝砸陀螺，
砸破陀螺补陀螺，顶破菠萝剥菠萝。

谁 胜 谁

梅小卫叫飞毛腿，卫小辉叫风难追。
两人参加运动会，百米赛跑快如飞。
飞毛腿追风难追，风难追追飞毛腿。
梅小卫和卫小辉，最后不知谁胜谁？

白云与羊群

蓝天上是片片白云，草原上是银色的羊群。
近处看，这是羊群，那是白云；
远处看，分不清哪是白云，哪是羊群。

黄 花 黄

黄花花黄黄花黄，花黄黄花朵朵黄。
朵朵黄花黄又香，黄花花香向太阳。

第3章 普通话声调与语流音变训练

【知识能力要点】

（1）声调的概念。
（2）声调的作用。
（3）音变的概念。
（4）音变的训练。

【推荐的教学方法】

以教学法和实训法为主，加强实践技能的训练。

【推荐的学习方法】

课堂：在教学的基础上进行训练，可采取分小组竞赛的方法完成各种类型的实践技能训练。

课外：以个人的实践训练为主。

【建议学时】

2 学时

3.1 普通话声调

【案例 3-1】

冬天刚到，宿舍里很冷，于是，比尔到商店里去买被子。他问售货员："你们这儿有杯子（被子）吗？"售货员从柜台里拿出一个杯子，说："这个行吗？"比尔知道售货员听错了，可他一下子怎么也发不对被子的音，于是，只好一边说着我要杯子（被子）不要杯子，一边做出瑟瑟发抖的样子，售货员这才领会他的意思（见图 3-1）。

请大家想一想：为什么比尔会把"被子"说成"杯子"呢？这是因为，汉语是一种有声调的语言，每个音节都有一定的声调，声调不同，意思就会不一样；而欧洲语言中，只有不同的句调，没有像汉语这样的声调，所以，汉语的声调对母语是英语的比尔来说，确实是一道不好过的门槛。

图 3-1 杯子和被子

3.1.1　声调、调值和调类

1．声调概说

（1）什么是声调。声调是一个音节发音时，可以通过音高来区别意义，而音高的高低升降的变化形式就是声调。由于汉语中一个音节基本上就是一个汉字，所以声调又称字调。汉语在语言分类上，属于汉藏语系。汉藏语系的一个主要特征就是有声调。像越南语、缅甸语、泰语，以及我国少数民族的藏语、僮语、侗语、布依语等，都是有声调的语言。

（2）声调的特点。

① 声调的变化取决于音高。不同的声调分别具有或升、或降、或平、或曲的变化特点，这种变化主要取决于音高。在音节的发音过程中，人们控制着声带这一发音体的松紧，声带越紧，振动越快，声调越高；声带越松，振动越慢，声调越低。

② 声调的音高是相对的音高。由于人们性别、年龄的差异，声带的厚薄、长短不一，再加上说话时内容、心情、语气等的变化，声音会有高低之分。但是，无论人们声音的高低怎样不同，所说的各类声调的高低升降变化形式，也就是调型，是不会改变的。

（3）声调的作用。

① 区别词义。声调和声母、韵母一样，具有区别词义的作用。

② 增强语言的节奏感和感染力。普通话声调的高低升降、抑扬起伏，赋予汉语独特的音乐美和节奏感，增强了有声语言的感染力。

2．调值和调类

（1）调值。

1）什么是调值。调值是指音节高低、升降、曲直、长短的变化形式，也就是声调的实际读法。普通话全部字音有四种基本调值，即高平调、中升调、降升调、全降调。

2）调值的语音特点。

① 调值主要由音高构成，这种音高是相对音高，不是绝对音高。因为不同人之间的调域是不同的。

② 构成音值的相对音高在语音上是连续的。

3）调值的描写——五度标记法。五度标记法是用五度竖标来标记调值相对音高的一种方法。可以把言语中的音高变化分为五度，即最高音是 5 度，半高音是 4 度，中音是 3 度，半低音是 2 度，最低音是 1 度。（见图 3-2）

阴平：[55]

阳平：[35]

上声：[214]

去声：[51]

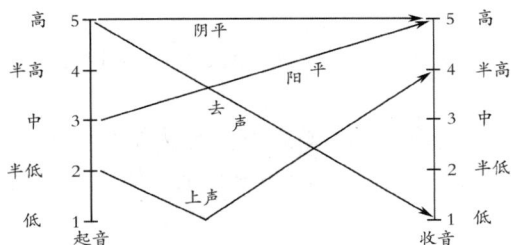

图 3-2　五度标记法

（2）调类。

1）什么是调类。调类是声调的种类，是把调值相同的字归纳在一起所建立的类别。一般说来，有几个基本调值就可以归纳为几个调类。

普通话有 4 个调类：阴平、阳平、上声、去声。

2）调值与调类的关系。调值是声调的实际读法。阴平、阳平、上声、去声等名称与中古汉语的声调系统密切相关。

中古调类——平上去入；分化条件：清声母归阴调、浊声母归阳调。

方言调值相同的字，调类不一定相同；调类相同的字，调值不一定相同。

	阴平	阳平	上声	去声
	诗	时	使	事
北京	55	35	214	51
济南	213	42	55	21

3.1.2 声调发音辨正

1．声调发音

普通话共有 4 个声调。

（1）阴平声——高平调，调值为[55]，俗称一声。发音时，声带绷到最紧，始终没有明显变化，保持高音。（"最紧"是相对的，下同。）

例字：方fāng　编biān　端duān　　亏kuī

宣xuān　装zhuāng　酸suān　　挑tiāo

（2）阳平声——高升调，调值为[35]，俗称二声。发音时，声带从不松不紧开始，逐渐绷紧，到最紧为止，声音由不低不高升到最高。

例字：然rán　棉mián　连lián　年nián　全quán　怀huái　情qíng

（3）上声——降升调，调值为[214]，俗称三声。发音时，声带从略微有些紧张开始，立刻松弛下来，稍稍延长，然后迅速绷紧，但没有绷到最紧。发音过程中，声音主要表现在低音段 1～2 度之间。这是上声的基本特征。上声的音长在普通话 4 个声调中是最长的。

例字：惹rě　秒miǎo　碾niǎn　脸liǎn　广guǎng　九jiǔ　闯chuǎng　扁biǎn

（4）去声——全降调，调值为[51]，俗称四声。发音时，声带从紧开始，到完全松弛为止。声音由高到低，去声的音长在普通话 4 个声调中是最短的。

例字：辣là　热rè　卖mài　浪làng　面miàn　片piàn　掉diào　换huàn

2．声调的辨正

方言和普通话声调的对应关系是二者调类相同但调值不同，普通话与方言同古调类的对应关系不同。

（1）平声：绝大多数方言与普通话一样，平声分为阴平和阳平，但有的地方不分。

（2）上声：大部分方言与普通话一样，不分阴上、阳上，只有上声，但粤、吴方言分，如手表（阳上），买米（阴上）。

（3）去声：普通话中不分阴去、阳去，只有去声。北方方言、客家方言也不分，但其他主要方言（如吴方言）分。

（4）入声：古代汉语声调除了平、上、去声之外，还有入声。现代汉语有许多方言还保留有入声现象，在这里不再详细解说。推断并读准入声字的方法如下。

有入声方言——塞音韵尾、独立成类；

无入声方言——入声消失，古入声字全归入某一调类。

其中，入声消失，古入声字分别归入普通话的四声，普通话就属于这种情况，称为"入派四声"。

3.1.3 声调综合训练

1. 单音节四声练习

八 拔 把 罢　　拍 牌 迫 派　　妈 麻 马 骂　　发 罚 法 珐
搭 达 打 大　　郭 国 果 过

2. 双音节同调练习

阴平＋阴平	哀伤	颁发	灯光	分居	开通	批发	期刊	山冈	通风	垃圾
阳平＋阳平	昂扬	沉吟	独裁	鹅毛	隔离	回答	狂人	邻国	挠头	赔偿
上声＋上声	矮小	补考	打扫	拱手	给予	坎坷	笼统	扭转	偶尔	谱曲
去声＋去声	爱护	伴奏	定量	噩耗	过分	抗议	论证	茂密	内幕	确立

3. 双音节异调练习

阴平＋阳平	新闻	青年	科学	非常	发言	知足	丝绸	诗坛	单纯	支持
阴平＋上声	清早	山水	开始	根本	生产	花草	金属	多少	乡土	标本
阴平＋去声	沙漠	车站	担待	宽阔	阶段	生命	需要	工具	公布	空气
阳平＋阴平	时间	提出	难听	投机	云梯	浮雕	石碑	红灯	毛衣	皮靴
阳平＋上声	食谱	描写	合理	传统	儿女	留影	游泳	良好	没有	雄伟
上声＋阴平	阐发	处方	顶峰	耳机	紧缩	楷书	苦衷	抹杀	洒脱	始终
上声＋去声	把握	草案	胆量	俯视	诡秘	火速	窘迫	泯灭	拟定	遣送
去声＋阴平	用心	召开	电灯	内科	窃听	印刷	夏天	化妆	焊接	外资
去声＋阳平	送行	阅读	路途	论文	内容	自由	质疑	化学	确实	富强
去声＋上声	外语	饲养	代理	破产	物理	困苦	瑞雪	恰好	况且	色彩

3.1.4 变调训练

在语流中，因为音节和音节相连，声调之间互相影响而引起的调值的变化叫变调。变调在汉语里是很常见的现象，一般是由后一个音节影响前一个音节的声调。普通话里最明显的变调有上声的变调、"一、不"的变调和重叠形容词的变调。

1. 上声的变调

上声的变调分为两种。

（1）上声与非上声的连读变调。

1）上声在阴平、阳平、去声前变成半上，即由 214 变为 211。

① 上声在阴平前，主[214]—主张[211]。

北方běifāng　　　　　小心xiǎoxīn　　　　　曙光shǔguāng

普通pǔtōng　　　　　垦荒kěnhuāng　　　　表彰biǎozhāng

② 上声在阳平前，起[214]—起航[211]。

指责zhǐzé　　　　　　羽毛yǔmáo　　　　　旅游lǚyóu

口才kǒucái　　　　　草原cǎoyuán　　　　祖国zǔguó

③ 上声在去声前，感[214]—感谢[211]。

笔画bǐhuà　　　　　　丑恶chǒuè　　　　　暖室nuǎnshì

满意mǎnyì　　　　　　柳树liǔshù　　　　　好像hǎoxiàng

2）上声在轻声音节前时，有两种读法。

① 第一个音节的上声读阳平，即[35]。一般是单音节动词重叠，或者是在一些习惯上第二个音节读轻声的双音节词语里。

走走zǒuzou—zóuzou　　　　写写xiěxie—xiéxie　　　　洗洗xǐxi—xíxi

打手dǎshou—dáshou　　　　找补zhǎobu—zháobu　　　哪里nǎli—náli

② 第一个音节的上声读半上，即[211]。亲属称谓中的上声重叠词，由"子"构成的名词，口语词基本上都如此变调。

奶奶nǎinai　　　　　　姐姐jiějie　　　　　姥姥lǎolao

椅子yǐzi　　　　　　　本子běnzi　　　　　小子xiǎozi

马虎mǎhu　　　　　　耳朵ěrduo　　　　　老实lǎoshi

（2）上声与上声的连读变调。

1）两个上声连读，前一个上声变成阳平，即由214变成35。

感慨gǎnkǎi—gánkǎi　　　　保守bǎoshǒu—báoshǒu　　　也许yěxǔ—yéxǔ

美好měihǎo—méihǎo　　　　管理guǎnlǐ—guanlǐ　　　　可以kěyǐ—kéyǐ

手表shǒubiǎo—shóubiǎo　　了解liǎojiě—liáojiě

2）三个上声连读时，主要有两种形式。

① 第一种的结构是"2+1"（展览＋馆），那么前两个音节都变调为[35]，变成"35＋35＋214"。

展览馆zhǎnlǎnguǎn—zhánlánguǎn　　　　　手写体shǒuxiětǐ—shóuxiétǐ

洗脸水xǐliǎnshuǐ—xíliánshuǐ　　　　　　　管理法guǎlǐfǎ—guánlǐfǎ

② 第二种的结构是"1+2"（很＋美满），第一个音节变为半上[211]，第二个音节变为[35]，读成"211＋35＋214"。

很美满hěnměimǎn—hěnméimǎn　　　　　　小老虎xiǎolǎohǔ—xiǎoláohǔ

好领导hǎolǐngdǎo—hǎolíngdǎo　　　　　　买保险mǎibǎoxiǎn—mǎibáoxiǎn

2. "一、不"的变调

（1）"一"的变调。

1）单用或在词语末尾读原调阴平。

一二三yīèrsān　　　　　　　十月一日shíyuèyīrì

一楼yīlóu　　　　　初一chūyī　　　　　第一dìyī

统一tǒngyī　　　　始终如一shǐzhōngrúyī　　一一过问yīyīguòwèn

2）在去声前读阳平。

一路yīlù—yílù　　　一律yīlù—yílù　　　一定yīdìng—yídìng

一概yīgài—yígài　　一旦yīdàn—yídàn　　一贯yīguàn—yíguàn

3）在非去声（阴平、阳平、上声）前读去声。

阴平前

一生yīshēng—yìshēng　　一只yīzhī—yìzhī　　一身yīshēn—yìshēn

阳平前

一齐yīqí—yìqí　　　一层yīcéng—yìcéng　　一同yītóng—yìtóng

上声前

一举yījǔ—yìjǔ　　　一早yīzǎo—yìzǎo　　一手yīshǒu—yìshǒu

4）在重叠动词中间读轻声。

听一听tīngyitīng　　说一说shuōyishuō　　读一读dúyidú

谈一谈tányitán　　　走一走zǒuyizǒu　　　跑一跑pǎoyipǎo

试一试shìyishì　　　笑一笑xiàoyixiào

（2）"不"的变调。

1）单用、在词语末尾读原调去声。

不，不！bù，bù!　　我就不wǒjiùbù

绝不juébù　　　　　偏不piānbù

2）在非法去声前读原调去声。

① 阴平前

不安bùān　　　　　不禁bùjīn　　　　　不惜bùxī

② 阳平前

不平bùpíng　　　　不良bùliáng　　　　不祥bùxiáng

③ 上声前

不等bùděng　　　　不法bùfǎ　　　　　不久bùjiǔ

3）在去声前读阳平。

不料bùliào—búliào　　不会bùhuì—búhuì　　不断bùduàn—búduàn

不错bùcuò—búcuò　　不幸bùxìng—búxìng　　不愧bùkuì—búkuì

4）夹在词语中间读轻声。

擦不擦cābucā　　　　多不多duōbuduō　　　忙不忙mángbumáng

圆不圆yuánbuyuán　　冷不冷lěngbulěng　　等不等děngbuděng

快不快kuàɪbukuài　　像不像xiàngbuxiàng　　听不懂tīngbudǒng

来不及láɪbují　　　　起不来qǐbulái　　　　看不见kànbujiàn

3．重叠形容词变调

（1）AA 式及 AA 儿式。

① AA 式：单音节形容词重叠，重叠部分可变阴平，也可不变。

远远的yuǎnyuǎnde—yuǎnyuānde　　　　短短的duǎnduǎnde—duǎnduānde

矮矮的ǎiǎide—ǎiʼāi de　　　　　　淡淡的dàndànde—dàndānde

② AA 儿式：带儿尾一定要变阴平。

圆圆儿的yuányuānrde　　　　稳稳儿的wěnwērde

狠狠儿的hěnhēnrde　　　　　紧紧儿的jǐnjīnrde

慢慢儿的mànmānrde　　　　　早早儿的zǎozāorde

（2）ABB 式。

单音节形容词后面的重叠部分可变阴平，也可不变。

空荡荡kōngdàngdàng—kōngdāngdāng

灰蒙蒙huīméngméng—huīmēngmēg

蓝盈盈lányíngyíng—lányīngyīng

毛茸茸máoróngróng—máorōngrōng

沉甸甸chéndiàndiàn—chéndiāndiān

软绵绵ruǎnmiánmián—ruǎnmiānmiān

（3）AABB 式。

双音节形容词重叠，第一音节重叠部分轻读，后一音节及其重叠部分变成阴平，也可不变。

安安稳稳ān'ānwěnwěn—ān'anwēnwēn

恭恭敬敬gōnggōngjìngjìng—gōnggongjīngjīng

严严实实yányánshíshí—yányanshīshī

来来往往áiláiwǎngwǎng—láilaiwāngwāng

甜甜蜜蜜tiántiánmìmì—tiántianmīmī

4．变调练习

（1）词语练习。

1）上声练习。

喜欢	裹出	组织	导师	等车	口腔	敏捷	典型	考查	果茶
语文	铁锤	努力	脚步	晚会	体育	考试	等待	所以	选举
冷饮	所有	勉强	减少	引起	雨伞	水井	品种	永远	允许
跑马场	考古所	苦水井	草稿纸	耍笔杆	打草稿				
党小组	短粉笔	蒙古语	选举法	小拇指	老保守				

2）"一、不"变调练习。

一切	一面	一色	一批	一般	一心
一排	一直	一行	一体	一朵	一总
搬一搬	吃一吃	停一停	尝一尝		

剪一剪　　　　理一理　　　　画一画　　　　念一念

不堪　　不公　　不觉　　不凡　　不容　　不免

不满　　不妙　　不便　　不测　　不够　　不对

问不问　　　好不好　　　走不走　　　热不热

说不清　　　打不好　　　去不了　　　赶不上

3）重叠形容词练习。

满满的　　　　静静的　　　瘦瘦的　　　黄黄的　　　偷偷儿　　　胖胖儿

小小儿　　　　渐渐儿　　　亮堂堂　　　绿油油　　　热腾腾　　　笑盈盈

红彤彤　　　　白茫茫　　　喜洋洋　　　明晃晃

整整齐齐　　　鼓鼓囊囊　　热热闹闹　　客客气气　　漂漂亮亮　　踉踉跄跄

（2）语段练习。

① 可是一段时间后，叫阿诺德的那个小伙子青云直上，而那个叫布鲁诺的小伙子却仍在原地踏步。布鲁诺很不满意老板的不公正待遇。

② 它不像汉白玉那样的细腻，可以刻字雕花，也不像大青石那样的光滑，可以供来浣纱捶布。

③ 一锅小米稀饭，一碟大头菜，一盘自家腌制的泡菜，一只巷口买回的烤鸭，简简单单，不像请客，倒像家人团聚。

④ 没有一片绿叶，没有一缕炊烟，没有一粒泥土，没有一丝花香，只有水的世界，云的海洋。

⑤ 我和妻子都是慢慢地，稳稳地，走得很仔细，好像我背上的同她背上的加起来，就是整个世界。

⑥ 我吃完的时候，她笑眯眯地看着我，短头发，脸圆圆的。

（3）绕口令训练

黄毛猫偷吃红糖包

王家有只黄毛猫，

偷吃汪家红糖包，

汪家打死王家的黄毛猫，

王家要汪家赔黄毛猫，

汪家要王家赔红糖包。

小柳和小妞

路东住着刘小柳，

路西住着牛小妞，

刘小柳拿着大皮球，

牛小妞抱着大石榴，

刘小柳把大皮球送给牛小妞，

牛小妞把大石榴送给刘小柳。

拖 拉 机

一台拖拉机，拉着一张犁，
拖拉机拉犁犁翻地，翻地翻得深又细，
拖拉机出的力，犁翻的地，
你说是犁犁的地还是拖拉机翻的地？

3.2 普通话音变

【案例3-2】

我们那儿有个王小三儿，在门口儿摆着一个小杂货摊儿，卖的是酱油、火柴和烟卷儿，草纸还有关东烟儿、红糖、白糖、花椒、大料瓣儿、鸡子儿、挂面、酱、醋和油盐，冰糖葫芦一串儿又一串儿，花生、瓜子儿还有酸杏干儿。王小三儿，不识字儿，算账、记账，他净闹稀罕事儿，街坊买了他六个大鸡子儿，他就在账本上画了六个大圆圈儿。过了两天，人家还了他的账，他又在圆圈上画了一大道儿，可到了年底他又跟人家去讨账钱儿，鸡子儿的事早就忘在脑后边儿。人家说："我们还了账。"他说人家欠了他一串儿糖葫芦儿，没有给他钱儿（见图3-3）。

图 3-3　王三儿记账

故事中出现的儿化音其实是普通话音变中的一种情况，现在不妨一起来认识一下普通话的音变。

3.2.1 音变的含义及类型

1. 音变的概念

说话或朗读时，要把音节组成词、句连续发出。在连续的语流中，音节之间、音素之间、声调之间相互影响，就会产生语音变化，这就是音变。普通话语音中常见的音变现象有轻声、变调、儿化、语气词"啊"的变化等。

2. 音变的类型

普通话的音变主要包括轻声、儿化、语气词"啊"的变化这三种音变类型。

3.2.2 轻声的发音及训练

普通话的每个音节都有一定的声调。但在一定的语言环境中，有的音节失去原调，变成一种又轻又短的调子，这就是轻声。

轻声是音节连读时产生的一种音变现象，轻声音节总是出现在其他音节后面，或是夹在词语中间，一般不出现在一个词或句子的开头。所有的轻声音节都要失去它原来的调值，但是轻声音节在音的高低上又会受前面音节调值的影响而产生差异。一般情况下，前面的音节是上声，后面的轻声就稍高；前面的音节是阴平、阳平或去声，后面的轻声就低。

轻声使普通话语音变得更加丰富，有些轻声还具有区别词义或区分词性的作用。例如，

东西dōngxi（物体）—dōngxī（方向）

厉害lìhài（名词）—lìhai（形容词）

普通话语音有以下几种情况常读轻声。

① 结构助词的、地、得。

例如：我们的　愉快地　写得好

② 时态助词着、了、过。

例如：笑着　哭了　学过

③ 语气助词吗、吧、啦、呀、嘛、哇、啊等。

例如：好吗　去吧　行啦　好啊

④ 名词或代词的后缀子、头、们等。

例如：桌子　石头　他们

⑤ 名词或代词的方位词上、下、里、边、面等。

例如：墙上　地下　家里　左边

⑥ 动词或形容词后面的趋向动词来、去、起来、下去等。

例如：进来　出去　站起来　请下去

⑦ 某些量词个、些、封等。

例如：一个　有些　写封信

⑧ 叠音词的第二个音节和重叠动词的第二、第四个音节。

例如：爸爸　看看　讨论讨论　研究研究

⑨ 做宾语的人称代词你、我、他。

例如：请你　叫我　找他

⑩ 口语中有一批双音节词第二个音节习惯上读轻声。

例如：葡萄　玻璃

3.2.3　儿化的发音及训练

在普通话里，卷舌元音er自成音节时，只有"儿、耳、而、饵、尔、二"等几个字。普通话的er可以同其他韵母结合起来（写成 r），构成卷舌韵母（儿化韵），这种现象就是儿化。

普通话的韵母除er、ê之外，都可以儿化。儿化韵里的er不能念成er，只需在前面韵母的元音上附加一个卷舌动作，合起来就是那个韵母带上卷舌的声音。例如，歌儿gēr、花儿huār。

1. 儿化的作用

① 区别词义。例如：

头tóu（脑袋）　　头儿tóur（领头的人）

后门hòumén（后面的门）　　后门儿hòuménr（非正当途径）

② 确定词性。例如：

画huà（动词）　　画儿huār（名词）

破烂pòlàn（形容词）　　破烂儿pòlànr（名词）

③ 表示细小、轻微的意思。例如：

小脸儿　门缝儿　树枝儿　慢慢儿走　说说贴心话儿

④ 表示温婉的语感。例如：

山歌儿　好玩儿　女孩儿

⑤ 表示亲切、喜爱、讨厌的感情色彩。例如：

宝贝儿　老头儿　混球儿　败家子儿

2. "儿化韵"的发音变化规律

儿化韵的发音根据韵母卷舌的难易程度发生变化。卷舌顺利则不变，卷舌不便利甚至不能卷舌的，就要有相应的变化。但是儿化韵的拼写，只需在音节末尾加一个 r，不必表示出韵母实际读音的变化。

儿化韵的发音变化规律有以下几种。

① 韵母和韵尾为a、o、e、ê、u时（包括iao、ao、a、ua、ao、ou、uo），韵母不变，后面直接加r。列如：

号码儿hàomǎr　　　　花儿huār　　　　粉末儿fěnmòr　　　　书桌儿shūzhuōr

草帽儿cǎomàor　　　　麦苗儿màimiáor　　唱歌儿chànggēr　　　眼珠儿yǎnzhūr

小猴儿xiǎohóur　　　　打球儿dǎqiúr

② 韵母是i、ü时，韵母不变，直接加er。例如：

鸡儿jīer　　　　　　小米儿xiǎomǐer　　　有趣儿yǒuqùer　　　金鱼儿jīnyúer

玩意儿wányìer　　　　毛驴儿máolúer

③ 韵母是-i 时，先去韵母，再加er。例如：

子儿zěr　　　　　　　铜字儿tóngzèr　　　戏词儿xìcér　　　　果汁儿guǒzhēr

好事儿hǎoshèr

④ 韵尾是i、-n时，去掉韵尾再加r。例如：

眼儿yǎr　　　　　　　饭馆儿fànguǎr　　　小孩儿xiǎohár　　　照片儿zhàopiàr

⑤ 韵母是un、ün，去掉n，加er。例如：

飞轮儿fēilúer　　　　　花裙儿huāquér

⑥ 韵母是ang、eng、ong的，去掉ng，把元音鼻化，再加r。例如：

帮忙儿bāngmār　　　　板凳儿bǎnder　　　狗熊儿gǒuxior

⑦ 韵母是in、ing、的，去掉鼻韵尾，然后加er。例如：

打鸣儿dǎmír　　　　　花瓶儿huāpír

3.2.4　语气词"啊"的音变训练

"啊"用在语句末尾时，由于受前面音节末尾音素的影响，常发生不同的音变现象，主要有以下几种情况。

（1）前面的音素是a、o、e、ê、i、ü时，读ya，可写做"呀"。例如：

她怎么不回家呀？

怎么给我这么多呀？

多漂亮的天鹅呀？

那是谁的鞋呀？

桂林的山真奇呀！

会不会下雨呀！

（2）前面的音素是u（包括ao iao）时，读wa，可写做"哇"。例如：

她会不会跳舞哇？

这个小朋友真好哇！

花篮做得多精巧哇！

（3）前面的音素是n时，读na，可写做"哪"。例如：

投的真准哪！

你是哪里人哪？

（4）前面的音素是ng时，读nga。例如：

河水真清啊！

大家唱歌啊！

（5）前面的音素是-i（后）、r（er或儿化韵）时，读ra。例如：

她真是一位好老师啊！

歌声多么悦耳啊！

多可爱的小狗儿啊！

（6）前面的音素是-i（前）时，读za。例如：

要好好练字啊！

你可要三思啊！

训练题

1. 读准带轻声字的双音节词语

刀子dāozi	车子chēzi	孙子sūnzi	丫头yātou	后头hòutou
胳膊gēbo	抽屉chōuti	姑娘gūniang	师傅shīfu	苍蝇cāngying
哆嗦duōsuo	他们tāmen	朋友péngyou	时候shíhou	黄瓜huánggua
记得jìde	心思xīnsi	知识zhīshi	扎实zhāshi	软和ruǎnhuo
那边nàbian	在乎zàihu	老婆lǎopo	模糊móhu	月亮yuèliang
洒脱sǎtuo	似的shìde	亲家qìngjia	簸箕bòji	进项jìnxiang
便宜biányi	别扭bièniu	拨弄bōnong	直溜zhíliu	硬朗yìnglang

2. 读准带儿化韵的双音节词语

本色儿běnshǎir	好好儿hǎohāor	拈阄儿niānjiūr	拔尖儿bájiānr
冰棍儿bīnggùnr	老头儿lǎotóur	豆角儿dòujiǎor	蝈蝈儿guōguor

纳闷儿nàmènr　　　墨水儿mòshuǐr　　　围脖儿wéibór　　　一块儿yīkuàir

照片儿zhàopiānr　　玩儿命wánrmìng　　起名儿qǐmíngr　　中间儿zhōngjiànr

小曲儿xiǎoqǔr　　　片儿汤piànrtāng　　一会儿yīhuìr　　　做活儿zuòhuór

3．读准下面带语气词"啊"的儿歌

幼儿园的孩子啊

会跳会唱真可爱啊

大家都来看啊

他们玩得多高兴啊

有的孩子在朗读诗啊

有的孩子在画画啊

这些孩子们又是唱啊

又是跑又是跳啊

啊！他们是多么幸福啊

4．练习下列绕口令，巩固儿化音

进了门儿，倒杯水儿

进了门儿，倒杯水儿，

喝了两口儿运运气儿，

顺手儿拿起小唱本儿，

唱一曲儿，又一曲儿，

练完了嗓子我练嘴皮儿，

绕口令儿，练字音儿，

还有单弦牌子曲儿，

小快板儿，大鼓词儿，

越说越唱我越带劲儿。

一个老头儿

一个老头儿，上山头儿，

砍木头，砍了这头儿砍那头儿，

对面儿来了个小丫头儿，

给老头儿送来一盘儿小馒头儿，

没留神撞上一块大木头儿，

栽了一个小跟头儿。

小兰儿上庙台儿

有个小孩儿叫小兰儿，

挑着水桶上庙台儿，

摔了一个跟头捡了个钱儿

又打醋，

又买盐儿，

还买了一个小饭碗儿。

小饭碗儿，

真好玩儿，

没有边儿，

没有沿儿，

中间儿有个小红点儿。

鸡蛋变糖葫芦儿

我们那儿有个王小三儿，

在门口摆着一个小杂货摊儿。

卖的是煤油火柴和烟卷儿，

草纸豆儿纸还有大包的烟儿，

红糖白糖花椒大料瓣儿，

鸡子儿挂面酱醋油盐儿，

糖葫芦一串儿又一串儿，

花生瓜子儿还有酸杏干儿。

集体装在心里头儿

小铁头儿，小柱头儿，

学习雷锋有劲头儿，

放学后，拾砖头儿，

跑了东头儿跑西头儿，

拾砖头儿，几筐头儿，

送到猪场砌墙头儿，

墙头儿长，高过头儿，

乐得他俩直点头儿。

人人夸，小哥俩儿，

"集体装在心里头儿！"

莲花儿灯

莲花儿灯，

莲花儿灯，

今儿个点了明儿个扔。

一树枣儿

出东门，过大桥，

大桥底下一树枣儿。

拿着竿子去打枣儿，

青的多，红的少，
一个枣儿、两个枣儿、三个枣儿、
四个枣儿、五个枣儿、六个枣儿、七个枣儿、八个枣儿、
九个枣儿、十个枣儿、九个枣儿、八个枣儿、
七个枣儿、六个枣儿、五个枣儿、四个枣儿、
三个枣儿、两个枣儿、一个枣儿。
这是一个绕口令，一气说完才算好。

小门脸儿

你别看就那么两间小门脸儿，
你别看屋子不大点儿。
你别看设备不起眼儿，
可售货员的服务贴心坎儿。
有火柴，有烟卷儿，
有背心，有手绢儿，
有蜡烛、盘子、小瓷碗儿，
还有刀子、勺子、小铁铲儿。
起个早儿贪个晚儿，
买什么都在家门前儿。

第4章 让普通话更动听

【知识能力要点】

（1）正确读出常用的多音字和统读字。
（2）学会科学的发声方法。
（3）掌握恰当的说话语气。

【推荐的教学方法】

模拟场景，分组练习，熟读教材内容，补充经典的朗读材料进行练习。

【推荐的学习方法】

课堂：分小组熟读多音字和统读字表，并以小组为单位进行组词竞赛。同桌间纠正不正确的发声和气息方法，由老师进行指导矫正。

课外：通过晨练、早读等形式练习课堂上所学技巧。

【建议学时】

4学时

许多普通话的学习者在说普通话时，经常碰到这样的问题，就是有的字不知道怎么读才是标准的，习惯的读音其实往往是错误的。不仅一般人会碰到这样的问题，就连许多专业的话剧演员、影视演员，电台、电视台的播音员、主持人也常常会遇到这些问题。另外，同样都讲普通话，有的人语音优美，听起来婉转有韵，清晰圆润；而有的人则语音含混不清，平淡无味。这就是我们要探讨的问题：如何才能说准普通话，如何才能使普通话更动听。

4.1 掌握正确的读音

普通话的正确读音，具有明确的规定。《新华字典》、《现代汉语词典》是帮助我们获得正确读音的不可或缺的工具。在平时的学习工作中，我们应在手边常备，经常查阅。一个汉字不同的读音或相同读音不同的声调，具有区分词性和词义的作用，误读就会造成理解的偏差，因此，需要读准汉字并正确搭配使用。以下是一些经常用到的多音字和统读字。

4.1.1 多音字

A

阿	（一）ā	～訇（hōng）	～拉伯	～姨
	（二）ē	～谀	～胶	～弥陀佛 刚直不～
挨	（一）āi	～个儿	～近	～挤
	（二）ái	～打	～骂	～说 ～斗
艾	（一）ài	～绒	方兴未～	
	（二）yì	怨～	自怨自～	
拗	（一）ào	～口	违～	
	（二）niù	执～	～劲	

B

般	（一）bān	一～	百～	
	（二）bō	～若		
	（三）pán	～乐		
膀	（一）bǎng	肩～		
	（二）bàng	吊～子		
	（三）pāng	～肿		
	（四）páng	～胱	蹄～	
蚌	（一）bàng	～壳	鹬～相争	
	（二）bèng	～埠（地名）		
薄	（一）báo	～纸	～板	～饼 ～脆
	（二）bó	～弱	～膜	淡～ 单～
	（三）bò	～荷	～荷脑	
堡	（一）báo	碉～	桥头～	～垒
	（二）bǔ	～子	瓦窑～（地名）	
	（三）pù	十里～（地名）		
暴	（一）bào	～露	～发	～力 ～晒
	（二）pù	（同"曝"）		
曝	（一）pù	一～十寒	～晒	
	（二）bào	～光		
秘	（一）bì	～鲁（国名）		
	（二）mì	～密	～书	～方
泌	（一）bì	～阳（地名）		
	（二）mì	分～	～尿	
辟	（一）bì	复～	～举	
	（二）pì	开～	～谣	精～
臂	（一）bì	手～	～膀	～弯

　　　（二）bei　　　胳～

扁（一）biǎn　　　～平　　　～担

　　（二）piān　　　～舟

骠（一）biāo　　　黄～马

　　（二）piào　　　～勇　　　～骑将军

屏（一）bǐng　　　～除　　　～弃　　　～气

　　（二）píng　　　～幕　　　～风　　　～蔽

剥（一）bō　　　　～削　　　～夺　　　～离

　　（二）bāo　　　～皮儿　　～壳儿

蕃（一）bō　　　　吐～（古代民族）

　　（二）fān　　　（古同"番"）

　　（三）fán　　　～盛　　　～滋

泊（一）bó　　　　淡～　　　漂～　　　停～

　　（二）pō　　　　湖～　　　血～

伯（一）bó　　　　～父　　　～乐　　　～爵

　　（二）bǎi　　　大～子（丈夫的哥哥）

簸（一）bǒ　　　　颠～

　　（二）bò　　　　～箕

　　　　　　C

藏（一）cáng　　　矿～　　　～匿　　　卧虎～龙

　　（二）zàng　　　宝～　　　西～　　　～族　　　～红花

差（一）chā　　　　偏～　　　～别　　　～错　　　～异

　　（二）chà　　　　～不多　～不离　～点儿

　　（三）chāi　　　～遣　　　～事　　　～役

　　（四）cī　　　　　参～不齐

查（一）chá　　　　检～　　　～访

　　（二）Zhā　　　（姓）

刹（一）chà　　　　～那　　　古～

　　（二）shā　　　～车

禅（一）chán　　　～宗　　　～师　　　～房

　　（二）shàn　　　～让　　　～位　　　封～

颤（一）chàn　　　～动　　　～抖　　　～音

　　（二）zhàn　　　～栗　　　打～

裳（一）cháng　　　霓～羽衣

　　（二）shāng　　　衣～（shang）

场（一）chǎng　　　～合　　　～面　　　～所

　　（二）cháng　　　～院　　　一～雨

车（一）chē　　　　汽～　　　杯水～薪

　　（二）jū　　　　　～马炮（象棋棋子名称）

称　（一）chèn　　　～心　　　～职

　　　（二）chēng　　　～号　～赞

　　　（三）chèng　　　（同"秤"）

乘　（一）chéng　　　～警　　　～风破浪　　　～人之危

　　　（二）shèng　　　史～　　　千～之国

澄　（一）chéng　　　～清　　　～澈　　　～净

　　　（二）dēng　　　黄～～

　　　（三）dèng　　　把水～清

仇　（一）chóu　　　～恨　　　复～

　　　（二）Qiú　　　（姓）

臭　（一）chòu　　　遗～万年　　　～氧　　　～美

　　　（二）xiù　　　（同"嗅"）乳～未干　　　铜～

处　（一）chǔ　　　～理　　　相～　　　～罚

　　　（二）chù　　　办事～　　　～长

畜　（一）chù　　　牲～　　　家～　　　～禽　　　～栏

　　　（二）xù　　　～产　　　～牧　　　～养

创　（一）chuàng　　　～业　　　～作　　　首～

　　　（二）chuāng　　　～伤　　　～痕　　　～口　　　重～

绰　（一）chùo　　　～～有余

　　　（二）chuo　　　宽～　　　阔～

撮　（一）cuō　　　～合　　　一小～儿

　　　（二）zuǒ　　　一～儿毛

D

答　（一）dá　　　报～　　　～案　　　～复

　　　（二）dā　　　～理　　　～应

沓　（一）dá　　　一～

　　　（二）tà　　　重～　　　纷至～来

　　　（三）ta　　　疲～

大　（一）dà　　　～小　　　～气　　　～腕儿

　　　（二）dài　　　～夫　　　山～王

逮　（一）dǎi　　　～耗子　　　～蚊子　　　～特务

　　　（二）dài　　　～捕

当　（一）dāng　　　～地　　　～年（指过去某年）

　　　　　　　　　　～日（指过去某时）　　　～天（指过去某天）

　　　（二）dàng　　　适～　　　～年（指同一年）

　　　　　　　　　　～日（指同一日）　　　～天（指同一天）

叨　（一）dāo　　　唠～（dao）　　　～念

　　　（二）dáo　　　～咕

　　　（三）tāo　　　～扰

倒（一）dǎo　　颠～黑白　　颠三～四　　排山～海
　　（二）dào　　～车　　～计时　　～退
提（一）dī　　～防　　～溜
　　（二）tí　　～高　　～取　　～纲
度（一）dù　　尺～　　气～　　程～
　　（二）duó　　揣～　　审时～势

　　　　E
恶（一）ě　　～心
　　（二）è　　～劣　　～毒
　　（三）wū　　（同"乌"）
　　（四）wù　　好～

　　　　F
坊（一）fāng　　牌～
　　（二）fáng　　磨～　　碾～　　染～　　油～

　　　　G
伽（一）gā　　～马射线
　　（二）jiā　　～倻琴
　　（三）qié　　～蓝
扛（一）gāng　　力能～鼎
　　（二）káng　　～枪　　～活
葛（一）gé　　～藤　　～布　　瓜～
　　（二）Gě　　（姓）
给（一）gěi　　～面子　　～以
　　（二）jǐ　　补～　　供～　　自～自足
供（一）gōng　　～给　　提～　　～不应求
　　（二）gong　　口～　　上～
红（一）gōng　　女～
　　（二）hóng　　～色　　～利
呱（一）gū　　～～坠地
　　（二）guā　　顶～～
　　（三）guǎ　　拉～儿
贾（一）gǔ　　商～　　～人
　　（二）Jiǎ　　（姓）
冠（一）guān　　～心病　　～冕堂皇
　　（二）guàn　　～名　　～军
观（一）guān　　～察　　～赏　　参～
　　（二）guàn　　道～　　贞～之治
纶（一）guān　　羽扇～巾
　　（二）lún　　晴～　　锦～

龟　（一）guī　　　乌～

　　　（二）jūn　　　～裂

　　　（三）qiū　　　～兹（cí，古国名）

桧　（一）guì　　　～柏（树名）

　　　（二）huì　　　秦～（人名）

H

哈　（一）hǎ　　　～达　　～巴狗

　　　（二）hā　　　～尔滨　～蜜瓜　～喇　　～腰

貉　（一）háo　　　～子　　～绒

　　　（二）hé　　　一丘之～

和　（一）hé　　　～蔼　　～谐　　～平

　　　（二）hè　　　附～　　曲高～寡　　一唱一～

　　　（三）hú　　　开～

　　　（四）huó　　　～面　　～泥

　　　（五）huò（huo）　　搅～　　热～　　软～　　～稀泥

吓　（一）hè　　　恐～　　恫～

　　　（二）xià　　　～唬

横　（一）héng　　　～竖　　～行霸道

　　　（二）hèng　　　蛮～　　～祸

混　（一）hún　　　（同"浑"）

　　　（二）hùn　　　～合　　～乱　　～淆

J

济　（一）jǐ　　　～南（地名）　　人才～～

　　　（二）jì　　　救～　　无～于事　　扶弱～贫

纪　（一）Jǐ　　　（姓）

　　　（二）jì　　　～念　　～律　　～元

系　（一）jì　　　～鞋带儿　　　～扣儿

　　　（二）xì　　　～统　　联～

间　（一）jiān　　　中～　　时～　　车～

　　　（二）jiàn　　　中～儿　～隔　　～谍　　～断

监　（一）jiān　　　～狱　　～听

　　　（二）jiàn　　　太～　　国子～

见　（一）jiàn　　　看～　　～谅

　　　（二）xiàn　　　（同"现"）

将　（一）jiāng　　　～要　　～来

　　　（二）qiāng　　　～进酒

强　（一）jiàng　　　倔～　　～嘴

　　　（二）qiáng　　　～盛　　～大　　～制

　　　（三）qiǎng　　　～求　　～迫　　～词夺理　　～颜欢笑

嚼	（一）jiáo	味同~蜡	咬文~字		
	（二）jué	咀~			
角	（一）jiǎo	五~星　独~戏		~落	~度
	（二）jué	~色　~逐	主~	口~	
脚	（一）jiǎo	手~　~印	~本		
	（二）jué	（同"角"）			
校	（一）jiào	~对　~订			
	（二）xiào	学~　~官			
结	（一）jiē	开花~果	~实		
	（二）jié	~果　~石	~束		
解	（一）jiě	~体　~渴	~释	费~	
	（二）jiè	押~　~差			
	（三）xiè	（姓），浑身~数			
禁	（一）jīn	~受　情不自~	弱不~风		
	（二）jìn	~止　监~	关~闭		
尽	（一）jǐn	~管　~快	~量		
	（二）jìn	~忠　~孝	~量		
劲	（一）jìn	~头　没~	干~儿		
	（二）jìng	强~　~旅	疾风~草		
倔	（一）jué	~强			
	（二）juè	~头~脑			

K

卡	（一）kǎ	~车　~通	~介苗	~片
	（二）qiǎ	发~　关~	~住	
壳	（一）ké	贝~　鸡蛋~儿	外~儿	
	（二）qiào	地~　金蝉脱~		
可	（一）kě	~爱　~耻	~观	
	（二）kè	~汗		
空	（一）kōng	~城计　~气	天~	
	（二）kòng	~闲　~隙		
溃	（一）kuì	~烂　~败	~退	
	（二）huì	~脓		

L

落	（一）là	丢三~四		
	（二）lào	~汗　~枕		
	（三）luò	~魄　~后	~脚	
勒	（一）lè	~令　~索	悬崖~马	
	（二）lēi	~紧		
擂	（一）léi	~鼓　自吹自~		

	（二）lèi	～台	～主	打～
累	（一）lèi	劳～	受～	
	（二）léi	～赘		
	（三）lěi	连～	～积	～计
蠡	（一）lí	范～（人名）		
	（二）lǐ	管窥～测		
令	（一）líng	～狐（古地名、姓）		
	（二）lǐng	一～纸		
	（三）lìng	命～	时～	～尊
量	（一）liáng	～度	～具	～筒
	（二）liàng	重～	计～	～体裁衣
	（三）liang	打～	掂～	
淋	（一）lín	～浴	～巴	～漓尽致
	（二）lìn	～病		
笼	（一）lóng	～子	牢～	
	（二）lǒng	～络	～统	
弄	（一）lòng	～堂	里～	
	（二）nòng	玩～	～假	
偻	（一）lóu	佝～		
	（二）lǚ	伛（yǔ）～		
露	（一）lòu	～面	～光	～头　　～怯
	（二）lù	裸～	～天	～骨　　抛头～面
绿	（一）lù	～林	鸭～江	
	（二）lǜ	～色	～豆	～地
捋	（一）luō	～袖子		
	（二）lǚ	～胡子	～头绪	

M

脉	（一）mài	一～相承	血～相连	
	（二）mò	含情～～		
蔓	（一）màn	～延	～生	
	（二）mán	～菁		
	（三）wàn	瓜～	藤～	
蒙	（一）mēng	～～亮	～骗	
	（二）méng	启～	～难	
	（三）měng	～古族		
眯	（一）mí	～眼		
	（二）mī	～缝	～会儿	
靡	（一）mí	～费	奢～	
	（二）mǐ	望风披～	～丽	

模（一）mó　　～范　　～糊　　～型
　　（二）mú　　～具　　～样　　～子
无（一）mó　　南～阿弥陀佛
　　（二）wú　　～论　　～敌

N

南（一）nā　　～无阿弥陀佛
　　（二）nán　　～北　　～极
那（一）Nā　　（姓）
　　（二）nǎ　　（同"哪"）
　　（三）nà　　～些　　～时
难（一）nán　　困～　　～题　　～点
　　（二）nàn　　发～　　～兄～弟　　刁～
粘（一）nián　　（同"黏"）
　　（二）zhān　　～贴　　～连
尿（一）niào　　糖～病　　～床
　　（二）suī　　～泡
泥（一）ní　　～土　　水～
　　（二）nì　　～墙　　拘～
宁（一）níng　　安～　　～静
　　（二）níng　　～可　　～肯

O

区（一）ōu　　（姓）
　　（二）qū　　地～　　～分

P

喷（一）pēn　　香～～　　嚏～（pen）　　～嚏　　～射
　　（二）pèn　　～香
片（一）piān　　唱～儿　　画～儿
　　（二）piàn　　影～　　～酬　　～段　　～面
朴（一）piáo　　（姓）
　　（二）pō　　～刀
　　（三）pò　　～硝
　　（四）pǔ　　～素　　俭～　　质～
仆（一）pū　　前～后继
　　（二）pú　　～从　　～人

Q

栖（一）qī　　两～　　～息
　　（二）xī　　～～
蹊（一）qī　　～跷
　　（二）xī　　～径

祇　（一）qí　　　　神~
　　（二）zhǐ　　　　（同"只"）

荨　（一）qián　　　~麻
　　（二）xún　　　　~麻疹

纤　（一）qiàn　　　~夫　　　~绳
　　（二）xiān　　　~弱　　　~维　　　~细

悄　（一）qiāo　　　静~~　　　~~儿的
　　（二）qiǎo　　　~然无声

翘　（一）qiáo　　　~往　　　~盼　　　~首
　　（二）qiào　　　~尾巴

曲　（一）qū　　　　~线　　　~尺　　　~折
　　（二）qǔ　　　　~调　　　~谱

觑　（一）qū　　　　~~眼
　　（二）qù　　　　面面相~　　　小~

券　（一）quàn　　　债~　　　入场~
　　（二）xuàn　　　拱~

R

若　（一）rě　　　　般~
　　（二）ruò　　　　~干　　　~无其事

任　（一）Rén　　　（地名、姓）
　　（二）rèn　　　　~务　　　担~

S

塞　（一）sāi　　　　~住　　　~子
　　（二）sài　　　　~外　　　要~
　　（三）sè　　　　堵~　　　搪~　　　~音

扫　（一）sǎo　　　　~兴　　　~地　　　~射
　　（二）sào　　　　~帚　　　~把

杉　（一）shā　　　　~木　　　~蒿
　　（二）shān　　　红~　　　水~

召　（一）Shào　　　（姓）
　　（二）zhào　　　号~　　　~集　　　~开

折　（一）shé　　　　（姓）　　　~本
　　（二）zhē　　　　~腾　　　~跟头
　　（三）zhé　　　　~断　　　打~

舍　（一）shě　　　　~弃　　　~近求远　　　施~
　　（二）shè　　　　宿~　　　退避三~　　　~利

莘　（一）shēn　　　（姓）　　　~~学子
　　（二）xīn　　　　~庄（地名）

似　（一）shì　　　　~的

（二）sì 　　相～ 　　～乎

遂（一）suì 　　～心 　　毛～自荐

　　（二）suí 　　半身不～

T

挑（一）tiāo 　　～选 　　～剔 　　～担

　　（二）tiǎo 　　～拨 　　～起 　　～大梁

帖（一）tiē 　　服～ 　　妥～ 　　（姓）

　　（二）tiě 　　请～ 　　庚～

　　（三）tiè 　　碑～ 　　字～

W

唯（一）wéi 　　～一 　　～命是从

　　（二）wěi 　　～～诺诺

X

肖（一）Xiāo 　　（姓）

　　（二）xiào 　　生～ 　　～像

削（一）xiāo 　　～球 　　刀～面 　　～铅笔

　　（二）xuē 　　剥～ 　　～弱 　　～减 　　～发

吁（一）xū 　　长～短叹

　　（二）yū 　　（象声词）

　　（三）yù 　　～求 　　呼～

旋（一）xuán 　　～律 　　～涡

　　（二）xuàn 　　～风 　　～床

血（一）xiě 　　～糊糊 　　～淋淋 　　一针见～

　　（二）xuè 　　～泊 　　～压 　　～脉 　　～海深仇

Y

殷（一）yān 　　～红

　　（二）yīn 　　～勤 　　～切

应（一）yīng 　　～该 　　～许 　　～允

　　（二）yìng 　　～承 　　～付 　　～声 　　～用 　　～征

与（一）yú 　　（同"欤"）

　　（二）yǔ 　　～其 　　～时俱进

　　（三）yù 　　～会 　　～闻

晕（一）yūn 　　～倒 　　～头

　　（二）yùn 　　～针 　　～车 　　～高儿

Z

载（一）zǎi 　　记～ 　　登～

　　（二）zài 　　搭～ 　　装～ 　　怨声～道

择（一）zé 　　选～ 　　～偶 　　～业

　　（二）zhái 　　～菜 　　～席

占　（一）zhān　　　（姓）　　～卜　　　～梦
　　（二）zhàn　　　～领　　　～便宜
涨　（一）zhǎng　　　高～　　　～潮
　　（二）zhàng　　　头昏脑～
着　（一）zhāo　　　～点盐
　　（二）zháo　　　～急　　　～迷　　　～凉　　　～火
　　（三）zhe　　　听～　　　看～点儿
　　（四）zhuó　　　～落　　　～手　　　～眼　　　～装
爪　（一）zhǎo　　　（姓）　　前～
　　（二）zhuǎ　　　～子　　　猫～儿
症　（一）zhēng　　　～结
　　（二）zhèng　　　病～　　　对～下药
吱　（一）zhī　　　咯～　　　嘎～
　　（二）zī　　　～～响　　　～声
钻　（一）zuān　　　～探
　　（二）zuàn　　　～床
作　（一）zuō　　　～坊　　　～弄　　　自～自受
　　（二）zuò　　　～业　　　～风　　　～曲　　　～料

4.1.2　统读字

A

隘 ài　　　　～口　　　狭～
嫒 ài　　　　令～
谙 ān　　　　～熟　　　～练　　　不～此道
凹 āo　　　　～凸不平　　　～陷

B

拔 bá　　　　～河　　　～草　　　鞋～子
稗 bài　　　　官～野史
褒 bāo　　　　～贬　　　～扬
匕 bǐ　　　　～首
鄙 bǐ　　　　～视　　　～人　　　卑～
庇 bì　　　　～护　　　包～
愎 bì　　　　刚～自用
裨 bì　　　　～补　　　～益
蝙 biān　　　　～蝠
砭 biān　　　　针～时弊
濒 bīn　　　　～临　　　～危
波 bō　　　　～涛　　　～浪

拨bō　　　　～款　　　～弄　　　～子

捕bǔ　　　　～获　　　～猎　　　～捞　　　～捉

哺bǔ　　　　～乳

C

糙cāo　　　　粗～　　　毛～

谄chǎn　　　～媚

伥chāng　　　～鬼　　　为虎作～

掣chè　　　　～肘　　　风驰电～

惩chéng　　　～罚　　　～戒　　　～前毖后

踟chí　　　　～蹰　　（chú）

侈chǐ　　　　奢～

炽chì　　　　～热　　　～情

憧chōng　　　～憬

崇chóng　　　推～　　　～拜

刍chú　　　　～议

绌chù　　　　相形见～

舛chuǎn　　　命运多～

辍chuò　　　　～学

忖cǔn　　　　～度　　　自～

D

傣 dǎi　　　　～族

档dàng　　　　～案　　　～期　　　～次

玷diàn　　　　～污

敦dūn　　　　～厚

咄duō　　　　～～逼人

掇duō　　　　拾～（duo）　　　撺～（duo）

裰duō　　　　补～

F

梵fàn　　　　～文　　　～蒂冈

绯fēi　　　　～闻　　　～红

氛fēn　　　　气～　　　～围

汾fén　　　　～河　　　～酒

孵fū　　　　　～化

符fú　　　　　～合　　　～号

拂fú　　　　　～晓　　　～袖　　　～面

副fù　　　　　正～　　　～业　　　名不～实

腹fù　　　　　～稿　　　～腔　　　～泄　　　～背受敌

讣fù　　　　　～告

G

冈 gāng	山～	景阳～
亘 gèn	～古	
梏 gù	桎～	
犷 guǎng	粗～	
瑰 guī	～丽	～宝　　玫～（gui）
皈 guī	～依	
刽 guì	～子手	

H

骸 hái	～骨	
沆 hàng	～瀣（xiè）一气	
訇 hōng	阿～	
讧 hòng	内～	
囫 hú	～囵吞枣	
怙 hù	～恶不悛（quān）	
徊 huái	徘～	
诲 huì	教～	～人不倦

J

羁 jī	～绊	～押
即 jí	立～	～刻　　～使
嫉 jí	～妒	
麂 jǐ	～皮	
戛 jiá	～然而止	
歼 jiān	～灭	～击
菅 jiān	草～人命	
缄 jiān	～默	～口
较 jiào	～劲	～量
桔 jié	～梗	
讦 jié	攻～	
浸 jìn	～泡	～染
茎 jīng	花～	～叶
儆 jǐng	以～效尤	杀一～百
灸 jiǔ	针～	
疚 jiù	内～	
狙 jū	～击	
鞠 jū	～躬尽瘁	
矩 jǔ	～形	循规蹈～　　规～（ju）

K

揩 kāi	～油	

忾kài　　　同仇敌～

亢kàng　　～奋　　　高～　　　不卑不～

L

琅láng　　书声～～

羸léi　　　～弱　　　～顿

敛liǎn　　～财　　　收～　　　～容

瞭liào　　～望

劣liè　　　～质　　　～势

琳lín　　　～琅满目

孪luán　　～生

榈lú　　　棕～

掠luè　　　～夺　　　浮光～影

M

袂mèi　　　联～

虻méng　　群～　　　牛～

弥mí　　　～补　　　～漫

宓mì　　　（姓）

摩mó　　　按～

嬷mó　　　～～

N

捺nà　　　按～不住

讷nè　　　木～

拈niān　　～花惹草　　～轻怕重

疟nüè　　　～疾

虐nüè　　　～待　　　肆～

P

葩pā　　　奇～

琶pá　　　琵～

乒pāng　　乒～

滂pāng　　～沱

脾pí　　　～胃

毗pí　　　～邻

匹pǐ　　　～夫　　　～敌

癖pǐ　　　～好　　　怪～

僻pì　　　偏～　　　～静

譬pì　　　～如

媲pì　　　～美

剽piāo　　～悍　　　～窃

频pín　　　～率　　　～繁　　音～

剖 pōu　　　　～析　　解～

Q

祈 qí　　　　～求　　～祷

绮 qǐ　　　　～丽

杞 qǐ　　　　～人忧天

潜 qián　　　～伏　　～力　　～逃　　～移默化

掮 qián　　　～客

襁 qiǎng　　　～褓

跷 qiāo　　　高～　　跷～　　～～板

怯 qiè　　　　～懦　　胆～

惬 qiè　　　　～意

挈 qiè　　　　提纲～领

锲 qiè　　　　～而不舍

沁 qìn　　　　～人心脾

倾 qīng　　　～向　　～斜　　～倒

祛 qū　　　　～除　　～痰　　～暑

龋 qǔ　　　　～齿

R

髯 rán　　　　美～

荏 rěn　　　　色厉内～

濡 rú　　　　相～以沫

S

僧 sēng　　　～侣

霎 shà　　　　～时　　～那

讪 shàn　　　搭～

觞 shāng　　　滥～

娠 shēn　　　妊～

谥 shì　　　　～号

舐 shì　　　　～犊情深

狩 shòu　　　～猎

束 shù　　　　花～　　结～

吮 shǔn　　　～吸

嗣 sì　　　　后～

塑 sù　　　　～造　　～料

髓 suǐ　　　　骨～　　脊～

T

獭 tǎ　　　　～兔　　水～

苔 tái　　　　～藓　　青～

剔 tī　　　　～除

殄tiǎn　　暴～天物
佻tiāo　　轻～
迢tiáo　　千里～～
窕tiǎo　　窈～
骰tóu　　～子

W

违wéi　　～背　　～心　　～约　　～章
娓wěi　　不～
毋wú　　～庸置疑

X

膝xī　　～盖
袭xí　　抄～　　～击　　奇～
狭xiá　　～长　　～窄
黠xiá　　狡～
弦xián　　琴～　　～乐
涎xián　　垂～三尺　　馋～欲滴
淆xiáo　　混～　　～乱
哮xiào　　～喘　　咆～
撷xié　　采～　　～英
械xiè　　机～　　器～
衅xìn　　挑～　　寻～
炫xuàn　　～要
眩xuàn　　～晕
穴xué　　～位　　洞～
谑xuè　　戏～

Y

亚yà　　～洲　　～当　　～军
筵yán　　～席
揖yī　　作～
漪yī　　涟～
谊yì　　友～
翌yì　　～日
诣yì　　造～
懿yì　　～德　　～旨
荫yìn　　～蔽　　～凉
荧yíng　　～幕
莠yǒu　　良～不齐
黝yǒu　　～黑
囿yòu　　园～　　～于

娱yú	~乐		
伛yǔ	~偻		
跃yuè	~动		

Z

暂zàn	~时	~定	
臧zāng	（姓）		
憎zēng	~恨	爱~分明	
绽zhàn	破~	皮开肉~	
昭zhāo	~示	~然若揭	
辄zhé	动~		
脂zhī	~肪	~粉	
蹢zhí	~躅（zhú）		
诌zhōu	胡~		
拙zhuō	~笔	~劣	
卓zhuó	~越	~绝	

4.2　学会科学的发声

把科学的发声方法纳入到普通话训练之中，可以使我们在学习普通话时，既能掌握科学的发声方法，保护自己的嗓音，又可以实现字正腔圆的完美统一。

【案例4-1】

28岁的汤贝负责集团的对外联络，她很善于在电话中利用自己的声音："如果电话那头的人很讨厌，我会用跟自己平时说话完全不同的调子说话。当我需要从对方那里赢得什么时，我不会用查号台小姐那种甜得发腻的声音，而是一种很有礼貌很有教养的声音。"

临床心理学家认为，在人际交流中，占第一位的是姿势（55%），其次就是声音（38%），而人们最为留意的语言、措辞只占到7%。这表明：我们的耳朵对旋律（声调、节奏、语调的变化等）很敏感。声音的音乐性决定了我们是否被吸引。生活中，爸爸会提高音量让争吵的小孩安静下来，妈妈会轻言细语让恐慌的孩子放下心来，老板会用长官的语调让员工变得服服帖帖，售货员会放低音量来坚定举棋不定顾客的购买决心……

4.2.1　声音在交际中的重要性

声音是我们的第二形象。在与他人的沟通交流中，当我们进行商务会谈时，当我们在座谈会上发言时，当我们向客户介绍、推销产品时，当我们向大家做报告时，当我们向领导汇报工作时，当我们站在讲台授课时……总之，当我们在各行各业的工作岗位上，各种生活环境中说话时，如果能控制自己的声音，为我们所用，帮我们优美、清晰、动听、富有感染力地表达出我们的思想、感情和我们想说的话，那不仅是一种非常美妙的感觉，而且会收到令我们意想不到的效果。反之，声音沙哑、干涩、发僵、沉闷，不能为我们所控，不能帮我们随心所欲地表达出自己所想表达的东西，那将是一件多么遗憾的事。

也许有人会说，声音好与不好是天生的。其实，只要经过认真的学习和科学的训练，即使天生不好的声音条件也能够得到改善，也能够自如、优美、动听，增强说话时的语言表现力。反之，即使先天声音条件再好，如果不会科学地使用和保护，也会使你的声音受到破坏，也无法造就你优美的声音"形象"。不论每个人声音的先天条件有什么不同，我们都可以在自己声音条件的基础上，学习科学的用声和发音方法，扬长避短，逐步改善或进一步提高自己的发声、用声能力，找到并用好自己最佳的声音。

声音美，人更美。嗓音好，是块宝；嗓音坏，事业衰。

4.2.2　嗓子的保养与发声

1．何谓"嗓子"

人体中，介于咽与气管之间的部分称为喉，它是发声系统中最具代表性的器官。喉头内的声带是人体发声的振动体，是声源，我们的声音就是从这里发出的。我们通常把喉与喉部发出的声音一同叫做"嗓子"。夸人的声音好，就说"这人嗓子真好"，而对声音不好的则称为"破锣嗓子"。

2．嗓子的保护方法

对于嗓子的保护，不是消极地避免使用，而是合理运用，科学保养。著名京剧表演艺术家梅兰芳先生概括他保养嗓音的方法是：

　精神畅快，心平气和。
　饮食有节，寒暖当心。
　起居以时，劳逸均匀。
　练嗓保嗓，都贵有恒。
　由低升高，量力而行。
　五音饱满，唱出剧情。

对嗓子的日常保护，概括起来要做到以下几点。

① 坚持科学练声。科学用声，科学发声。

② 说话时，声音应由小到大，由弱到强，由低到高，循序渐进。避免一开始说话就嗓门过大，这样很容易损伤声带。

③ 保证充足的睡眠，劳逸结合。注意调节心理，始终处在轻松愉快的状态。

④ 生病时，特别是感冒发烧时，要少说话，必要时可以禁声。

⑤ 处于变声期或女性处于月经期时，禁大喊大叫，此时最易毁嗓子。

⑥ 少吃辛辣食物、油炸食品。

⑦ 坚持每天早晚用淡盐水漱口，以利于消除炎症，保护嗓子。

⑧ 适当吃一些中药，如胖大海加冰糖、清音丸、喉症丸；也可以采用食疗方法，如每天吃白萝卜，以利于清咽利嗓。

3．常见的不正确的发声方法及纠正办法

（1）喉音。

现象：说话时，声音像闷在了喉咙里，听起来感觉沉重、生硬、缺乏弹性。

原因：这主要是由说话时气息短浅、胸部紧张、舌根太用力造成的。

【纠正办法】

说话时，要放松舌根，下颚不要太使劲，喉咙要保持松弛。

两肩放松，不要压迫喉咙。同时，要注意气息的控制。用张口吸气或半打哈欠的感觉体会喉咙、舌根、下颚放松的感觉。要加强唇舌力量的练习。

（2）捏挤。

现象：说话时，声音单薄、发扁，声音感觉像从嗓子眼儿里挤出来似的。

原因：女性多出现这个问题。有些女性以说话声音细为美，靠捏挤喉部来取得。这样的声音泛音少，单薄乏味，听起来也不自然。

【纠正办法】

改变不正确的呼吸方式，要让声音有气息的支撑，要采用胸腹联合呼吸法使气息不要过浅。

说话时，开口度要适中，不要不抬嘴皮子，特别是要把口腔之中的软腭挺起来，打开牙关，这样喉咙才能打开，后声腔也就能够打开了。可以着重练习一些开口呼韵母的音节，这样做的主要目的是，可以增加口腔的开度。

（3）鼻音。

现象：说话时，鼻音特重，听起来像是得了感冒，从鼻腔中发出的堵塞的声音。

原因：主要是说话时口腔开度不够，软腭无力、下垂，造成部分气流进入了鼻腔，从而失去了部分口腔共鸣。此外，也与很多方言区人们的发音习惯有关系，如西北方言和山西方言鼻音都较重。

【纠正办法】

关闭鼻腔通路，用半打哈欠的感觉将软腭提起，放松舌根。

用半打哈欠的感觉发 6 个单元音a、o、e、i、u、ü的延长音。这 6 个元音，没有丝毫的鼻音色彩，通过练习这 6 个单元音的延长音，可以体会气流全部从口腔流出的感觉。需要注意的是，发这 6 个音时，要把字音的着力位置放在硬腭的前部。

发"吭"（keng）音练习。抬软腭，关闭鼻咽通道，然后突然打开鼻咽通道，发出"吭"（keng）音。

（4）闷暗。

现象：说话时，声音沉闷、不透亮。

原因：这是由于说话时，口腔肌肉松散无力或牙关打不开，声音在口腔中得不到充分的共鸣造成的。此外，说话时，声音位置靠后也易产生这种情况。

【纠正办法】

着重练习双唇音b、p、m。这种练习，可以有效地锻炼双唇的力度。在练习的时候，要特别注意，要把力量集中在上唇的中央位置。

要多练一些开口呼韵母，这可以增强口腔的开合度。

说话时，在发音部位正确的前提下，要尽可能地把发音位置往前移。要学会窄音宽发，在不影响字音准确的前提下，口腔的开度可稍微大一些，这样可以增强口腔的共鸣，使声音透亮。

（5）发散。

现象：声音单薄，从口腔散出，听起来声音缺乏亮度和力度。

原因：这是由于说话时，口腔前部开得过大，使整个口腔失去了相当一部分共鸣造成的。

【纠正办法】

① 加强双唇及舌头力量的练习，把后声腔打开。

② 说话时，要对口腔前部进行必要的控制，在碰到开元音a、ai、ao等时，a音要发得圆一点、小一点。

③ 可用连续发出ba、da、ga等音节，进行声音的集中练习。需要注意的是，要结合正确的呼吸方法来发音，音波要通过硬腭前端送出。

（6）喊叫。

现象：说起话来像喊叫，声音尖锐、刺耳、粗糙，给人一种缺乏修养，不讲文明的感觉。

原因：有的是为了追求说话时的高音量造成的；有的是说话时，吸气部位太浅，全身紧张造成的；还有的是由于情绪易激动、性格暴躁造成的。

【纠正办法】

吸气要深一点，呼气的时候要进行控制，全身要放松。

说话时，要尽可能地柔和一些，在加大音量时，不可加强音高。可用自然的中低声区发6个主要元音a、o、e、i、u、ü的延长音。发音时，要注意声音尽可能地柔和一些。

加强学习，提高修养，注意心理和情绪的调节，平时可多练一些柔和色彩的诗歌、散文，也可以练习一些柔和色彩的字词。

（7）虚声。

现象：说话时声音发虚，给人一种小声小气、矫揉造作的感觉。

原因：主要是由于说话时，声带过于松弛，而且与口腔等共鸣器官配合不好造成的。长期使用这种发声方法，声带的弹性会逐渐减弱，声音音域也会越来越狭窄。

现在有些年轻人受一些歌星、艺人的影响，喜欢说话时声音过虚，发嗲，以为这样的声音才能表现女性的温和柔美，令人怜爱。其实这样的发音因为说话时声带不闭合，带有大量气音，漏气多、音量小，而且还容易出现吸气杂音，听起来很不自然。

【纠正办法】

可以多进行一些有益于增加口腔共鸣的字音的练习。

说话时，尽可能让声音明亮、结实。

可以练习一些力度较大的字词或有分量的诗词，如百炼成钢、波澜壮阔、翻江倒海、大好河山、英勇无畏、坚贞不屈、信心百倍、战无不胜等，岳飞的《满江红》也是很好的练习材料。

4.2.3　让声音具有弹性

由于先天嗓音条件不同，每一个人的声音都有自己的特色和个性。我们应该在自己发声条件的基础上扬长避短，拓展自己的发声能力，找到自己最好的声音，而不应刻意去模仿追求某种自以为美的声音。我们应该追求声音的美，但这种美应该是有助于传情达意的美，是有助于沟通交流的美，而不应该离开传情达意、沟通交流，去追求一种所谓的"美声"。

说好普通话，声音应该是准确规范，清晰流畅；圆润集中，朴实明朗；刚柔并济，虚实结合；色彩丰富，变化自如。

准确规范，清晰流畅。我们说的是汉语普通话，所以我们的语音必须准确规范。在说话时的吐字一定要清晰、准确，但不能"蹦字"，不能把汉字一个字一个字地往外蹦。我们说话时的字音听起来要如潺潺溪水，迂回向前。

圆润集中，朴实明朗。这是在我们说汉语普通话时对声音基本色彩的要求。声音要润泽，不干涩；吐字要颗粒饱满，声音不散，字音不扁。我们说话时的声音不仅要朴实，而且要明朗，使人听起来能够感觉愉快、轻松。

刚柔并济，虚实结合。由于性别和性格不同，男性声音偏刚健，女性声音偏柔美，如果颠倒了就会使人感觉不舒服，但是无论男性还是女性，都不能一味地刚或一味地柔，因为"刚过则直，柔过则靡"。有的人说话时为追求声音的明亮，而过多地采用实声，听起来感觉很笨拙，不能很好地表达细腻的情感；有的人追求说话时的柔美，过多地使用气声，听起来让人感觉很低。所以我们的用声追求是刚柔并济，虚实结合。

色彩丰富，变化自如。声音色彩是我们随着说话内容的发展而运动变化着的情感的外衣。声音色彩犹如画家的调色板，越丰富细致就越能传情达意，越有表现力和感染力。感情色彩的变化是无穷的，所以我们声音色彩的变化也是无穷的。这种声音的变化，也可以称为声音的弹性。

一般来说，我们需要训练声音的高与低、强与弱、实与虚、快与慢、松与紧的变化。

1．高与低的变化

高与低的变化主要表现为声音的音高变化。它主要与人在说话时的感情变化、情绪变化、兴趣变化有关。如积极的感情色彩激动、紧张、喜悦、亢奋等，声音就呈升高趋势；而消极的感情色彩安静、思考、悲伤、痛苦、忧愁等，声音则倾向低沉。高与低的变化主要包括有层次的高低变化和明显对比的高低变化。

（1）有层次的高低变化。例如：

（高）床前明月光，（次高）疑是地上霜。（次低）举头望明月，（低）低头思故乡。

（低）它轻轻扇动翅膀飞起来，（高）越飞越高，（更高）越飞越高。

（2）明显对比的高低变化。例如：

（高）对面是高耸入云的大山，（低）脚下是波涛汹涌的急流。

（高）孩子们有的在跑，（低）有的在休息。

2．强与弱的变化

强与弱的变化主要表现为声音的音量变化。坚定、有力、激昂的感情色彩常表现出较强的音量；而软弱、无力、消沉的感情色彩常表现出较弱的音量。一般来说，强往往与高亢和明亮的音色相联系，而弱往往与低沉和暗淡的音色相联系。例如：

他的心怦怦地跳着。（"怦怦"较强）

（弱）他暗自下定决心，（强）我决不能那样做！

（弱）第一锤打下来，他的双手感到有些震动。（增强）第二锤，震得他虎口发麻。（强）第三锤打下来，他整个身子都弹了起来。

3．实与虚的变化

实与虚的变化主要表现为声音音色的明暗变化。实声声音响亮扎实，虚声声音柔和，常伴有呼气声。

（1）实声。例如：

那是力争上游的一种树，笔直的干，笔直的枝。它的干通常是丈把高，像加过人工似的，一丈以内绝无旁枝。它所有的桠枝一律向上而且紧紧靠拢，也像加过人工似的，成为一束，决不旁逸斜出。它的宽大的叶子也是片片向上，几乎没有斜生的，更不用说倒垂了。它的皮光滑而有银色的晕圈，微微泛出淡青色。这是虽在北方风雪的压迫下却保持着倔强挺立的一种树。哪怕只有碗那样粗细，它却努力向上发展，高到丈许、两丈，参天耸立，不折不挠，对抗着西北风。这就是白杨树，西北极普通的一种树，然而绝不是平凡的树。（茅盾《白杨礼赞》）

（2）虚声。例如：

像柳絮，像飞碟，情绵绵，意切切。我爱这人间最美的花朵，白雪飘飘，飘飘白雪。

4．快与慢的变化

快与慢的变化主要指发音的速度变化。发音的速度变化可以形成声音的节奏。节奏之中常包含有多种声音要素的变化，如强弱、高低，但速度变化引起的节奏最容易感觉。发音速度缓慢，给人松弛、平和之感，发音速度快，则使人感到匆忙、紧张。

（1）不同语句的快慢变化。例如：

（慢）他慢慢站起来，轻轻掸了掸身上的土，缓缓朝村边的树林走去。

（快）他赶紧躲向路边，但飞驰而过的汽车还是溅起无数泥点打在他身上。

（2）一段话中不同语句的快慢变化。例如：

（慢）一望无边的草原上，只有羊群在静静地吃着草。（渐快）突然，天边出现一团乌云。紧接着，雷声大作，雨点噼里啪啦地掉了下来。

（快）他匆匆跑上楼，用力拉开房门，（渐慢）只见孩子正在床上甜睡着，他一颗心才算落了地。

5．松与紧的变化

松弛的发音使人感觉舒服、随意，紧凑的发音使人感觉正式、严肃。例如：

（松）咱们随便聊聊。

（松）吃了吗？

（松）近日还好吗？

（紧）现在开始开会。

（紧）我现在就自己近日工作的进展情况向您汇报。

在掌握上述变化的同时，还要注意以下几点。

（1）监听自己的声音。

多数情况下，人们第一次听到自己的录音，会有一种不和谐不真实的感觉，认为那个所谓的自己的声音，与我们对自己的印象相距遥远。为了更好地了解自己的声音，可以进行以下练习。

将左手做成海螺状，手心对着左耳，这是你的听筒；将右手对着你的嘴，这是你的话筒，如图 4-1 所示。这就如同有了一套音响设备，然后开始测试：数数、一个字一个字地念成语。语音可以随心所欲，忽大忽小、忽高忽低。每天照此做 5～10 分钟，连续做 9 天。这个练习可以让你听到别人所听到的你的声音，在此基础上你可以按照自己的偏好改善它。

（2）让声音清晰。

高声朗读一句话，但朗读时省略掉所有字的声母。这样你可以更好地体会到声母的重要性。声母就如同一个跳板，是它使得韵母多了各种韵律。例如：

"我（wo）们（men）天（tian）天（tian）做（zuo）练（lian）习（xi）"变成"o-en-ian-ian-uo-ian-i"。

然后高声朗读同一句话，省略韵母。

经过这种训练，你的声音会更富于变化。你声音的强度会增加，但并不让你更累。同时，在别人听来，你的声音也会更清楚。

（3）让声音丰富。

将两手放在你的肚子上，回想一件让你气愤的事情，然后随便选一段话来念，双手按住肚子让声音从肚子升上来。

嘴张大，大声念d、p、k等声母，将你的愤怒情绪喊出来，如图4-2所示。

经常用这种方式将你的各种情绪——忧伤、愤怒、快乐从肚子里输导出来。你的声音会变得更有个性、更真实。

图 4-1　监听自己的声音　　　　　　　　　　图 4-2　大声喊出

（4）让声音饱满。

光脚站立，平静地呼吸，每次吐气时肚子鼓起。将全身的支撑点交替放在脚尖和脚跟。慢慢重复以上动作。闭上双眼，继续前面的练习。如果有太多能量贯注到你的大脑，你就会失去平衡。所以，大脑里什么都不要想，集中注意力在你的脚上。

经常做此练习，可以帮助你更好地分配自己的力量和气息，使声音变得结实饱满。

4.2.4　运用恰当的语气

【案例4-2】

"你好啊"这句话，在不同场合、环境，面对不同的人以及在不同的情感支配下，会有不同的语气。

第一种语气：当你在车站迎接到很久没见面的好朋友时，你激动地迎上前，说："你好啊，好久不见。"声音是热烈喜悦的，气息饱满、高亢，如图4-3所示。

第二种语气：当你用斥责的口吻批评犯错误的弟弟："你好啊，居然敢逃学!"声音是生气愤怒的，气息下沉。要注意的是，同样是愤怒的表达，这句话的愤怒带有"恨铁不成钢"的关爱味道，而不是恶狠狠的一味斥责，如图4-4所示。

第一种语气和第二种语气截然相反，这说明了语气色彩的不同。语气色彩即语句的内在思想感情的积极运动的显露，它体现为创作主体声音与气息的变化。第二种语气在把握语气感情色彩"愤怒"的基础上，还区分了是非、爱憎的"度"，区分感情色彩不同的程度和不同的量级，并能使之付诸有声语言的表达，这就是语气的分量。所谓语气，就是具体思想感情运动状态支配下语句的声音形式。感情是语气的"神"，是灵魂。具体的声音形式是语气的"形"，是躯体。感情决定声音的形式。

图 4-3　语气热烈喜悦

图 4-4　语气愤怒

　　理解了语气的概念，处理同样的一句话，试着用不同的语气表达，就会有不同的声音形式，也就会传达出不同的感情色彩和信息，形成属于这句话的个性表达是赞扬、支持、亲切、活泼，还是批评、反对、严肃、郑重的；是喜悦、热爱、焦急，还是悲伤、憎恨、冷漠的。语气有变化，不仅显得语言表达千变万化，还可以解决"读书腔"、"固定调"的不良习惯。

　　因为语言是活的，不是僵硬不变的，所以结合不同场合，不同需要，不同语境，要有不同的语气表达方法。

1．客观叙述地说话

　　客观叙述地说话，是人们在一切场合说话的最基本的状态，也是人们在语言交流中最常见、最常用的说话方式。

　　客观叙述地说话，要求说话时的心态要平和，态度要温和，呼吸要从容；语言节奏要适中，不紧不慢，吐字不松不紧，口腔状态比较放松，声音在自己最自如的中声区；感情色彩不宜太激烈，语调平稳，说话幅度起伏不大。

2．轻松愉快地说话

　　人们现在都希望快乐地工作、快乐地生活、快乐地交往。轻松愉快地说话，不仅是时代的要求，也是我们工作、生活、交际的需要。

　　轻松愉快地说话，要求我们在说话时，心态要轻松，心情要愉快，精神要爽快；用声要轻，吐字要巧，节奏稍快，呼吸自如顺畅；发音位置可适当地往前一些，用声以自如声区、中声区为主，语调多为上扬调。

3．礼貌微笑地说话

　　微笑着说话，既是人们说话的一种方式，也是现代国际化交际的一种标准，更是说者对听者的一种礼貌。许多名人和成功人士都把"微笑、再微笑一点"作为与人交际、交往的语言沟通诀窍。

　　微笑着说话，要求说话时的心态要好，充满自信，对他人充满尊重；我们可以适当地运用"提笑肌"的方式来表现自己的感情色彩，气息要自如顺畅，口腔状态既要轻松，也要积极；吐字要清晰，用声要虚实结合，语调要平稳和上扬相结合。

4．郑重其事地说话

郑重其事地说话，是在正式场合常用的一种说话方式。

郑重其事地说话，心态要郑重，神情较为正式、严肃；用声要实，语速要稳，气息要充实、饱满；吐字较紧，音量较大，但注意不要"过"，更不要生硬刻板。

5．稳健大方地说话

稳健大方地说话，是在较为正式场合的说话的一种主要方式。稳健是指在说话时有一种稳重、镇定的感觉；大方是指在说话时从容不迫、落落大方。这种说话方式可表现出一个人的自信感、成熟感。稳健大方的说话方式，容易获得听者的认可和信任。

稳健大方地说话用声以实声为主，声音主要集中在中音区，兼带有一定的胸音色彩。总体来说，声音明朗、扎实；语速不宜太快，以中速为好；节奏平稳，口腔控制较为有力，同时心态要平稳，神态要端正，不可轻浮，更不可大大咧咧；吸气要深，呼气要持久有力。

6．热情激昂地说话

热情激昂地说话，是我们在一些重要的场合进行宣传鼓动的一种重要方式。这种说话方式具有极强的感染力和动员力，让人听后热血沸腾，有一种特别的冲动，能够起到振奋人心的效果。

热情激昂地说话以实声为主，少用或不用虚声，音量较大，用声以中音区为主，但胸腔和头腔共鸣也要适当使用。热情激昂地说话是调动声区最多的一种说话方式。语速稳中有快，节奏感较强，语调多上扬，声调抑扬顿挫，语势跌宕起伏；吸气要深，胸腹联合呼吸法在这里会发挥重要的作用；内心要充满自信和激动，神态要积极奔放。

7．娓娓道来地说话

娓娓道来地说话，是一种较高层次、较高水平的说话方式，这种方式特别使人易于接受。这种方式会使你的话语娓娓动听，彰显人格魅力。

娓娓道来地说话心态是宁静的，神态是祥和的；声音不宜太大，话语要轻柔；气吸得不要太深，呼气时要柔和平稳，不露痕迹；语速是缓慢的，语句之间有充足的停顿时间和空间；口腔控制适中，不强不弱，唇舌使劲力度也不太大；语调平缓，句尾多上扬，没有太多的大起大伏。

8．义正词严地说话

义正词严地说话，是我们在工作和生活中较少使用的一种说话方式。在碰到别人对你造谣中伤、散布流言飞语时，为了维护自身的权益，争取自身的利益，常常需要这种说话方式。

义正词严地说话吸气要深、饱满，呼气要稳、均匀；声音以中声区为主，但适当的头腔共鸣也是需要的；用声全部用实声，不用虚声；语速总体不快不慢，但根据说话的内容也应有快有慢，快慢结合；口腔控制要有力，唇舌也应有一定的力度；内心要有正义感，神态要有一种邪不压正的感觉；语调多为降调，有时也可上扬，这要视具体说话的内容而定。需要注意的是，要以理服人，不要高声喊叫。

9．遗憾惋惜地说话

遗憾惋惜地说话要求我们用声不要太实，要虚实结合；说话时可伴有一定的气声；吸气要快，呼气要轻、要稳；语气往往稍感沉重；语调常常下行，极少上扬。

遗憾惋惜地说话也要有一个尺度。尺度把握不好，会产生一种假惺惺的感觉。一般的遗憾惋惜有一种叹息感，很深的遗憾惋惜就会痛心疾首。到了痛心疾首的阶段，吸气要深，腹部要挺住，音量较大，有一种肝肠欲断的感觉。

10．沉重悲痛地说话

沉重悲痛地说话在生活当中并不常见，但不常见不等于碰不见。当我们碰到这种情况的时候，我们说话的语速要慢，停顿要长，吸气要深，呼气要持久；用声以中低声区为主，声音要稳、要实；语调多下降调。需要注意的是沉重悲痛的说话不要憋着嗓子、压着喉咙去说。悲要有度，要有克制。

训练题

1．朗诵以下诗歌

《致橡树》

舒婷

我如果爱你——
绝不像攀缘的凌霄花，
借你的高枝炫耀自己：
我如果爱你——
绝不学痴情的鸟儿，
为绿荫重复单调的歌曲；
也不止像泉源，
常年送来清凉的慰藉；
也不止像险峰，增加你的高度，衬托你的威仪。
甚至日光。
甚至春雨。
不，这些都还不够！
我必须是你近旁的一株木棉，
作为树的形象和你站在一起。
根，紧握在地下，
叶，相触在云里。
每一阵风过，
我们都互相致意，
但没有人
听懂我们的言语。
你有你的铜枝铁干，
像刀，像剑，
也像戟，
我有我的红硕花朵，
像沉重的叹息，

又像英勇的火炬，
我们分担寒潮、风雷、霹雳；
我们共享雾霭流岚、虹霓，
仿佛永远分离，
却又终身相依，
这才是伟大的爱情，
坚贞就在这里：
不仅爱你伟岸的身躯，
也爱你坚持的位置，脚下的土地。

2．朗诵以下散文

海 燕

高尔基

在苍茫的大海上，狂风卷集着乌云。在乌云和大海之间，海燕像黑色的闪电，在高傲地飞翔。

一会儿翅膀碰着波浪，一会儿箭一般地直冲向乌云，它叫喊着，——就在这鸟儿勇敢的叫喊声里，乌云听出了欢乐。

在这叫喊声里——充满着对暴风雨的渴望！在这叫喊声里，乌云听出了愤怒的力量，热情的火焰和胜利的信心。

海鸥在暴风雨来临之前呻吟着，——呻吟着，它们在大海上飞窜，想把自己对暴风雨的恐惧，掩藏到大海深处。

海鸭也在呻吟着，——它们这些海鸭啊，享受不了生活的战斗的欢乐：轰隆隆的雷声就把它们吓坏了。

蠢笨的企鹅，胆怯地把肥胖的身体躲藏在悬崖底下……只有那高傲的海燕，勇敢地，自由自在地，在泛起白沫的大海上飞翔！

乌云越来越暗，越来越低，向海面直压下来，而波浪一边唱歌，一边冲向高空，去迎接那雷声。

雷声轰响。波浪在愤怒的飞沫中呼叫，跟狂风争鸣。看吧，狂风紧紧抱起一层层巨浪，恶狠狠地将它们甩到悬崖上，把这些大块的翡翠摔成尘雾和碎末。

看吧，它飞舞着，像个精灵，——高傲的、黑色的暴风雨的精灵，——它在大笑，它又在号叫……它笑那些乌云，它因为欢乐而号叫！

这个敏感的精灵，——它从雷声的震怒里，早就听出了困乏，它深信，乌云遮不住太阳——是的，遮不住的！

狂风吼叫……雷声轰响……

一堆堆乌云，像青色的火焰，在无底的大海上燃烧。大海抓住闪电的剑光，把它们熄灭在自己的深渊里。这些闪电的影子，活像一条条火蛇，在大海里蜿蜒游动，一晃就消失了。

——暴风雨！暴风雨就要来啦！

这是勇敢的海燕，在怒吼的大海上，在闪电中间，高傲地飞翔；这是胜利的预言家在叫喊：

——让暴风雨来得更猛烈些吧！

交际与职业应用篇

第5章 交谈与接待

【知识能力要点】

（1）交谈的方法及注意事项。
（2）赞美和批评的技巧。
（3）劝慰和道歉的技巧。
（4）迎送及接待的注意事项。

【推荐的教学方法】

模拟场景，分组练习，扮演不同的角色，将理论知识转化成实践技能。

【推荐的学习方法】

课堂：根据课本每个章节学习内容的不同，学生分组模拟不同的角色，完成迎送、接待、电话咨询、主持等教学活动；设计主题，进行交谈、赞美、批评、劝慰、道歉等练习。台下学生对台上学生的表演活动进行讨论并总结，教师根据学生的课堂表现并结合教学内容进行点评。

课外：在生活中，学习和掌握交际口语中最基本的交谈要领，善于运用本章学到的赞美、批评、劝慰和道歉技巧，加强和改善人际关系。

【建议学时】

4 学时

5.1 交谈

在日常生活中，要想与素不相识的人相识和建立友谊，在相互介绍或自我介绍之后，还要进行必要的交谈。

5.1.1 交谈的步骤及注意事项

一次完整的交谈大致可以包括这样一些环节：寻找话题，展开话题，转移话题，结束话题。

1. 寻找话题

俗话说："话不投机半句多。"与人交谈，首先应找到"投机话题"，即与对方观点、感情上的"一致点"，使人较快产生"亲和感"。"一致点"主要包括工作、学习、家庭、志趣、健康等方面的内容。比如，如果对方是中老年人，就可以和他谈谈孩子的培养和学习，并适时地予以赞美，使之有"成就感"，这是万无一失的"聊法"；如果对方是相识的年轻人，聊聊他的志趣、爱好，如经商、炒股、旅游，并表示自己也有同样的经历和爱好，使对方有"英雄所见略同"之感，也是聊天的"万全之策"；如果对方是陌生人，可就地取材，借对方的姓名、籍贯、年龄、服饰、工作、居室、宠物等，即兴"探"出对方感兴趣的话题，这更是聊出投机话题的"稳招"。

人们在聊天时，总是带有一定的情感和心理。这种情感和心理容易受到对方话语的影响，极不稳定，需要交谈者察言观色，随机应变并且能够及时调整语句表达，以保持兴奋的心理状态和情感。

调节情绪常用的方法有如下几种。

（1）善于让对方开口、多讲话。

调节交谈情绪的大忌是以自我为中心，搞"一言堂"。交谈过程中，不管对方是熟识的人，还是陌生人，人们都希望自己的思想、情感、观点为对方所理解和接受；同时也希望对方能把自己当做知心人，说出内心世界的真实想法，让自己做他的忠实听众。因此，要设法让对方开口、多讲话，这样才能提起他的兴趣，赢得他的好感，使交谈能在共同愉快的氛围中进行下去。用什么方法让对方开口、多讲话呢？简言之就是要聊对方感兴趣的话题。

【案例 5-1】

一天，美国优美座公司经理亚当森前去拜访柯达公司总裁伊斯曼先生，想承包柯达公司的一项工程。秘书告诫他"不要占用伊斯曼先生 5 分钟以上的时间"。

图 5-1　亚当斯的拜访

亚当森环视办公室，对总裁说："伊斯曼先生，当我在这里等候的时候，我仔细观察了您的这间办公室。我本人长期从事室内木工装修，但从未见过装修得这么精致的办公室。"

"啊呀，您提醒了我差不多忘记的事情，"伊斯曼高兴地说，"这间办公室是我亲自设计的，当初刚建好的时候，我喜欢极了。但是后来一忙，一连几个星期我都没有机会仔细欣赏一下这个房间。"

亚当森走到墙边，用手指在木板上一敲，说："我想这是英国橡木，是不是？意大利橡木的质地不是这样的。"（见图 5-1）

"是的，'伊斯曼总裁高兴地说，"那是从英国进口的橡木，是我一位专门研究室内细木的朋友专程去英国为我订的货。"

伊斯曼情绪极好，竟然撇下那堆待批的文件，带着亚当森仔细参观起办公室来了。他向亚当森仔细介绍了他的设计过程，亚当森微笑地聆听，并不失时机地询问伊斯曼的奋斗经历，伊斯曼便向他讲述了自己如何在贫困的生活中挣扎，并发明柯达相机的经历。

亚当森听得聚精会神，而且发自内心地表示敬意，伊斯曼竟和亚当森聊了一个多小时，最后还邀请亚当森一起吃午饭。

结果亚当森不仅得到了这笔工程的订单，而且和伊斯曼先生结下了终生的友谊。

亚当森成功的诀窍在于让对方多谈，先交朋友，再做生意。在一定程度上，"朋友是聊出来的"，这句话一点不错。

（2）从聊天场地找话题。

请看下面的例子。

　　甲：呀，你墙上这幅照片好像是叫五彩滩吧？我也去过那里。

　　乙：是吗？你什么时候去的？

　　甲：去年 7 月份。新疆是个好地方。

　　乙：真是美极了。

　　……

两人由此攀谈起来。

（3）善于委婉表意。

心理学的研究成果表明，一般人都比较容易接受赞扬的话，不太容易接受批评。当需要向对方提出批评时，可以采用委婉的语言表达自己的看法，帮助对方克服弱点。例如：

一位老师家访，本意是要告诫学生家长关心孩子的学习。但是她并没有直接表述，而是对家长说："李强同学家长，您的儿子很聪明，将来必定大有作为。"家长听了这话，心里十分高兴。老师接着说："您儿子这次考得不理想，不敢把考卷拿给家长签字，便模仿家长的笔迹自己签字。上课时，手在书桌下面搞小动作，但脸上的表情却好像在认真听课。这种才能不是每个孩子都有的，这反映出你儿子很聪明。如果引导得当，将来必成大器。"这位教师家访并没有直接告状，也没有批评家长，而是在笑谈中提醒家长多关心孩子的学习情况。由于老师巧妙地使用婉言表意法，使家访在轻松愉快的闲聊中达到了目的。

（4）善于诙谐幽默。

幽默感是善于讲有趣、可笑而意味深长的话，是一种优秀而健康的品质，它是感情的润滑剂，是人类精神的调味品，是交谈中制造兴奋的启动器，是平衡交谈情绪的空调机。请看下面的例子。

客厅里，几个人正在恼火地谈论天气。

甲说："今天真热，这电扇也怪怪的，刚才风大，现在怎么没风了？"

乙说："谁叫你那么宽呀？是你自己把风给挡住了！"

所有在场的人都哈哈大笑起来，心里似乎凉爽了许多，谈话也畅快了许多。

毋庸讳言，在交谈中，幽默具有神奇的调节情绪的作用，那么，怎样培养幽默的品质呢？

要培养超常思维。所谓"超常思维"，即打破人们思维习惯的思维，如小孩"牵强附会"的思维方式便是其中一种。例如：

儿子："爸爸，蘑菇是长在潮湿的地方吗？"

爸爸："是啊，长在爱下雨的地方。"

儿子："噢，怪不得蘑菇长得像伞的样子。"（见图 5-2）

又如，"转换角度"的思维方式也属这一范畴。

有人收到一封匿名信，里面只写了"蠢才"二字。他把信拿给大家看，几个熟识的人纷纷议论起来。

甲说："你这信是谁写的？"

乙说："真是阴阳怪气的，没看到你得罪谁呀？"

他说："这封信的确奇怪，只有署名，没有内容。"（见图 5-3）

收到匿名信，挨了骂，一般来说，是不愿让人知道的，但这人却不按习惯的思维方式思考，而是换一个角度看问题，把匿名信（自然没有署名）的内容——"蠢才"看做署名，反戈一击，既为自己解围，又充满了幽默意味。

（5）善于自嘲。

要学会嘲笑自己，可以嘲笑自己的长相、观念、遭遇，也可以嘲笑自己的缺点、失误、狼狈处境。有人说："只有学会取笑自己，才算掌握了幽默的能力。"

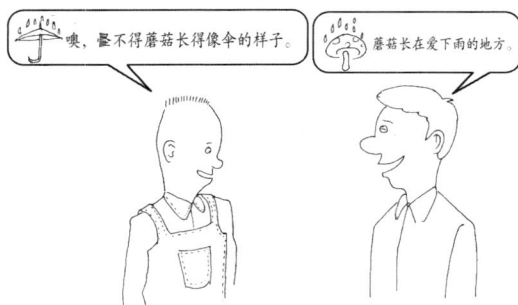

图 5-2　超常思维

图 5-3　转换角度

【案例 5-2】

第九届全国人民代表大会第五次会议闭幕后，朱镕基总理答记者问的精彩场面：

法新社记者："朱总理，您好。关于连任，朱总理刚才好像不太想直接回答这个问题，可是我们请问，无论下一届总理是谁，你觉得他应该有什么优点呢？如果下一任总理不是朱总理的话，你觉得他在哪个方面应该向你学习？在哪个方面不应该向你学习？"

朱镕基："我是很佩服你们新闻记者的执著和毅力，总是要把这个问题追个水落石出，但是我刚才已经讲过了，连我自己都不知道答案，我怎么回答你呢。

至于我本人，除了我确实是在埋头苦干地干工作以外，我没有什么优点，我不希望别人学习我，特别是某家香港报纸说我的本事就是拍桌子、捶板凳、瞪眼睛，那就更不要学习我。但是这个报纸说得不对，拍桌子是拍过的，瞪眼睛也瞪过，不能瞪眼睛不就是植物人了嘛。捶板凳绝对没有捶过，那捶起来是很疼的。至于说我这样做是为了吓唬老百姓，我想没有一个人相信他这种说法，我从来不吓唬老百姓，只吓唬那些贪官污吏。谢谢！"

朱镕基总理就是运用"自嘲"的方式达到幽默、绝妙的表达效果的。

2．展开话题

（1）赞美鼓励法。

有一次，李老师打电话找办公室的同事，恰巧不久前学校刚刚进行了论文评选，她是评委会主任。她听出了接电话人的声音就随口说道："你的那篇文章写得不错，很有才华。"接电话的人听了心生喜悦，对她产生了好感。于是两人开始了愉快的电话交谈，从那以后她们成了要好的朋友。这是赞美的力量。生活中有经验的老师也是这样，面对胆怯的学生总是说："你真聪明，答对了第一点，想想看第二点是什么呢？"这就采用了赞美鼓励法。

（2）引导深入法。

"你的观点很有道理，我基本赞同，不过还有一点疑问……"这样运用提问的方法把话题引向深入。

（3）列举事例法。

一对未婚青年商量结婚的事，男青年说结婚不应讲排场，并征求对方意见。女青年表示同意后举了一个例子，"某人为求排场，借钱完婚，婚后三年才还清，影响夫妻感情。"就这样二人越谈越投机。

3．转移话题

什么情况下应该转移话题呢？在下面三种情况下应该转移话题。

（1）原话题与交际目的不符，为了达到交际目的，需要转移话题。

上海有家绣品商店，某日来了一位顾客，挑选枕套。当他选中一款枕套正要掏钱买时，忽然发现图案中有一枝梅花，便说道"梅"、"霉"谐音，被面上有梅花，怕要倒霉。小陈机灵地转换话题说"您一定听说过'梅开五福'这老话吧。梅花都是五瓣，它是吉利的象征。"经小陈这么一点拨，那位顾客立即高兴地买下了被面，还夸奖小陈说的有道理。假如小陈不能及时转移话题，仍接原话题"倒霉"谈下去，交谈目的就可能达不到。（见图 5-4）

（2）对敏感的问题，不便回答，这时也需要转移话题。

下面是两个商人见面时的对话。

甲：欢迎你，见到你真高兴！

乙：我也十分高兴能来这儿。近来买卖如何？

甲：这笔买卖对你我都至关重要。但首先，请允许我对您的平安抵达表示祝贺。旅途愉快吗？

乙：非常愉快！交货还有什么困难吗？

甲：这个问题也是我们这次要讨论的。途中饮食怎么样？来杯咖啡吗？

上面的甲、乙都是通过提问来转换话题的，甲致力于表示"欢迎"乙，而乙总是转到"买卖"上面来，两人性格、心境迥然不同。不过，甲始终处于主动地位，他力避锋芒，养精蓄锐，好戏在后头。而乙则沉不住气，急于求成，注定要被甲"打败"。

再比如，日本影星中野良子来到上海，有些影迷问她："你准备什么时候结婚？"中野良子微笑着说："如果我结婚，就到中国度蜜月。"（见图 5-5）

图 5-4　转移话题-1　　　　　　图 5-5　转移话题-2

中野良子的回答，似乎没有离开"结婚"这个话题，但却已巧妙地把"婚期"这种容易引起媒体炒作的问题甩脱了，而是转换成了"到中国度蜜月"，同时又可取悦于上海影迷。用"如果"一词，更是模棱两可，显示了她过人的语言应变能力。

（3）原话题已经充分展开，交谈兴趣消退。

在交谈中，即使是最好的话题，也有兴趣低落的时候。此时，就要适宜地转换话题。转换话题可以让旧话题自行消失，再开始另一个话题，或者在谈话中把旧话题打断，引出新的话题。但是应当注意，当话题是交谈中心时，不应随意转换。

4．结束交谈

交谈不论长短，总有结束的时候，说话人应根据不同的情况，采用合适的方法结束谈话。常用的方法有以下几种。

（1）直陈法。

直接而有礼貌地说明要结束闲聊或离开"侃友"的原因，感觉较累或的确有事时可用这种方法。

（2）找借口。

交谈时间较长，枯燥无味或话不投机时，需将话头"打住"，借机脱身，可采用这种方法。找借口不是欺骗，欺骗具有明显的损人利己的功利性，而借口则不同，它并不影响别人，更谈不上损害别人，它只是一个"美丽"的假托理由，是一种非常有用的、为自己开脱的说话技巧。

（3）提醒。

人们谈兴正浓的时候，往往没有时间观念，这时需要一些必要的提醒，如"哦，明早 6 点要赶火车，我看……"，"你的论文写完了吗，明天要交啦"。相信这样的提醒大家都会乐意接受。

（4）顺其自然。

聊天聊到尽兴处，该住口时就住口，这时可趁机"散场"。如"今天就聊到这儿吧"，"看到××都打哈欠了"，"你家小华明天还要考试呢"。这样一般不会引起大家的异议，交谈也就自然而然地结束了。

此外，结束交谈还需要有一些技巧。

① 不要在双方热烈讨论某一个问题时，突然将对话结束，这是失礼的表现。

② 不要勉强把话拖长，这样会给对方留下语言无味的印象。

③ 要留意对方的暗示，对方用"体态语"做出希望结束的暗示，比如有意地看看手表，频繁地改变坐姿，这时要适时地结束谈话。

④ 要把时间掌握好。在准备结束谈话前，先预定一段时间，把交谈兴趣消落，以便从容停止。谈话结束时最好面带笑容，说些祝福对方的话，这样会产生很好的效果。

除了掌握交谈的一般环节和技巧外，还应注意一些事项。

① 避免以自我为中心，让每个交谈者都感到愉悦。

② 不要伤害谈话人的感情。如，一次同学聚会，高姓朋友说："你就小心眼。"结果，杨姓朋友听后愤然离去，大家很尴尬。

③ 以提问的方式积极主动参与谈话。如果你对正在谈论的话题感兴趣，又无法介入，

就可采用提问的方式，提出大家感兴趣的问题，以便顺利介入谈话。

④ 不要背后议论别人，这是素质不高的表现。

⑤ 察言观色，留心听众反应。当听众表现出不耐烦的情绪时，应尽快停止谈话；若发现听众感兴趣，则可继续谈话。

⑥ 不可打断别人的谈话。

⑦ 不随便纠正别人的谈话

⑧ 要注意选择话题。所选话题要尽量使大家都感兴趣。

5.1.2　赞美与批评

赞美别人，仿佛用一支火把，既照亮了别人的生活，也照亮了自己的心田；赞美别人有助于发扬被赞美者的美德，推动彼此友谊健康地发展，还可以消除人际间的龃龉和怨恨。心理学研究表明：爱听赞美是人们出于自尊的需要，是渴求上进，寻求理解、支持与鼓励的表现，是一种正常的心理需求。赞美是一件好事，但绝不是一件容易的事。赞美别人时如不审时度势，不掌握一定的赞美技巧，即使你是真诚的，也未必能收到好的效果，有时甚至会使好事变为坏事。所以，开口前一定要掌握以下赞美技巧。

1．赞美的语言技巧

（1）赞美之辞应发自内心，符合实际。

赞美的内容可以是过去的业绩、服饰等，但是毫无根据的赞美，会使人感到你的虚情假意，甚至会产生反感。

（2）赞美之辞要能满足对方的自我需求。

社交的黄金法则是别人希望你怎样对待他，你就怎样对待他。因此，赞美之前要了解对方，弄清对方希望怎样被赞美。

【案例 5-3】

有一位女化学家年过六旬时获得了诺贝尔奖，一位电视台的女记者要采访她。今天，她终于在亲友的帮助下换上了西装，脱去了终日穿着的实验服。一见面，女记者就兴致勃勃地夸奖道："呀，你这身衣服真漂亮。"女化学家机械地点了点头。女记者见没有激发起化学家的谈兴，就随口问道："嗯，您这么成功，你的儿女都是做什么的呢？"女化学家闻听此言转身离去。原来女化学家没有结婚，个人感情经历过挫折。（见图 5-6）

女记者不了解情况，赞美之辞不但没有为采访增光添彩，激发女化学家的谈兴，反而帮了倒忙，导致采访失败。女化学家对服装不感兴趣，忌讳谈家庭，对承担课题感兴趣，这些女记者都没有了解到。

（3）赞美之辞既可坦诚直言，又可间接表达，但要得体。

两个年轻人初次相识，姑娘正在摆弄照片，男方信手接过，说："相照得真好，底板好啊！"言外之意在夸姑娘漂亮，这种间接夸奖比直接夸奖要得体。（见图 5-7）

图 5-6　赞美要满足自我意识

图 5-7　赞美要得体

　　赞美是人际关系中非常重要的润滑剂。赞美不但使人感到开心与振奋，而且使人觉得被肯定与重视，但是生活中大多数人并不是赞美的高手，人们往往仅止于知道赞美的重要性，却不懂得赞美的技巧，常常会弄巧成拙。

　　（4）最有实效的赞美之辞不是锦上添花，而是雪中送炭。

　　重复司空见惯的夸奖，会使对方毫不在意。相反，如果你总能发现蕴藏在他身上的不为人知的优点，并对其赞美，就能满足对方的心理需求，会收到好的效果。比如，某人大学毕业，工作不是很理想，有些失意，一位同学在其纪念册上留言："你身上有一种独到的气质，若能很好地发挥，必对你日后发展大有帮助。"这样的留言会使人备受鼓舞。

　　2．批评的语言艺术

　　美国著名管理家雅柯卡说过："表扬可以印成文件，而批评打个电话就行了。"著名教育家马卡连柯说过："批评不仅仅是一种手段，更应是一种艺术，一种智慧。"

　　（1）先赞扬后批评。

　　美国著名的演讲家戴尔·卡耐基说："矫正对方错误的第一方法——批评前先赞美对方。"批评前先赞美，能化解被批评者的对立情绪，使其乐于接受批评，达到预想效果。

　　比如，一位上司批评女秘书时这样说："你今天穿的这件衣服真漂亮，你是一个迷人的姑娘。"然后又说："不过我希望你以后要对标点稍加注意，让你打的文件跟你的衣服一样漂亮，好吗？"女秘书愉快地接受了批评。

　　每一个人都有自己的优点和缺点。如果我们只是一味地批评，在某种程度上就会放大缺点，使对方觉得自己一无是处，那样的话，即使可以改正的缺点也无法接受了，况且先批评把情绪搞砸了，即使再真诚的批评也令人难以接受。先表扬则不然，对方情绪好，善意的批评是可以接受的。所以我们在给人指出缺点和不足时应该怀着善意的心态，当头棒固然能够讲清事实，但要考虑对方能否接受。要运用一定的方式和技巧，最好做到批评之前先表扬。

　　（2）选择舌当的时机和场合进行批评，用赞扬、鼓励代替批评。

　　双方都在气头上时批评是不合适的，应提高个人修养，生气时少说话，因为人在生气时往往不够理智，应待双方冷静后再谈。

　　【案例 5-4】

　　我国老一辈教育家陶行知先生当年任育才小学校长时，有一天，他看到学生王友正在用泥块砸同学，遂将其制止，并责令他放学后到校长室等候。陶先生回到办公室见王友已经在门口等待。陶先生立即掏出了一块糖送给他："这是奖励你的，因为你比我按时到了。"接着又掏出一块糖给他："这也是奖励你的。我不让你打同学，你立即住了手，说明你很尊重我。"王友将信将疑地接过糖果。陶先生又说："据了解，你打同学，是因为他们欺负女生，说明你有正义感。"陶先生遂又掏出第三块糖给他。这时，王友哭了："校长，我错了。同学再不对，我也不能采取这种方式。"陶先生满意地笑了，他随即掏出第四块糖说："你已认错，再奖你一块，我们的谈话也该结束了。"

3．批评时巧用幽默

【案例 5-5】

19 世纪意大利著名歌剧作曲家罗西尼，对自己的创作非常严肃认真，非常注意独创性。对那些模仿、抄袭的行为深恶痛绝。有一次，一位作曲家演奏自己的新作，特意请罗西尼去听他的演奏。罗西尼坐在前排，兴致勃勃地听着，开始听得很入神，继而有点不安，再而脸上出现不快的神色。作曲家按其乐章继续演奏下去，罗西尼边听边不时把帽子脱下又戴上，戴上又脱下，接连好几次……那位作曲家也注意到了罗西尼的这个奇怪的动作，就问他，这里演出条件不太好，是不是太热了？"不！"罗西尼回答说，"我有一见熟人就脱帽的习惯，在阁下的曲子里，我碰到了那么多熟人，不得不频频脱帽。"（见图 5-8）

图 5-8　批评巧用幽默

罗西尼如果直接指责对方模仿、抄袭，恐怕会使对方难堪，但是他却用幽默的体态语和说明来委婉地表示言外之意，虽然没有明说，那位作曲家也一定会感到羞愧的。

4．现身说法，榜样引导

在批评对方的错误和缺点时，表明自己也曾犯过类似的错误，也有过这样的缺点，可以缓解对方的心理压力，不至于使他与你相抵触。同时，用自己的言行带动他人，会起到苍白的批评语言所起不到的作用。

【案例 5-6】

在师范上学的时候，我曾任班级的学习委员。在学完《岳阳楼记》这篇课文后，教《文选》的王俭老师对我们说这篇古文语句优美，要求大家把课文背下来。第二天上《文选》课时，王老师说："昨天要求同学们把《岳阳楼记》背下来，下面我进行检查，能背下来的同学请举手。"同学们你看看我，我看看你，都低下了头，谁也没有勇气举手，因为我们都没有完成这个作业。我心想：这次批评肯定躲不过去了，完全没想到——王老师稍停了一会说："请大家打开书本听我背一遍。"于是王老师一字不差地把这篇课文背诵了一遍，那抑扬顿挫的声音深深地印在了我们的心里。我惭愧至极，深为自己作为学习委员没有带头完成作业而懊悔。课后，同学们议论纷纷：王老师这种没有责骂的批评太让人服气了，以后我们一定要按时完成作业。

　　5．批评应注意的事项

　　尽可能地避免在大庭广众前指名道姓地批评别人。这样做不仅无法达到纠正错误的目的，还会有人身攻击之嫌。

5.1.3　劝慰与道歉

1．劝慰的要求及语言技巧

　　平时经常会遇到身边的同学或朋友不顺心，有的甚至伤心地号啕大哭，可是我们却常常不知道怎么办。到底应该如何劝慰别人，劝慰有哪些要求和技巧呢？

　　（1）要同情，不要怜悯。

　　当一个人遭到挫折和不幸的时候，往往十分需要别人的同情。真挚的同情，是站在完全平等的地位上交流思想感情，给对方以精神和道义上的支持，并分担对方的感情痛苦，使不幸者痛苦、懊丧的消极情绪得以宣泄，并帮助其消除心理上的孤独感，使他们增强战胜困难的信心。怜悯不是平等的思想感情交流，而是对不幸者的感情施舍。这种施舍只能有两种结果：一是刺伤不幸者的自尊心，激起他们的反感；二是使不幸者更加心灰意冷，无法振作。

　　例如，一位女孩高考未被录取，可以这样劝导她："我也经历过这样的挫折，所以你的心情我完全理解，不要太难过，好好复习，明年再考。如果明年考得更理想，这也许就是一件好事。一味的痛苦也于事无补，你说呢？"相反，如果一个人在为丢了自行车而懊丧，你却劝他："你咋这么倒霉呢？"这样只会使他陷入更深的痛苦中。

　　（2）要鼓励，不要埋怨。

　　遭遇不幸和挫折的人，由于一时无法摆脱感情的羁绊，往往会垂头丧气、消极悲观。此时，最重要的安慰是给予其信心和勇气，要让他在困难面前看到光明前景。消极埋怨只会使不幸者更加悲观。

　　一位团支书有一科考试不及格，情绪十分低落。班主任找其谈话："你帮我初步挑选几个同学，看谁能当选优秀团员、优秀团干部？"她非常想说自己，但考虑到自己有一门功课不及格而没有写自己的名字。班主任鼓励她："这些同学中，你最有工作能力，工作也干得最好，但这次没办法，希望你要把学习搞上去。有信心吗？""老师，你放心吧，我一定搞好学习。"在这里，班主任用鼓励代替了批评和埋怨，收到好的效果。

　　（3）力求使对方宽心。

　　通过讲道理，使对方宽心、放心。廉颇与蔺相如的例子想必大家都很熟悉。

　　完璧归赵、渑池会之后，蔺相如被任命为上卿，位于廉颇之右，廉将军扬恶言。于是舍人相与谏曰："臣所以去亲戚而事君者，徒慕君之高义也。今君与廉颇同列，廉君宣恶言，而君畏匿之，恐惧殊甚。且庸人尚羞之，况于将相乎？臣等不肖，请辞去。"蔺相如固止之，曰："公之视廉将军孰与秦王？"曰："不若也。"相如曰："夫以秦王之威，而相如廷叱之，辱其群臣，相如虽驽，独畏廉将军哉？顾吾念之，强秦之所以不敢加兵于赵者，徒以吾两人在也。今两虎共斗，其势不俱生。吾所以为此者，以先国家之急而后私仇也。"

　　蔺相如的一席话，既感动了门客，挽留了门客，也使廉颇极为感动，于是便出现了后面的"负荆请罪"的故事。

（4）要寓鼓励于安慰中。

简单的安慰可能会使对方陷入灰心气馁的不良情绪中，有时越安慰越使人情绪悲观，所以，恰当地使用鼓励性的话语十分必要。如，"这次竞赛失利虽然可惜，但也是一次难得的锻炼机会，你获得了别人无法获得的处理此类问题的经验，下次竞赛，你一定会赢回来的！"

（5）要掌握好时机。

对情绪失控者要待其冷静后再实施劝慰。如面对情绪失控、与同事发生矛盾的人时，需要尽力安慰："别急，慢慢说，我一定帮你"。努力做个倾听者，待其情绪稳定后再站在对方的角度上帮其分析事理，劝慰对方，这样做将会收到更好的效果。

2．真诚地道歉的益处

（1）道歉可以化解矛盾。

【案例 5-7】

托尔斯泰和屠格涅夫都是俄国大文豪，而且是好朋友。1861 年，屠格涅夫的《父与子》脱稿，邀请托尔斯泰到自己家，请他看手稿并提意见。午饭后，托尔斯泰因困倦，读着书稿渐入梦乡，屠格涅夫十分不悦。席中，屠格涅夫对其女儿的家庭教师大加称赞，因为她教导女儿为穷人缝补衣服，为慈善事业捐款，为穷人做好事。不料托尔斯泰很不以为然，并加以讽刺，顿时惹得屠格涅夫怒不可遏，大声咆哮："这么说，是我把女儿教坏了？"托尔斯泰也不示弱，两人大吵了一场，从此不再交往。应该说，这两位大文豪的断交，托尔斯泰是有过错的，他比屠格涅夫年纪小 10 岁，却对屠格涅夫不够尊重。可惜，托尔斯泰一直没有勇气认错，因此两人的关系一直没有修复。过了 17 年，托尔斯泰终于主动写信向屠格涅夫道歉："伊凡·谢尔盖耶维奇！近日想起了我同您的关系，我又惊又喜。我对于您没有任何敌意，谢谢上帝，但愿您也这样，我知道您是善良的，我确信，您对我的敌对情感已经在我之前早就抛掉了——请您永远原谅我的一切，在您面前，我是有罪的。"屠格涅夫立即写回信："收到您的信我深受感动，我对您没有敌对情感，假如说过去有过，那么早已消除——只剩下对于您的一片怀念。"真诚的道歉，换来了真正的谅解，他们的矛盾很快消除了，又恢复了旧日的友谊。

（2）道歉可以消除内疚，解除难堪。

【案例 5-8】

元代康进之编撰的《梁山泊李逵负荆杂剧》中，李逵在酒店听说宋江要强娶杏花庄王林的女儿为妻，王家不愿意，宋江当即将其女儿抢走。此事惹恼了黑旋风，他急忙返回山寨，又讽刺又挖苦，将宋江好一顿斥骂。后来查明是两个贼人假扮宋江做下的恶事，李逵知道后又羞又愧，加之兄弟们的责备，更使他无地自容。李逵虽然粗鲁，认错倒也爽快，他学古人廉将军的样子，背上荆条，找到宋江请罪。这种坦诚的认错态度，不仅得到了宋江的谅解，同时也化解了兄弟之间的难堪与不快。应当说，承认错误是令人难堪的，可是一旦勇敢地承认了错误，就会产生一种解脱的感觉，心里会感到无比的轻松。

（3）道歉可以赢得友谊，取得谅解。

在人际交往中，只有缺乏智慧的人才会为自己的错误寻找借口，强词夺理；而智者总能够坦率诚恳地道歉认错，取得对方的谅解。

（4）道歉可以得到尊重，提高威信。

道歉可以化解矛盾；道歉可以消除内疚，解除难堪；道歉可以赢得友谊，取得谅解；道歉可以得到尊重，提高威信。道歉是一门艺术，它还有很多的要求和语言技巧。

3．道歉的要求及语言技巧

（1）先道歉后解释。

有错就应先认错，以诚恳的态度取得对方的谅解。千万不要找客观原因为自己辩解、开脱，使对方怀疑你的诚意，从而扩大裂痕，加深隔阂。如确有非解释不可的地方，应在道歉之后再做解释，才能表示自己的诚意。如："对不起，这事我做得真不对。事情是这样的……"

（2）利用第三者转致歉意。

双方成见很深，或都处在气头上，最好先请第三者转致歉意，待双方都冷静后，再当面赔礼道歉。

我有一对好朋友，她们非常要好，曾经一块出国，但是回国后就不来往了。我了解到这一情况后，分别找两人谈，双方表示都没什么大事，只是因为一些鸡毛蒜皮的小事。由于拖延了道歉的时机，两人都觉得弄成今天这种尴尬的关系很遗憾。于是我就从中周旋，安排了一次聚会，最终两个人和好如初了。

（3）其他方式。

假如你觉得道歉的话说不出口，可用别的方法代替。

图 5-9　电话道歉

一次，我与杨姓朋友发生不愉快就打电话问他："还生气呢？"他也只得笑笑说："生什么气啊。"可见，打电话致歉是个好办法。（见图 5-9）

（4）道歉时的语气和态度。

真诚的道歉，应该做到语气温和，态度坦诚而不谦卑。道歉时眼睛要友好地看着对方，并多用一些礼貌用语，如"请包涵"、"请原谅"等。同时，道歉的语言以简洁为好。只要表明了自己的态度，对方也表示谅解就行了，切忌重复、啰唆。

（5）没有错有时也需要道歉。

这种情况常适用于管理者。当你的下属在工作中未能恪尽职守，或者某一方面的工作未尽人意，为了促使下属进一步反省，也为了挽回单位的信誉，作为管理者应诚恳庄重地向对方或公众表达歉意，以求得谅解。

4．道歉应注意的事项

掌握了道歉的技巧，但是还应该根据场合、情况的不同，注意一些小事项。

① 切记道歉并非耻辱，而是真挚和诚恳的表现。

② 道歉要堂堂正正，不必奴颜婢膝。

③ 把握道歉时机。应该道歉时马上道歉，耽搁时间越久越难启齿，有时甚至追悔莫及。

5.2　接待口语

接待是我们日常生活中最基本的社交活动，它既包括对家人和朋友的接待，也包括工作中对商务伙伴的接待。热情周到的接待不仅会给客人留下良好的第一印象，还将为今后人际关系的进一步发展打下良好的基础。接待过程体现在迎来送往、客户拜访及电话服务等方方面面，好的接待能够显示个人良好的交际能力和礼仪风范。随着社会交往的日益广泛，商务活动越来越频繁，一项活动能否成功，主持人是一个关键因素。一个好的活动主持人能够充分调动现场群众的情绪，将活动推向高潮，以达到主办方预期的效果。要想做一个合格的主持人，需要学习并掌握不同场合下的主持技巧。

5.2.1　迎送口语

迎来送往，是社会交往接待活动中最基本的形式和环节，也是表达主人情谊、体现礼貌修养的重要方面。迎送的过程主要分为以下几个环节。

1．迎接工作的注意事项及礼貌用语

人际交往中，第一印象最为重要，良好的第一印象可为下一步的深入接触打下坚实的基础。而迎接是给客人留下第一印象的关键环节。迎接客人要有周密的部署及计划，在迎接工作中应注意以下事项。

（1）提前做好对客人身份背景的调查。

对前来访问、洽谈业务、参加会议的客人，接待方应首先了解其到达的车次、航班，而后安排与客人身份、职务相当的人员前去迎接。

（2）提前到站迎接。

主人到车站、机场去迎接客人，应提前到达，恭候客人的到来，决不能迟到让客人久等。（见图 5-10）

（3）会面。

"迎三步，送七步"是我国迎送客人的传统礼仪。客人在约定时间按时到达，主人应主动迎接，不应在会谈地点静候。见到客人应热情打招呼，先伸手相握，以示欢迎，同时说一些寒暄赞美的辞令。

（4）提前为客人备好交通工具并安排好住宿。

场景实例：

主人："欢迎您来到我们城市，一路辛苦了。"

客人："不辛苦。"（见图 5-11）

主人："我是公司办公室负责接待的小周，有什么不到之处请您多担待，这是我的名片……"

客人："这是我的名片……"

主人："我们公司的车就在机场外等候，我们先上车吧，先到住处休息一下。"

客人："好的。"

主人："我们这个城市是个旅游城市，有几处比较有特色的名胜古迹，这几天办完事我带您去参观一下。"

客人："谢谢！"

主人："这几天的日程安排是这样的：我们先到酒店住下，然后休息一会儿。今晚参加公司为您准备的招待晚宴，我们公司的主要领导及办公人员都会到席，明天一早我接您到公司具体商谈业务……"

图 5-10　提前到站

图 5-11　热情迎接

客人："好的"

……

入住酒店后，主人拿出一份公司的相关资料交给客人。

主人："这是我们公司的宣传画册，上面有我们公司的产品简介，您先看一下，具体的我们明天再谈。"

客人："好的！"

主人："今天您旅途一路很辛苦，先休息一下，一会儿我来接您出席晚宴，您看还有什么要求尽管跟我说。"

客人："没有了，你们想得很周到，安排得很细致，谢谢！"

2．接待的礼节及用语

接待是指个人或单位以主人的身份招待有关人员，以达到某种目的的社会交往方式。

良好的待客之礼，体现出主人的热情和殷勤。它既使客人感到亲切、自然、有面子，也使自己显得有礼、有情、有光彩。

（1）会面。

见到客人，主人应先热情地打招呼，主动伸出手相握，以示欢迎，同时要说"您路上辛苦了"、"欢迎光临"、"您好"等寒暄语。

（2）让座与介绍。

如果对方是长者、上级或平辈，应请其坐上座；如果是晚辈或下属则请其随便坐，如果客人是第一次来访，应该相互介绍一下，并互致问候。例如，小王对首次来访的朋友说："小张，介绍一下，这是我的岳母与岳父。"而小李则将来访的长辈让到上座并躬身说"您老请坐"。

（3）敬茶。

茶杯要轻拿轻放，不要莽撞，以免茶水泼洒出来。端茶时，主人应双手端给客人，随之说声"您请用茶"或"请喝茶"。切忌用五指捏住杯口边缘往客人面前送，这样敬茶既不卫生，也不礼貌。（见图5-12）

（4）谈话。

谈话是接待工作中的一项重要内容，直接关系到接待工作的成功与否。通过谈话，双方可以增进感情交流和相互了解。在商谈问题时，首先，应保证谈话紧扣主题，围绕会谈的目的进行，不要只谈自己的事情或自己关心的事情，而不顾对方是否愿听或冷落对方。其次，要注意自己的态度和语气，要尊重他人，不要恶语伤人，不要强词夺理，语气要温和适中，不要以势压人。再次，会谈中要认真倾听别人讲话。倾听别人讲话是一种礼貌，不能显出很不耐烦的表情或东张西望。此外，会谈中还要适时地以点头或微笑做出反应，不要随便插话。待别人谈完后再发表自己的看法。光听不谈，也是不礼貌的。

（5）交换名片。

为了便于双方相互了解和加强联系，在开始相识或准备告别时可以交换名片，一般是由地位低的先把名片交给地位高的，年轻的先交给年老的。不过，假如对方已经先拿出名片，也不必太谦让，要落落大方地收下，然后拿出自己的名片来回报。如果自己没有名片，可向对方稍加解释，表示歉意。接过对方的名片要认真默读，以示敬重。（见图5-13）

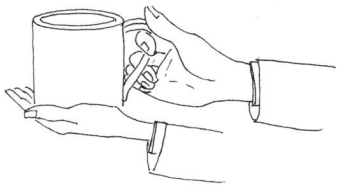

图 5-12 双手敬茶

图 5-13 交换名片

（6）陪访。

首先，接待者要事先做好准备，熟悉情况，以便给客人做详细的介绍；其次，陪同时要遵守时间，衣着整洁，安排好交通事宜；再次，陪同时要热情、主动，掌握分寸，既不要过分殷勤，也不要冷淡沉默；最后，参观、游览时要注意客人的安全，车费、门票费用尽量由主人支付。

【案例 5-9】

A市贸易公司的李总要到B市所在的子公司视察工作，公关部的小王被公司安排负责此次的接待工作。

小王在公司的办公楼外按约定的时间等待李总的到来，看到李总的车来了，小王连忙上前打开车门，将李总迎到车外。上前跟李总握手说："李总，您一路辛苦了，欢迎光临我公司视察工作。"

李总："哪里哪里，工作需要。"

小王：''李总，我是公司公关部的小王，因我们公司的王总现在正在主持一个会议，很快就结束，派我先来接待您。''

李总：''幸会幸会，辛苦你了，这是我的名片。''李总将自己的名片递给小王，小王忙双手接过，认真看过后装进自己的名片夹，然后将自己的名片双手递给李总。

小王将李总迎进公司的接待室，领到上座请李总坐下，然后给李总递烟泡茶。

双方就公司的一些日常情况进行简单的交流。很快，王总结束会议匆匆赶到接待室。小王忙起身向李总介绍：''李总，这是我们公司的王总。'' 李总上前，双方握手交换名片做进一步交谈。

3．送别的注意事项及礼貌用语

送客是接待工作的最后一个环节，如果该环节处理不好，将会影响整个接待工作，导致前功尽弃。日常送客时主人应注意以下几点。

（1）婉言挽留。

送客时主人应主动与客人握手送别，并送其出门或送到楼下，不要在客人走时无动于衷，或只是点点头、摆摆手招呼一下，这都是不礼貌的。要用热情友好的语言欢迎客人下次再来。

（2）安排交通。

送客时应按照接待时的规格对等送别，而且要做好交通方面的安排，如购买车票、船票、机票或者安排车辆等。

（3）赠送礼品。

如果客人来访时带有礼品，主人在送别时也要准备一些具有地方特色且有象征意义的礼品回馈。

【案例 5-10】

小王新婚后带着新媳妇到叔叔家做客，叔叔一家热情款待，在一番交谈后小王看时间不早要起身告辞，叔叔一家该怎样送客，我们参看以下例子。

小王：''叔叔，时间不早了，您该休息了，我们先告辞了。''

叔叔：''没关系，我们一般都休息的比较晚，再在这里玩一会儿吧。''

小王：''不了，明早还要上班，您和婶婶也早点休息吧！''

叔叔起身：''那好吧''，（转身交代婶婶拿出事先准备的礼物递给小王）''这是我和你婶婶给你们准备的新婚礼物，希望你们能够白头偕老，共度一生。''

小王双手接过礼物：''谢谢叔叔，让您破费了。''

叔叔一家将小两口送到门口，直到目送两个人下楼梯后才轻轻关上房门。

5.2.2　拜访口语

要与客户建立关系，一定要跟客户常往来。来是款待，往是拜访。通过拜访，人们可以交流信息、沟通思想、统一意见、发展友情，因此，任何一个社会组织和个人都不应当忽视拜访这种社交活动形式，而应适时地考虑安排必要的拜访活动。拜访客户时要打扮得体，时机合适，与客户恰当地沟通感情。

1．拜访时机和预约

（1）提前预约。

拜访时要事先通过电话或信件进行访问的预约。拜访应选择在比较恰当的时间，不能搞"突然袭击"。突然访问，容易使对方措手不及，造成麻烦。尽量不要做"不速之客"，不得已必须要突然拜访时，可提前几分钟给对方打个电话以便对方有所准备。

（2）根据对方确定拜访时间。

拜访的日期和时间要根据对方的情况来定，选择对方比较合适的时间去拜访，不要只考虑自己方便的时间。

（3）拜访的时间段。

在一年四季中，春夏秋冬都可以找到探亲访友的好时机。不过，夏天因为天气炎热，穿戴举止都不太方便，如果可能，应尽量避免在夏天安排太多的私宅拜访活动。在具体的拜访时间选择上，最好利用对方比较空闲的时间。到写字楼拜访，最好不要选择星期一；如果是到家拜访，最好选择在节假日前夕。由于中国人普遍有午休的习惯，登门时间最好不要安排在中午，当然更不要选在用餐时间。从我国目前的实际情况看，晚上 7 点 30 分至 8 点是私宅拜访较好的时机。

（4）严格遵守时间。

原则上要提前五分钟到达。第一次去的地方要留有充裕的时间。现实生活中去办公区域拜访应提前五至七分钟到达，而去私宅拜访则尽量准时到达。

2．拜访注意事项

拜访朋友或客户，是日常生活及商务活动中很重要的一个环节。因此，在拜访过程中要注意相应的礼仪，做好拜访前的准备工作。

制订好拜访目标并拟好提问的目录，以提高办事效率；准备好足够的名片；准备好拜访过程中将会用到的文字图片资料或电子资料；必要时应准备好适宜的礼品。

熟悉拜访所在地的交通路径，以免走弯路或走错路耽误时间。

拜访应按约定准时进行。访问必须守时，如因故不能及时到达，应尽早通知对方，并讲明原因，无故迟到或失约都是不礼貌的。拜访时的注意事项包括以下几个方面。

（1）初次拜访。

如果是第一次登门拜访，看到主人的会客厅、门面等刚经过装修，就应对主人的办公室或客厅等有一个概括性的夸赞。如"您的办公室真整洁"，"您家的客厅布置很典雅，很别致"等。当然，如果能及时发现在上次拜访之后所发生的一些细小的变化，再予以真诚恰当的"捧场"，主人一定会因为你对他的生活和情趣细致地关心，而对你产生进一步的好感。例如"这个客厅的新换的窗帘颜色很雅致，与家具的颜色搭配很协调"。如果接待你的是女主人，一定不要忘了对女主人的勤劳、贤惠、持家、审美力、雅兴等方面给以适当的评价。

需要特别注意的是，无论是对人还是对物的赞美，应当尽可能具体一些；尤其是对熟人的访问，更应该注意不要每次都赞赏同一样东西、同一件事情，也不要每次都是"你们的房间布置得真漂亮"这样过于抽象的话。因为这样主人很可能以为你是在说客套话或是没话找话。这不仅不会引起主人的好感，有时甚至还会引起他们的反感。假如你觉得确无什么特别之处，甚至房间显得比较零乱、不太整洁，也应当体谅主人，切忌"快人快语"，有话"直说"。遇到这种情况，主人往往也比较尴尬，你不妨说一点"一看你们的房间，就知道你们平时一定很忙"之类的话，效果也一定不错。

（2）事务性拜访。

首要规则是准时，让别人无故干等无论如何都是严重失礼的事情。如果有紧急的事情，不得不晚到，必须通知到你要见的人。如果打不了电话，请别人为你打电话通知一下。如果遇到交通阻塞，应通知对方要晚一点到并告知原因。如果是对方要晚点到，你将要先到，则要充分利用剩余的时间，例如，坐在汽车里仔细想一想，整理一下文件，或问一问接待员是否可以在接待室里先休息一下。

当你到达时，告诉接待员或助理你的名字和约见的时间，递上你的名片以便助理能及时准确通知对方。如果冬天穿着外套，而助理没有主动帮你脱下外套或告诉你外套可以放在哪里，你就要主动问一下。

在等待时要安静，不要通过谈话来消磨时间，这样会打扰别人工作。尽管你已经等了二十分钟，也不要不耐烦地总看手表，你可以问接待或助理约见者什么时候有时间。如果你等不及那个时间，可以向助理解释一下并另约一个时间。不管你对要见的人有多么不满，也一定要对接待人员或助理有礼貌。

当你被引到约见者办公室时，如果是第一次见面，就要先做自我介绍，如果已经认识了，只要互相问候并握手就行了。

（3）拜访时的礼品赠送。

古今中外的交往几乎都离不开送礼这个内容，虽然公共关系或人际关系并不完全是用物质手段维系的，但也绝离不开礼品，礼品是情感的媒介和象征。赠送礼品时需注意以下几点。

① 搞清对象，注重效果。第一，置办礼物前，要搞清赠礼对象是单位还是个人，和拜访者是什么关系；第二，要对送礼的性质有清醒的认识。搞清送礼的性质，对于赠礼目的的达成至关重要。第三，要掌握一些与赠礼有关的禁忌。只有弄清楚了这些内容，我们赠送的礼品才能使我们的拜访达到沟通关系、联络感情、增进了解、互相关心的目的。

② 抓准时机，注意场合。从时间上讲，赠礼贵在及时、准确。毫无理由地过早赠送或"马后炮"、"雨后送伞"等赠送行为不但没有好结果，而且可能失礼。

从地点二讲，赠礼要考虑场合。一些高雅而清廉的礼品适宜送到办公室，而生活用品或价值较高的礼品则应送至私宅。

从时间二讲，向受礼者呈送礼品，一般应在相见或分手道别时赠送。

③ 挑选礼品，精心包装。礼品选好后，应检查一下是否有价签。如果你不想让受礼者知道价格或价格偏低则应取下，如果你的礼品价格较高则可保留。送礼前的最后工序就是对礼品进行包装。认真地对礼品进行包装既可以表达出你的诚意，也可以提高礼品的艺术性，进而更有利于交际。

例如，小王的同事小李刚刚生了小宝宝，小王从家里找出自己三年前生孩子时朋友送的宝宝衣服礼盒，既没检查也没包装就送到小李家去了，送给小李时还说是她才买的。小李及其家人看着又脏又破的礼盒，顿时阴沉下了脸。

分析提示：此例中的小王拜访前未做充分的准备：她既没有认真思考拜访的意图，也没有诚心诚意地准备礼品。虽然她所送礼品是适宜的，但是却又破又旧，而且小王又没精心包装，所以其拜访的结果是很糟糕的，是失败的。

【案例 5-11】

A："对不起，请问这里是纺织公司的办公室吗？"

B："是的，有什么事能帮您吗？"

A："我是 BBS 贸易公司的佐佐木。这是我的名片。"

B："欢迎光临我们公司。我叫李明，负责出口业务。"

A："初次见面，请多多关照。"

B："哪里，您太客气了。请坐。"

A："谢谢您。我是来与您探讨一下与贵公司建立业务关系的可能性的。"

B："谢谢。您看到我们大厅的展品了吗？"

A："是的，我昨天看了一下。我发现一些展品非常好。我对那些色彩明亮、设计精美的丝绸很感兴趣。"

B："丝绸是中国传统的出口产品，并且通常在国外销路都很好。"

A："我真希望都买了。您能给我一个附有各种规格的报价单吗？"

B："当然可以。如果您询价，我们可以给您报实盘。"

A："非常感谢。我将尽快告诉您数量。"

训练题

1．表扬有哪些原则？讲一讲生活经历中你得到的最愉悦的一次表扬。

2．假如你是班长，请为参加运动会凯旋而归的同学们致欢迎词。

3．公园假山旁边有一片精心修整过的草地，草地旁边树立着一块招牌："严禁践踏草地。"可是有几个十七八岁的男孩子却在草地上踢足球，怎样才能提醒他们不要在草地上踢足球呢？

4．假如你们宿舍有个室友，非常喜欢音乐，经常晚上在宿舍弹吉他，这样时间长了就影响了其他同学的学习和休息。你应该如何委婉地向他指出来呢？

5．日本礼仪讲师西出博子提出了"三明治式"对话法，这种方法也可作为批评的有效方法。即当你要向对方传达一个不好的消息时，不要直截了当地说出，先说一些令人愉快的事，让对方放松情绪，能够安心地听你的下文，然后再说出坏消息。不过最后还是需要你用积极的语言来结束这场谈话。用公式表示，即赞扬+批评+赞扬。

一般批评：请不要用公司的电话打私人电话！

"三明治式"批评：每天都这么早来上班真是勤快！不过以后不要在公司打私人电话好吗？哦，对了，谢谢你每天打开复印机，真是细心呀！

这种方法与课文中讲的哪种批评方法基本相同？针对下面的现象，按"三明治式"对话法的要求，设计出批评语言。

（1）上班时间用公司电脑炒股。

（2）在宿舍打扑克影响他人休息。

（3）公交车上，一个坐在座位上的敦实小伙子对站在身边抱着婴儿的妇女没有丝毫让出座位的意思。

6．A 市某公司要来一位洽谈生意的商务伙伴李总。作为办公室主任的小王，被领导安排负责对李总的整个迎来送往任务。按照计划，小王需先把李总从机场接到预定的酒店，稍作休息后再陪同李总一起去参加公司为李总安排的接风晚宴。第二天小王陪同李总到公司洽谈生意，第三天陪同李总参观本市的名胜古迹，第四天将李总送机场。请先设想整个接待工作的各项细节，由两个同学分别来扮演小王与李总，模拟整个接待过程。

7．礼品公司的销售员小周这周的工作计划是拜访一位客户，这位客户以前在小周的公司订购过一批礼品，小周想去拜访一下看客户是否还有新的需求。请你和一位同学分别扮演小周和客户，模拟整个拜访过程。

第6章 介绍口语与求职口语

【知识能力要点】

（1）恰当地选择时机，对他人进行介绍。

（2）集体介绍的时机、顺序及注意事项。

（3）自我介绍的内容及表达。

（4）自我介绍的注意事项。

（5）求职面试的口语技巧。

【推荐的教学方法】

以模拟演示法和实训法为主，创设一定情境，将书本知识转化为实践技能。

【推荐的学习方法】

课堂：创设模拟情境进行训练，分小组完成各种类型的介绍。设置不同的求职场合，分角色模拟面试情境。

课外：通过同学、朋友、亲戚等人的帮助，完成至少5次介绍他人的任务。

【建议学时】

4学时

在日常生活中，要经常与陌生人打交道，并认识、结交一些新朋友；要经常做客或宴请客人；经常参加各式各样的集会。因此，介绍口语是现代公民必备的能力之一，是社交活动最常见、也是最重要的礼节之一，是初次见面的双方交往的起点。人与人之间只有通过语言才能进行沟通和交流。

6.1 介绍口语的原则

1. 言之有礼

介绍要得体。应根据特定的情景，考虑说话人的身份、职业、年龄等，要学会根据不同对象，不同目的，不同场合采用得体的语言进行表达。在表述时除需要用适合彼此身份的语言表达之外，还应根据不同场合，选择不同语言进行得体表达。在庄重场合，一般使用庄重典范的书面语，如在会议上的发言；在工作和学习场合，可以使用准确扼要的术语和行话；在日常场合，一般多用亲切、灵活的口语；在轻松的娱乐场合，则多用生动活泼、幽默风趣的语言。忌粗俗无礼。

2．言之有理

介绍时要有理有据，这样才具有说服力，使人信服。忌胡搅蛮缠，不讲道理。

3．言之有物

介绍要有内容。要摒除不合实际的空话、套话或含糊不清的言语，不说废话，防止误解，避免歧义。话语力求清楚明白、简洁，以使双方记清对方的姓名。便于理解，忌空洞无物，重复累赘。

4．言之有序

介绍要注意顺序。说话要有合理的顺序，保持话题和陈述角度的一致，注意语言的衔接与呼应，注意事物的内部联系及因果关系，力求情境相宜，意明句畅。忌颠倒混乱，条理不清。

5．言之有情

介绍时要富于情感。注意以情感人，用真情感染对方；要以人为本，以使自己的介绍富于感染力，使对方容易接受。忌缺乏人文关怀、缺乏真诚。

6．介绍要注意先后顺序

一般是把男士介绍给女士，把年轻的介绍给年长的，把地位低的人介绍给地位高的人，把未婚者介绍给已婚者。

常用的介绍形式有以下几种：介绍他人、集体介绍和自我介绍。

6.2 介绍他人

在社交场合，我们往往有为不相识者彼此引见一下的义务，这便是为他人做介绍。为他人做介绍是第三者为彼此不相识的双方引见的介绍方式。在一般情况下，为他人介绍都是双向的，即第三者对被介绍的双方都做一番介绍。有些情况下，也可只将被介绍者中的一方向另一方介绍。但前提是前者已知道、了解后者的身份，而后者并不了解前者。

6.2.1 介绍他人的时机

① 与家人外出，路遇家人不相识的同事或朋友。
② 本人的接待对象遇见了其不相识的人士，而对方又跟自己打了招呼。
③ 在家中或办公地点，接待彼此不相识的客人或来访者。
④ 打算推介某人加入某一方面的交际圈。
⑤ 受到为他人做介绍的邀请。
⑥ 陪同上司、长者、来宾时，遇见了其不相识者，而对方又跟自己打了招呼。
⑦ 陪同亲友前去拜访亲友不相识者。

在公关交往中，往往需要介绍他人。介绍他人时，比较重要的问题有以下几个。

6.2.2　介绍他人的类型

根据介绍的场合、对象，介绍他人可分为正式介绍和非正式介绍两种。

1．正式介绍

在较为正式、庄重的场合，有两条通行的介绍规则：其一是把年轻的人介绍给年长的人；其二是把男性介绍给女性。在介绍过程中，先提某人的名字是对此人的一种敬意。比如，要把一位 David 介绍给一个叫 Sarah 的女性，就可以这样介绍："David，让我把 Sarah 介绍给你好吗？"然后给双方做介绍："这位是 Sarah，这位是 David。"假若女方是你的妻子，那你就应该先介绍对方，后介绍自己的妻子，这样才能不失礼节。再如，把一位年纪较轻的女同志介绍给一位德高望重的长辈，则不论性别，均应先提这位长辈，可以这样说："王老师，我很荣幸能介绍 David 来见您。"在介绍时，最好是姓名并提，还可附加简短的说明，比如职称、职务、学位、爱好和特长等。这种介绍方式等于给双方提供了开始交谈的话题。如果介绍人能找出被介绍的双方某些共同点就更好了。如甲和乙的弟弟是同学，甲和乙是相距多少届的校友等，这样无疑会使初识的交谈更加顺利。

2．非正式介绍

如果是在一般的、非正式的场合，则不必过于拘泥礼节，假若大家又都是年轻人，就更应以自然、轻松、愉快为宗旨。介绍人可以先说一句："我来介绍一下"，然后即做简单的介绍，也不必过于讲究先介绍谁、后介绍谁的规则。最简单的方式莫过于直接报出被介绍者各自的姓名。也不妨加上"这位是"、"这就是"之类的话以加强语气，使被介绍人感到亲切和自然。在把一个朋友向众人做介绍时，说句"诸位，这位是 Sarah"也就可以了。

在非正式的聚会上，你可采取一种"随机"的方式为朋友做介绍："David，你认识 Sarah 吗？""David，你见过 Sarah 了吗？"然后把 David 引见给 Sarah。即便 David 是你的好友，也不应在做介绍时过于随便："David，过来见见 Sarah。"或者，"David，过来和 Sarah 握握手。"这种介绍让人听起来觉得缺乏友善和礼貌。在聚会中，友好、愉快的气氛比什么都重要。做介绍时，一般不要称其中某人为"我的朋友"，因为这似乎暗示另外一个人不是你的朋友，显得不友善，也不礼貌。除非特殊情况，人们一般都不习惯毛遂自荐，主动地自报姓名。如果你想知道某

图 6-1　询问的技巧

人的名字，最好是先找个第三者问一问："那位穿西装的是谁呀？"（见图 6-1）其后在你和这位穿西装的 David 见面时就可以说："你好，David。"无论如何不要莽撞地问人家："你叫什么名字？"这样做会显得唐突。如果万不得已，也应说得婉转一点："对不起，不知该怎么称呼您？"非正规场合进行的介绍，不必过分拘于礼节，完全可以依你与对方关系的密切程度和当时的情形，做较为随便的介绍，介绍的语言也可较简单、活泼。

6.2.3　介绍他人的方式

在介绍他人时，介绍者对介绍的内容应当句斟字酌，慎之又慎，倘若对此掉以轻心，词不达意，敷衍了事，很容易给被介绍者留下不好的印象。

由于实际需要的不同，介绍他人的方式也不尽相同。

1．一般式

也称标准式，适用于正式场合。以介绍双方的姓名、单位、职务等为主。如，"请允许我来为两位引见一下。这位是雅秀公司营销部主任李小姐，这位是新河集团副总江嫣小姐。"

2．简单式

只介绍双方姓名一项，甚至只提到双方姓氏而已，接下来则要由被介绍者见机行事。适用于一般的社交场合。如，"我来为大家介绍一下。这位是谢总，这位是徐董。希望大家合作愉快。"

3．附加式

也可以叫强调式，具体内容除被介绍者的姓名外，往往还会强调其中一位被介绍者与介绍者之间的关系，以期引起另一位被介绍者的重视。如，"大家好！这位是新月公司的业务主管张先生，这是小儿刘放，他在市一中学校学习，请各位多多关照。"

4．引见式

介绍者所要做的，是将被介绍的双方引到一起即可，而不需要表达任何具有实质性的内容。引见式适于普通社交场合。如，"OK，两位认识一下吧。大家其实都曾经在一个公司共事，只是不是一个部门。接下来请两位自报家门吧。"

5．推荐式

多是介绍者有备而来。介绍者经过精心准备再将某人举荐给某人，介绍时通常会对前者的优点加以重点介绍。推荐式通常适用于比较正规的场合。如，"这位是张峰先生，这位是海天公司的赵海天董事长。张先生是经济学博士，管理学专家。赵总，我想您一定有兴趣和他聊聊吧。'

6．礼仪式

礼仪式是一种最为正规的他人介绍，适用于正式场合。在语气、表达、称呼上都更为规范和谦恭。如，"孙小姐，您好！请允许我把北京远方公司的执行总裁李放先生介绍给您。李先生，这位就是广东润发集团的人力资源经理孙晓小姐。"

6.2.4　介绍他人的原则

1．介绍人的确定

如果家里来了客人，一般是女主人当介绍人。家里来了客人，客人之间彼此不认识的话，女主人有义务为大家介绍。单位来了客人一般是谁当介绍人呢？单位来的客人一般有三种人。第一种人，主要专职人员，如公关人员、文秘人员、办公室主任等。第二种人，对口人员。比如来访客人找公司销售部李经理，李经理就有义务把客人跟其他在场的不认识的人做介绍。同样的道理。假定你李小平在宿舍，你是学生，我是你叔叔或者伯伯，我到你宿舍去找你，你就有义务把我跟你同学做个介绍。"叔叔，这是我的同学谁谁谁，这是我的好朋友谁谁谁。"你一定要及时地介绍一下。否则我们大眼瞪小眼，谁呀？都互相猜测。我找的是你，你就有义务介绍。第三种人，本单位的领导。如果单位来了贵宾，应该由谁来做介绍？本单位职务最高者。比如你是公司董事长，一位省长到你那儿视察工作，那你身为董事长就有义务把省长和你的员工做介绍，而不应该由公关经理来进行介绍。这是对贵宾的一种尊重。总而言之，谁当介绍人的问题很重要。

2．必须征得双方的同意

为他人做介绍，首先要了解双方是否有结识的愿望，做法要慎重自然，不要贸然行事。为他人做介绍之前最好先征求一下双方的意见，以免为原来就相识者或关系不好者做介绍。介绍时，根据实际需要的不同，介绍内容也应有所不同，一般只介绍双方的姓名、单位、职务，有时为了推荐一方给另一方，介绍时可以说明被推荐方与自己的关系，或强调其才能、成果，便于新结识的人相互了解与信任。介绍具体的人时，要用敬辞。如"张小姐，请允许我向您介绍一下，这位是查金小姐"。同时，应该礼貌地用手示意，而不要用手指去指点。

6.2.5　介绍他人的顺序和礼仪

1．先把客人引荐给主人

人多的场合，应把所有的客人一一引荐给主人。在经济谈判中这点很重要。主方代表都应一一见过客方所有人员。如果不这样，可能会因客方中某位或某些人不愉快而影响合作。另外，对远道而来又是首次面谈的客人，介绍人应准确无误地把客人介绍给主人。如果作为客人但却未被介绍人发现，最好能礼貌而又巧妙地找别人来向主人引见；必要时毛遂自荐也并不失礼。

2．先将男士介绍给女士

在介绍过程中，先提到某个人的名字是对此人的一种尊敬。当介绍陌生男女相识

王教授，让我来介绍一下，这位是我的同学张明。

图 6-2　介绍的技巧

时，介绍人应将男士引导到女士面前，然后先提女士的名字，再将男士介绍给女士，之后再将女士介绍给男士。例如，介绍王先生与李小姐认识，介绍人应当引导王先生到李小姐面前，然后说："李小姐，我来给你介绍一下，这位是王先生。"注意在介绍的过程中，被介绍者的名字总是后提。

3．先将年轻者介绍给年长者

在相同性别的两人中，把年轻者引见给年长者，以示对前辈、长者的尊敬。如："王教授，让我来介绍一下，这位是我的同学张明。"（见图 6-2）"张阿姨，这是我的表妹王丽。""刘伯伯，我请您认识一下我的表弟李强。"但有时很难从外表来判断一个人的年龄情况，介绍人又未做预先了解，可能会出现相反情况，这时也不能算做无礼。在介绍中应注意有时虽然男士年龄较大，但仍然是将男士介绍给女士。

4．先将未婚女子介绍给已婚女子

如，"张太太，让我来介绍一下，这位是李小姐。"注意当介绍者无法辨别被介绍者是已婚还是未婚时，则不存在先介绍谁的问题，可随意介绍。如，"张女士，我可以把我的女朋友李小姐介绍给你吗？"

5．先将职位低者介绍给职位高者

在实业界、公司中，或商务场合，要先将职位低者介绍给职位高者，并提及被介绍人所在单位、公司或组织的名称、职务头衔、学术职称或通用尊称等。通常在相同的职业中，职位与身份的高低容易识别和掌握，介绍时没有困难；但是当为两位职业不同的人做介绍时，职位与身份的高低有时就难以显著地区别。这时，就需要运用高度的智慧与社交技巧去处理一些特殊的情况。如："王总，这位是××公司的总经理助理刘女士。"注意，这里我们先提到的是王总经理，这是因为我们把王总经理的职位看做高于刘女士，尽管王总经理是一位男士，仍不先介绍他。

6．先将家庭成员介绍给对方

在向别人介绍自己的家庭成员时，首先应谦虚地说出对方的名字。这不仅是出于礼貌，而且对于介绍自己的家庭成员也比较方便。如，"张先生，我想请你认识一下我的女儿晓芳。""张先生，请允许我介绍一下我的妻子。"

7．集体介绍时的顺序

先把个人介绍给团体。当被介绍者双方地位、身份大致相似，或者难以确定时，应当使人数较少的一方礼让人数较多的一方，一个人礼让多数人。先介绍人数较少的一方或个人，后介绍人数较多的一方或多数人。

8．相互致意

在社交场合，相互致意的一般规矩是男性先向女性致意、年轻人先向年长者致意、下级先向上级致意。介绍时，介绍人和被介绍人都要起立，不过女方如果是年迈者，或者是正在端坐的，也可以不必起立。被人介绍时，应以点头或微笑应答；听人介绍时，应全神贯注，同时最好能亲切地问候对方，以增添彼此认识的友好气氛。

6.2.6　介绍他人时的注意事项

（1）介绍时多提供一些相关个人资料。

例如，介绍某人在某个行业供职时，同时要介绍他的公司和职称，如果被介绍者还有一些代表身份地位的头衔，如博士、法官，在介绍时一定要冠在姓名前。但是，不能既称先生又加上头衔，如"××教授先生"或"××局长先生"，这是不尊重人的表现。

（2）介绍时应注意礼节。

介绍前，介绍人可说一句："请允许我来介绍一下。"使被介绍的双方有思想准备，不至于感到突然。介绍时不能含糊其辞，要表述清楚，以免被介绍的双方记不清或记错对方的姓名。介绍时，不要用手指指人，要礼貌地以手示意。同时，介绍人应避免过分赞扬一个人，以免令被介绍人感到尴尬或者给人造成"拍马屁"的不良印象。

（3）介绍时应注意称呼。

在交际场合中常见的称呼有"先生"、"小姐"、"夫人"、"女士"等。"先生"是对成年男性的尊称，"夫人"是对已婚妇女的尊称，"女士"是对一般妇女的尊称，"小姐"是对未婚女子的尊称。

在交际场合，称谓很重要。称谓既反映了人与人之间的相互关系，又可以显示出一个人的修养，在某种程度上也反映了社会风尚。

称谓一般可分为以下几种。

职务称谓，即以其所担任的职务相称，如总经理。

姓名称谓，在"先生"、"小姐"、"同志"之前冠以姓。

一般称谓，即泛称人为"先生"、"小姐"、"太太"等。

职业称谓，如"司机先生"、"秘书小姐"。

代词称谓，如"您"、"他"等。

亲昵称谓，亲属、好友间的称呼。

通常情况下，称男士为"先生"，称女士为"夫人"、"太太"、"女士"和"小姐"。一般称谓前可冠以"姓"，如林先生、莫利太太；职务称谓，如院长先生、导游小姐；职衔称谓，如博士先生等。

对教授、医生、法官、律师，可直接称其为"教授"、"医生"等；或冠以"姓"，如杜邦教授、张律师等；或加上"先生"，如法官先生等。对军人，要称其"军衔"并加"一般称谓"，如上校先生、将军阁下等（见图 6-3）。对有荣誉爵位的人，要称他们的爵位，或称"阁下"。对地位高的人，可称他们为"阁下"，如"部长阁下"或"部长先生阁下"。对王室成员，要尊称其为"女王陛下"或"陛下"，"亲王殿下"、"公主殿下"或"殿下"。

对标志不明的女士，年长者称"夫人"、"太太"，年轻者则称"小姐"，如有错误，对方一般会提出纠正。

了解对方的身份，并能在介绍中正确称呼对方，定会产生很好的效果。

欧洲人称呼对方避免直呼其名而省略其姓，要在长期交往后才能这样做。一些有学位和学术头衔的人，希望你在称呼他们时冠之以这些头衔，以示尊敬。

英国人在交往中，情感极少得到表露，礼节受到极端的重视。人们见面称呼时，即使在熟人之间，大多数头衔也要被冠在名字的前面。最好的办法是先听别人是怎样称呼你的，然后仿之以称呼别人。

德国人见面打招呼互称头衔，如果对方不说，不要直呼其名，而且在接电话时要先通报你的姓。

到伊朗的访问者要用姓或学术职称或头衔来称呼东道主，不能直呼其名字。

（4）介绍者要注意自己的姿态。

作为介绍者，无论介绍哪一方，都应做到手势动作文雅：手心向上，四指并拢，拇指微张，胳膊略向外伸，指向被介绍的一方，并向另一方点头微笑，上体略前倾 15 度，手臂与身体约 50～50 度。在介绍一方时，应微笑着用自己的视线把另一方的注意力引导过来。态度热情友好，语言清晰明快。（见图6-4）

图 6-3　正确使用称呼　　　　　　　　　　　　图 6-4　介绍的姿态

介绍人不可以用手拍被介绍人的肩、胳膊和背部等部位，更不能用食指或拇指去指向被介绍的任何一方。食指指人攻击性较强，而拇指却表示很不屑。

（5）介绍者介绍完毕，被介绍者双方应依照合乎礼仪的顺序进行握手，并且彼此使用"您好"、"很高兴认识您"、"久仰大名"、"幸会"等语句问候对方。不要心不在焉，要用心记住对方的名字，以免造成尴尬。

（6）被介绍者在介绍人为自己做介绍时，应表现出很愿意结识对方，态度应主动热情，正面对着对方，面带微笑，点头致意。一般情况下，被介绍者应起立，同时应注意优美的站姿。女士、长者有时可不用站起。除了女士和长者，一般都应起立面向对方。在宴会、谈判会等场合，略略欠身致意即可。

6.3　集体介绍

集体介绍是他人介绍的一种特殊形式，被介绍者一方或双方都不止一人。集体介绍一般可分两种情况，一是为一人和多人做介绍；二是为多人和多人做介绍。

6.3.1　集体介绍的时机

① 规模较大的社交聚会，有多方参加，且各方均有多人。

② 大型的公务活动，参加者不止一方，而各方不止一人。

③ 涉外交往活动，参加活动的宾主双方皆不止一人。

④ 正式的大型宴会，主持人一方人员与来宾均不止一人。

⑤ 演讲、报告、比赛，参加者不止一人。

⑥ 会见、会谈，各方参加者不止一人。

⑦ 婚礼、生日晚会，当事人与来宾双方均不止一人。

⑧ 举行会议，应邀前来的与会者往往不止一人。

⑨ 接待参观、访问者，来宾不止一人。

6.3.2　集体介绍的顺序

进行集体介绍的顺序可参照他人介绍的顺序，也可酌情处理。但应注意，越是正式、大型的交际活动，越要注意介绍的顺序。

（1）"少数服从多数"。

当被介绍者双方地位、身份大致相似时，应先介绍人数较少的一方。

（2）强调地位、身份。

若被介绍者双方地位、身份存在差异，虽人数较少或只一人，也应将其放在尊贵的位置，最后加以介绍。

（3）单向介绍。

在演讲、报告、比赛、会议、会见时，往往只需要将主角介绍给广大参加者。

（4）人数多的一方的介绍。

若一方人数较多，可采取笼统的方式进行介绍。如："这是我的家人"、"这是我的同学"。

（5）人数较多各方的介绍。

若被介绍的不止两方，需要对被介绍的各方进行位次排列。排列的方法如下。

① 以其负责人身份为准。

② 以其单位规模为准。

③ 以单位名称的英文字母顺序为准。

④ 以抵达时间的先后顺序为准。

⑤ 以座次顺序为准。

⑥ 以距介绍者的远近为准。

6.3.3　集体介绍注意事项

集体介绍的注意事项与他人介绍的注意事项基本相似。除此之外，还应注意以下两点：

① 不要使用易生歧义的简称。在首次介绍时要准确地使用全称。

② 不要开玩笑。集体介绍时要正规，庄重、亲切，切勿开玩笑。

6.4　自我介绍

自我介绍是一种交际礼仪，也是一种交际能力，更是向别人展示自己的一个重要手段。自我介绍好坏，甚至直接关系到留给别人的第一印象的好坏，及以后交往的顺利与否。

自我介绍不仅仅是展示自己的手段，同时，也是认识自我的手段。古人云："知人者智，知己者明"；常言道："旁观者清，当局者迷"，可见，要想认识自我，给自己一个准确的定位不是一件容易的事情，而通过自我介绍，可以对自己进行一次有意识的评价。

自我介绍具有内容丰富，形式多样，表达灵活，印象深刻等特点，其作用正在被越来越多的人所认识。自我介绍的作用，一是显示介绍者自我推销的能力；二是加深对方对自己的全面了解；三是反映自我介绍者的文化修养。

自我介绍时应先向对方点头致意，得到回应后再向对方介绍自己的姓名、身份、单位等，按场合的需要把该说的说出来。

下面是一代科学巨匠诺贝尔的自我介绍。

阿尔弗雷德·诺贝尔：仁慈的医生本该在他呱呱坠地之际，就结束他多灾多难的生命。

主要美德：平素清白，不牵累别人。

主要过失：终生未娶，脾气暴躁，消化不良。

唯一愿望：不要被人活埋。

最大罪恶：不敬鬼神。

重要事迹：无。这样说是不够的，还是多余了呢？在我们这个时代，有哪些事情才能叫做"重要事迹"呢？在我们这个被称为银河系的小小的宇宙漩涡中，大约运行着一百亿颗太阳，但太阳如果知道了整个银河系有多大，它肯定会因为自己的渺小无比而感到羞愧不如。

诺贝尔简洁明了的自我介绍，让人们一下子就记住了他。可见，在人际交往中如能正确地利用自我介绍，不仅可以扩大自己的交际范围，结交更多的朋友，而且有助于自我展示、自我宣传，有助于在今后的交往中消除误会，减少麻烦。

6.4.1　自我介绍的时机

① 应聘求职时。

② 应试求学时。

③ 在社交场合，有不相识者要求自己做自我介绍时。

④ 在公共聚会上，打算介入陌生人组成的交际圈时。

⑤ 初次前往他人住所、办公室，进行登门拜访、业务接洽时。

⑥ 因业务需要，在公共场合进行业务推广时。

⑦ 初次利用大众传媒向社会公众进行自我推荐、自我宣传时。

6.4.2　自我介绍的具体形式

自我介绍主要有以下几种形式。

1．应酬式

应酬式适用于某些公共场合和一般性的社交场合。这种自我介绍最为简洁，往往只包括姓名一项即可。例如：

"你好，我叫张强。"

"你好，我是李波。"（见图 6-5）

2．工作式

工作式适用于工作场合，它包括本人姓名、供职单位及部门、职务或从事的具体工作等。例如：

"你好，我叫张强，是金洪恩电脑公司的销售经理。"

"我叫李波，我在新东方外语学校负责市场推广。"

3．交流式

交流式适用于社交活动中，希望与交往对象进一步交流与沟通。它大体应包括介绍者的姓名、工作、籍贯、学历、兴趣及与交往对象的某些熟人的关系。例如：

"你好，我叫张强，我在金洪恩电脑公司上班。我是李波的老乡，都是北京人。"

"我叫王朝，是李波的同事，也在新东方外语学校工作，我主要负责对外交流工作。"

4．礼仪式

礼仪式适用于讲座、报告、演出、庆典、仪式等一些正规而隆重的场合。介绍内容包括姓名、单位、职务等，同时还应加入一些适当的谦辞、敬辞。例如：

"各位来宾，大家好！我叫张强，我是金洪恩电脑公司的销售经理。我代表本公司热烈欢迎大家光临我们的展览会，希望大家……。"（见图 6-6）

5．问答式

问答式适用于应试、应聘和公务交往。问答式的自我介绍，应该是有问必答，问什么就答什么。例如：

"先生，你好！请问您怎么称呼？（请问您贵姓？）"

"先生您好！我叫张强。"

主考官问："请介绍一下你的基本情况。"

应聘者："各位好！我叫李波，现年 26 岁，河北石家庄市人，汉族，……。"

图 6-5　应酬式介绍

图 6-6　礼仪式介绍

6.4.3 自我介绍的顺序

介绍的标准化顺序是"位低者先行"，即地位低的人先做介绍。当需要每个人轮流进行自我介绍时，如果无较大年龄差距及职位差距，可以按照顺时针的方向依次进行自我介绍。

① 宾主活动中，主人首先向客人做介绍。

② 在长辈和晚辈中，晚辈先做介绍。

③ 在男士和女士中，男士先做介绍。

④ 在地位低的人和地位高的人中，地位低的人先做介绍。（当你和外人打交道，需要做介绍时，如果地位高低不好界定，你先做自我介绍也可。）

6.4.4 自我介绍的注意事项

1．注意时机

要抓住时机，在适当的场合进行自我介绍。最好是当对方有空闲，而且情绪较好，又有兴趣时做自我介绍，这样就不会打扰对方。

2．讲究态度

态度一定要自然、友善、亲切、随和。应镇定自信、落落大方、彬彬有礼，表示自己渴望认识对方的真诚情感。既不能唯唯诺诺，又不能虚张声势，轻浮夸张。任何人都以被他人重视为荣，如果你态度热忱，对方也会热忱。自我介绍时语气要自然，语速要正常，语音要清晰。在自我介绍时镇定自若，潇洒大方，有助给人以好感；相反，如果你流露出畏怯和紧张，结结巴巴，目光不定，面红耳赤，手忙脚乱，则会为他人所轻视，彼此间的沟通便有了阻隔。

3．注意时间

自我介绍要简洁，做到言简意赅，尽可能地节省时间。自我介绍以半分钟左右为佳，不宜超过一分钟，而且越短越好。（面试时自我介绍以三到五分钟为宜。）话说得多了，不仅显得啰唆，而且交往对象也未必记得住。为了节省时间，做自我介绍时，还可利用名片、介绍信加以辅助。

4．注意内容

自我介绍的内容包括三项基本要素即本人的姓名、供职的单位以及具体部门、担任的职务和所从事的具体工作。这三项要素，在自我介绍时，应一气连续报出，这样既有助于给人以完整的印象，又可以节省时间。自我介绍的内容要真实诚恳，实事求是，不可自吹自擂，夸大其词。

5．注意方法

进行自我介绍时，应先向对方点头致意，得到回应后再向对方介绍自己。如果有介绍人在场，自我介绍则被视为不礼貌的行为。应善于用眼神表达自己的友善，表达关心以及沟通的渴望。如果你想认识某人，最好预先获得一些有关他的资料，诸如性格、特长及兴趣爱好。这样在自我介绍后，便很容易融洽地进行交谈。在获得对方的姓名之后，不妨口头加重语气重复一次，因为每个人都乐意听到自己的名字。

6．自我介绍时可借助一定的辅助工具和辅助人员

在某种情况下，自我介绍是需要辅助工具和辅助人员的。辅助工具是什么呢？辅助工具就是名片。名片是社交的介绍信，名片是社交的联谊卡，名片乃现代人社交之必备。在做自我介绍时，应该养成习惯，首先把自己的名片递给对方。

自我介绍时，还可利用辅助人员。辅助人员其实就是你周围的同事、同学、朋友等，借助于他们的介绍，可以使你与陌生人交往中不至于太尴尬。甚至于有些你不好意思说的话，辅助人员可以替你说，这样可以使你的自我介绍达到事半功倍的效果。

6.4.5　让自我介绍令人难忘

自我介绍是最有效的交流方式之一，也是人人都需要学会的交流方法，那么如何让自我介绍令人难忘呢？

（1）调整好心态，树立信心。

由于是初次见面，素昧平生，"怕生"的心理使得一些人感觉到不自然，因而，不好意思交谈；也有人感到不知从何谈起，没有办法开口。他们或局促一角，尴尬窘迫；或欲言又止，话不成句；或说话生硬，使人误解；或结结巴巴，不知所云。产生这种现象的原因便是缺乏和陌生人交谈的勇气。所以，在进行自我介绍时，首先要坚定自己的信心，只要有信心，反复练习，人人都可以成功。不要害怕，要知道你的自我介绍就是让别人了解、认识一个与众不同的你。

（2）多准备、多练习。

多做练习就是最好的准备。练习越多，你的自信心就会越强，表现也会越好。

练习时，请亲人或朋友作为观众，以便给你提出反馈意见。如果没有别人的帮助，一面镜子甚至自己的宠物都可以是听众。

练习时，尽量想象自己是在很多人面前正式介绍自己。

用录音或录像的方法记录自己的自我介绍过程，然后进行自我批评、自我改进。

练习时，确保自己可以在规定的时间内完成。

如果担心现场有可能出现脑中一片空白的情况，可提前准备一份稿子，在自我介绍前反复记诵。

（3）巧妙注释，出人意料。

自我介绍时，为了使对方准确记住你的名字，需对自己的"姓"和"名"加以巧妙地注释，这样，对方不仅容易记住你的名字，还能体现你的文化素养和口才水平。例如，一位青年叫聂品森，他自我介绍时，幽默地说："我叫聂品森，

我叫聂品森，三只耳朵，三张口，还有三块木头堆在后。

图 6-7　巧妙注释

三只耳朵，三张口，还有三块木头堆在后。"他这样一说，"聂品森"这个名字就深深地印在对方的脑海中了。（见图6-7）

（4）自我介绍前要做的事。

如果可能，在自我介绍前可与周围的人聊一聊天。这样，一方面可以缓和气氛，另一方面也可以帮助自己减压。

如果你担心自己成功的概率太低，在自我介绍前不妨多喝几杯咖啡。

试着放松脸部的肌肉，张大再闭紧你的眼睛和嘴，但千万不要让人看到。

（5）语言幽默、风趣，标新立异，有创意。

一般人的自我介绍都是先报姓名，然后是单位、职业、文化、特长、爱好等。这样的自我介绍既没有特点，也无法给人以深刻的印象。所以，要想别人记住你，你的自我介绍就要标新立异，与众不同。下面是一名新入学的大学生的自我介绍，我们一起来欣赏一下。

大家好，秋天来了，我也来了。我叫某某。很高兴能站在这里跟大家做个自我介绍。我很喜欢笑，妈说我出生的时候是笑着生出来的。为这事中科院的找我好几回，非要给我做个全面检查。我没同意，我说除非你们的人当中有谁比我的眼睫毛长得好看，嘿嘿，大家注意到没有。我的眼睫毛很好看哦，不信？Look！如果现在你看不清楚，没有关系，下课了找我啊，我很愿意交朋友，因为我十分开朗，交到我这个朋友，免费让你看个够，赶快行动吧！谢谢！

这名学生的自我介绍语言幽默风趣，把自己与众不同的出身、个人外貌特征以及渴望交友的愿望突出出来了，充满了自嘲的精神，在自嘲中又有一种自我的得意、自信与欣赏，令人难忘。不仅给人留下深刻的印象，还博得了大家的好感。

其实，每个人都是一个独特的个体，都有自己的独到之处，自我介绍时不妨把它巧妙地利用起来，那么，一定会收到意想不到的效果。

（6）突出个人的优点和特长，展示个性，使个人形象鲜明。

可以适当引用别人的言论，如老师、朋友等的评论来支持自己的描述；并要有相当的可信度。

（7）以事实说话。

坚持以事实说话，少用虚词、感叹词之类。

（8）符合常规，介绍的内容和层次应合理、有序地展开。

要注意语言逻辑，介绍时应层次分明、重点突出，使自己的优势很自然地逐步显露。

另外，自我介绍的语言要简洁、清晰，态度要自然、亲切、随和，语速要不快不慢，眼睛要正视对方。

自我介绍时，要大方得体，男士不要主动与女士握手。

6.5 求职口语

除了上述自我介绍外，有一种专门的自我介绍，用于推荐自己以获得目标中的工作，这就是求职口语。这种自我介绍目的性很强，专业性也很强，精彩的求职口语，能够为你的职业生涯打开成功的大门。

【案例 3-1】

我叫杨婉君，很多人都以为这个名字是抄袭琼瑶的，不过，的确是先有我这个"婉君"，然后才有了琼瑶的那个"婉君"。但是，同学们觉得叫我婉君有点别扭，所以都叫我杨万君（慢而重地读出），您瞧，在这儿（顺便指着简历上的名字）。

点评：如果你的名字很特别，可以简单介绍一下名字的来历，这样不仅满足了面试官的好奇心，而且可以使面试的氛围变得轻松起来。杨婉君把自己的名字巧妙地跟琼瑶小说联系起来，并且指了指简历，与面试官进行了互动和沟通，拉近了彼此之间的距离。

我来自广东潮汕地区，会讲潮州话，由于妈妈是客家人，我也会讲客家话，希望在工作当中能够用得上。

点评：把自己的家乡告知面试官，很有必要，一方面，出于礼貌，另一方面，假如面试官和你是老乡，对你的求职也会有好处。

在今天的候选人当中，我是唯一的非名牌大学毕业生。实际上，我没有考上名牌大学的原因是偏科，高考时数学没及格，可我的文科成绩在班里一直是前几名。一路走来，虽然经历了很多艰辛，但也有很大的收获，所以无论今天能否通过面试，我都非常感谢你们给了我这次面试的机会。

点评：虽然不是出自名牌大学，但实事求是地说了出来，而不是一味地寻找借口。人无完人，自曝其短，适当予以补救，转移对方的注意力，幽默地展示自己，同时又不失尊严，乃锦上添花之举。

在学习方面，我拿过两次三等奖学金。在学校做过新东方职业教育课程的校园代理，我的业绩在 20 多个学生代理中一直排在前三名，当然了，这和我的危机意识比较强、热爱学习是有关系的。

点评：分类介绍亮点，突出自己的优势，用数字说话，用事实打动人，说服对方。如果没有业绩突出的经历，就不必面面俱到。

我觉得大学生活使我学会了与人沟通，可能您会觉得，十个大学生有九个会强调自己善于与人沟通，不过我依然觉得这是我大学里面最大的收获。您从简历上可以看得出来，我大学时在学生会工作了两年半，从干事一直到副主席，这使我有机会同年龄和背景完全不同的人进行交流。从学生到老师，从学校的领导到校外公司的高层，每一种沟通的方式和方法都不同，这些交流活动也锻炼了我的言语表达能力和与人沟通的能力。

点评：这个回答对于介绍大学生活的收获虽然不够全面，但至少具备了两个优点：有说服力、个性化！

今天我来申请这个职位，主要是因为这个职位非常适合我的专业和兴趣。我喜欢做销售，在大学我卖过手机卡，推销过英语课程，觉得推销成功以后很有成就感。还有，我觉得自己具备推销员的素质，前面我说过，我在大学的推销记录一直是不错的。总的来说，我认为自己非常适合这个岗位的要求，希望能给我一个机会。

点评：具体陈述申请该职位的原因，而不仅仅是抽象述说。另外，关于来该公司求职的原因以及自己适合该职位的特点，也要点到，但是不宜长篇大论。

6.5.1 求职中的自我介绍

1. 自我介绍的开场

开场问候要面带微笑，与考官进行目光交流，坐姿端正，但不要谄媚。话不要多，称呼一声"某某好"，以沉稳平静的声音、中等的语速，以清晰的吐字发音、以开朗响亮的声调给考官以愉悦的听觉享受。声音小而模糊、吞吞吐吐的人，一定是胆怯、紧张、不自信和缺乏活力与感染力的人。总之彬彬有礼而大方得体，不要过分殷勤，也不要拘谨或过分谦让。

2. 自我介绍的内容

首先，要报出自己的姓名和身份。可能应试者与面试考官打招呼时，已经将此告诉了对方，而且考官们完全可以从你的报名表、简历等材料中了解这些情况，但仍请你主动提及。这是礼貌的需要，同时还可以加深考官对你的印象。

其次，可以简单地介绍一下自己的学历、工作经历等个人基本情况。请提供给考官关于个人情况的基本的、完整的信息，如学历、工作经历、家庭概况、兴趣爱好、理想与抱负等。这部分的陈述务必简明扼要、抓住要点。例如介绍自己的学历，一般只需谈本专科以上的学历；工作单位如果多，选几个有代表性的或者你认为重要的介绍就可以了，但这些内容一定要和面试及应考职位有关系。自我介绍时，要保证叙述的线索清晰。一个结构混乱、内容过长的开场白，会给考官们留下杂乱无章、个性不清晰的印象，并且让考官们倦怠，削弱对继续进行的面试的兴趣和注意力。

应试者还要注意这部分内容应与个人简历、报名材料上的内容相一致，不要有出入。在介绍这些内容时，应避免书面语言的严整与拘束，而要用灵活的口头语进行组织。这些个人基本情况的介绍没有对或错的问题——都属于中性问题，但如果因此而大意就不妥了。

接下来应从个人情况的介绍自然地过渡到一两个自己本科或工作期间圆满完成的事情，以这一两个例子来形象地、明确地说明自己的经验与能力，例如，在学校担任学生会干部时成功组织的活动；或者如何投入到社会实践中，利用自己的专长为社会公众服务；或者自己在专业上取得的重要成绩以及出色的学术成就。

接下来要结合你的职业理想着重说明你应考这个职位的原因，这一点相当重要。你可以谈你对应考单位或职务的认识了解，说明你选择这个单位或职务的强烈愿望。原先有工作单位的应试者应解释清楚自己放弃原来的工作而做出新的职业选择的原因。你还可以谈谈如果你被录取，你将怎样尽职尽责地工作，并不断根据需要完善和发展自己。当然这些都应密切联系你的价值观与职业观。不过，如果你将自己描述为不食人间烟火、不计个人利益的圣人，那么考官们对于你的求职动机的信任就要大打折扣了。

这里我们介绍了一条清晰的线索，便于读者组织个人的自我介绍。为了保证结构清晰、有条有理，自我介绍时以多用短句子以便于口语表述，并且在短语段之间使用过渡的句子。口语也要注意思路、叙述语言的流畅，尽量避免颠三倒四，同时不要用过于随便的表述。

3. 自我介绍的时间

一般情况下，自我介绍以 3～5 分钟较宜。时间分配上，可根据情况灵活掌握。第一部分，可谈谈学历等个人的基本情况，这一部分的时间大约为两分钟。第二部分可谈谈工作经历，对于应届毕业生而言可谈相关的社会实践，这一部分可以用大约一分钟的时间。第三部分可以谈自己对本职位的理想和对于本行业的看法，这一部分可以用约 1~2 分钟的时间进行阐述。

好的时间分配能突出重点，让人印象深刻，而这就取决面试准备工作做得好坏了，如果事先能分析自我介绍的主要内容，并分配了所需时间，抓住这三五分钟，你就能中肯、得体地介绍自己。有些应试者不了解自我介绍的重要性，只是简短地介绍一下自己的姓名、身份，然后补充一些有关自己的学历、工作经历等情况，大约半分钟左右就结束了自我介绍，然后望着考官，等待下面的提问，这是相当不妥的，这样就白白地浪费了一次向面试官推荐自己的机会。但也有的应试者想把面试的全部内容都压缩在这几分钟里。要知道面试考官要在下面的面试中向你提有关问题，你应该给自己也给他人留下这个机会。合理地安排自我介绍的时间，突出重点是首先要考虑的问题。

4．自我介绍的原则

自我介绍时应遵循 " 3p " 原则：自信（positive）、个性（personal）、中肯（pertinent）。回答要沉着，突出自己的个性，强调自己的专业与能力，语气要中肯。

5．自我介绍的要点

（1）自我介绍应以面试的测试重点为导向。

自我介绍也是一种说服的手段与艺术，聪明的应试者会以考录的要求与测试重点来组织自我介绍的内容。不仅仅要告诉考官自己是多么优秀的人，更要告诉考官，自己非常适合这个工作岗位。而与面试无关的内容，即使是引以为荣的优点和长处，也要忍痛舍弃，以突出重点。

（2）自我介绍要有充分的信心。

要想让考官们欣赏你，就必须明确地告诉考官们自己具有应考职位所必需的能力与素质，而只有自己对此有信心并表现出这种信心后，才证明了自己。

（3）自我介绍优点时的方法。

应试者在谈自己的优点时一个明智的办法是，在谈到自己的优点时，保持低调，也就是轻描淡写、语气平静，只谈事实，不用自己的主观评论。同时，也要注意适可而止，重要的、关键的要谈，与面试无关的特长最好不要谈。另外，谈过自己的优点后，也要谈谈自己的缺点，但一定要强调自己克服这些缺点的愿望和努力。特别需要注意的一点是，不要夸大自己。一方面，从应试者的综合素养表现，考官能够大体地估计出应试者的能力；另一方面，如果考官进一步追问有关问题，将令 "有水分" 的应试者下不了台。

面试中应试者的自我介绍，可以让考官观察到简历等书面材料以外的内容，如自我描述与概括能力，对自己的综合评价以及精神风貌等。自信、为人态度等是其中的重要的潜台词，应试者务必注意。

6．自我介绍的结束

一次交谈想要达到 "与君一席话，胜读十年书" 的效果，就必须有一个很好的结尾。那么，怎样结束谈话，才能给人留下难忘、美好的印象呢？

① 切忌在双方热烈讨论某一问题时，突然将对话结束，这是一种失礼的表现。如果一时出现僵持的局面，应设法把话题改变，一旦气氛缓和就应赶紧收场。

② 不要勉强把话拖长。当发现谈话的内容已渐枯竭时，就应马上道别。否则，会给对方留下言语无味的印象。

③ 要小心留意对方的暗示。当对方对谈话失去兴趣时，可能会利用"身体语言"做出希望结束谈话的暗示。比如，有意地看看手表，或频繁地改变坐姿，或游目四顾、心神不安。遇到这些情况，最好知趣地结束谈话。

④ 要把时间掌握得恰到好处。在准备结束谈话之前，先预定一段短时间，以便从容地停止。突然结束，匆匆忙忙地离开，会给对方留下粗鲁无礼的印象。

⑤ 笑容是结束谈话的最佳句号，因为最后的印象，往往也是最深的印象，可以长期留在双方的脑海之中。

⑥ 在有些交谈结束时，说一些名人格言、富有哲理的话，或是美好祝愿的话，往往会产生很好的效果。

6.5.2　求职中经常出现的典型问题

面试过程中，面试官会向应聘者发问，而应聘者的回答将成为面试官考虑是否接受他的重要依据。对应聘者而言，了解这些问题背后的"猫腻"至关重要。以下是对面试中经常出现的一些典型问题进行的整理，并给出了相应的回答思路和参考答案。读者可适当了解一下，但无须过分关注分析的细节，关键是要从这些分析中"悟"出面试的规律及回答问题的思维方式，达到"活学活用"的目的。

问题一："请你自我介绍一下"

思路：

① 这是面试的必考题目。

② 介绍内容要与个人简历相一致。

③ 表述方式上尽量口语化。

④ 要切中要害，不谈无关、无用的内容。

⑤ 条理要清晰，层次要分明。

⑥ 事先最好以文字的形式写好背熟。

问题二："谈谈你的家庭情况"

思路：

① 家庭情况对于了解应聘者的性格、观念、心态等有一定的作用，这是招聘单位问该问题的主要原因。

② 简单地罗列家庭成员。

③ 宜强调温馨和睦的家庭氛围。

④ 宜强调父母对自己教育的重视。

⑤ 宜强调各位家庭成员的良好状况。

⑥ 宜强调家庭成员对自己工作的支持。

⑦ 宜强调自己对家庭的责任感。

问题三："你有什么业余爱好"

思路：

① 业余爱好能在一定程度上反映应聘者的性格、观念、心态，这是招聘单位问该问题的主要原因。

② 最好不要说自己没有业余爱好。

③ 不要说自己有哪些庸俗的、令人感觉不好的爱好。

④ 最好不要说自己仅限于读书、听音乐、上网，否则可能令面试官怀疑应聘者性格孤僻。

⑤ 最好能有一些户外的业余爱好来"点缀"你的形象。

问题四："你最崇拜谁"

思路：

① 最崇拜的人能在一定程度上反映应聘者的性格、观念、心态，这是面试官问该问题的主要原因。

② 不宜说自己谁都不崇拜。

③ 不宜说崇拜自己。

④ 不宜说崇拜一个虚幻的、或是不知名的人。

⑤ 不宜说崇拜一个明显具有负面形象的人。

⑥ 所崇拜的人最好与自己所应聘的工作能"搭"上关系。

⑦ 最好说出自己所崇拜的人的哪些品质、哪些思想感染着自己、鼓舞着自己。

问题五："你的座右铭是什么"

思路：

① 座右铭能在一定程度上反映应聘者的性格、观念、心态，这是面试官问这个问题的主要原因。

② 不宜说那些易引起不好联想的座右铭。

③ 不宜说那些太抽象的座右铭。

④ 不宜说太长的座右铭。

⑤ 座右铭最好能反映出自己某种优秀品质。

⑥ 参考答案——"只为成功找方法，不为失败找借口"

问题六："谈谈你的缺点"

思路：

① 不宜说自己没缺点。

② 不宜把那些明显的优点说成缺点。

③ 不宜说出严重影响所应聘工作的缺点。

④ 不宜说出令人不放心、不舒服的缺点。

⑤ 可以说出一些对于所应聘工作"无关紧要"的缺点，甚至是一些表面上看是缺点，从工作的角度看却是优点的缺点。

问题七："谈一谈你的一次失败经历"

思路：

① 不宜说自己没有失败的经历。

② 不宜把那些明显的成功说成是失败。

③ 不宜说出严重影响所应聘工作的失败经历，

④ 所谈经历的结果应是失败的。

⑤ 宜说明失败之前自己曾信心百倍、尽心尽力。

⑥ 说明仅仅是由于外在客观原因导致失败。

⑦ 失败后自己很快振作起来，以更加饱满的热情面对以后的工作。

问题八："你为什么选择我们公司"

思路：

① 面试官试图从中了解你求职的动机、愿望以及对此项工作的态度。

② 建议从行业、企业和岗位这三个角度来回答。

③ 参考答案——"我十分看好贵公司所在的行业，我认为贵公司十分重视人才，而且这项工作很适合我，相信自己一定能做好。"

问题九："对这项工作，你有哪些可预见的困难"

思路：

① 不宜直接说出具体的困难，否则可能令对方怀疑应聘者不行。

② 可以尝试迂回战术，说出应聘者对困难所持有的态度——"工作中出现一些困难是正常的，也是难免的，但是只要有坚忍不拔的毅力、良好的合作精神以及事前周密而充分的准备，任何困难都是可以克服的。"

问题十："如果我录用你，你将怎样开展工作"

思路：

① 如果应聘者对于应聘的职位缺乏足够的了解，最好不要直接说出自己开展工作的具体办法。

② 可以尝试采用迂回战术来回答，如"首先听取领导的指示和要求，然后就有关情况进行了解和熟悉，接下来制订一份近期的工作计划并报领导批准，最后根据计划开展工作。"

问题十一："与上级意见不一时，你将怎么办"

思路：

① 一般可以这样回答"我会给上级以必要的解释和提醒，在这种情况下，我会服从上级的意见。"

② 如果面试你的是总经理，而你所应聘的职位另有一位经理，且这位经理当时不在场，可以这样回答："对于非原则性问题，我会服从上级的意见，对于涉及公司利益的重大问题，我希望能向更高层领导反映。"

问题十二："我们为什么要录用你"

思路：

① 应聘者最好站在招聘单位的角度来回答。

② 招聘单位一般会录用这样的应聘者：基本符合条件、对这份工作感兴趣、有足够的信心。

③ 如"我符合贵公司的招聘条件，凭我目前掌握的技能、高度的责任感和良好的适应能力及学习能力，完全能胜任这份工作。我十分希望能为贵公司服务，如果贵公司给我这个

机会，我一定能成为贵公司的栋梁！"

问题十三："你能为我们做什么"

思路：

① 基本原则上"投其所好"。

② 回答这个问题前应聘者最好能"先发制人"，了解招聘单位期待这个职位所能发挥的作用。

③ 应聘者可以根据自己的了解，结合自己在专业领域的优势来回答这个问题。

问题十四："你是应届毕业生，缺乏经验，如何能胜任这项工作"

思路：

① 如果招聘单位对应届毕业生的应聘者提出这个问题，说明招聘单位并不真正在乎"经验"，关键看应聘者怎样回答。

② 对这个问题的回答最好要体现出应聘者的诚恳、机智、果敢及敬业。

③ 如"作为应届毕业生，在工作经验方面的确会有所欠缺，因此在读书期间我一直利用各种机会在这个行业里做兼职。我也发现，实际工作远比书本知识丰富、复杂。但我有较强的责任心、适应能力和学习能力，而且比较勤奋，所以在兼职中均能圆满完成各项工作，从中获取的经验也令我受益匪浅。请贵公司放心，学校所学及兼职的工作经验使我一定能胜任这个职位。"

问题十五："你希望与什么样的上级共事"

思路：

① 通过应聘者对上级的"希望"可以判断出应聘者对自我要求的意识，这既是一个陷阱，又是一次机会。

② 最好回避对上级具体的希望，多谈对自己的要求。

③ 如"作为刚步入社会的新人，我应该多要求自己尽快熟悉环境、适应环境，而不应该对环境提出什么要求，只要能发挥我的专长就可以了。"

问题十六："您在前一家公司的离职原因是什么"

思路：

① 最重要的是应聘者要使找招聘单位相信，应聘者在过往的单位的"离职原因"在此家招聘单位里不存在。

② 避免把"离职原因"说得太详细、太具体。

③ 不能掺杂主观的负面感受，如"太辛苦"、"人际关系复杂"、"管理太混乱"、"公司不重视人才"、"公司排斥我们某某的员工"等。

④ 不能躲闪、回避，如"想换换环境"、"个人原因"等。

⑤ 不能涉及自己负面的人格特征，如不诚实、懒惰、缺乏责任感、不随和等。

⑥ 尽量使解释的理由为应聘者个人形象添彩。

训练题

1. 小刘的家乡在中国的四川，他大学毕业后到美国留学，在美国某大学学习计算机专业。一天，他在导师史密斯先生的办公室遇到了本大学的另外一位老师罗斯女士，罗斯正准备在一周后由美国飞往中国四川的山区从事支教工作。由三位同学分别扮演以上三位人物，彼此进行相互介绍，模拟整个介绍过程。（特别提醒：在介绍彼此认识时，要达到让罗斯了解四川情况的目的。）

2．小张参加了今年某市的招聘教师的考试，笔试已经通过，马上进入下一轮的面试，每一位应聘者与面试官只有三分钟的交谈时间，如何在这么短的时间里，取得面试官的好感呢？由一名同学扮演小张，现场进行自我介绍，模拟整个面试过程。

3．请分析以下案例并指出李雨晴失败的原因。

李雨晴正好碰上了一个赞美她名字的面试官："李雨晴，你的名字很好听呀！"对此，李雨晴的应答却不尽如人意："是嘛，谢谢！这个名字比较符合我的性格，雨是比较温柔的，晴是比较热烈的，我觉得我的个性既有顺从的一面，也有比较热烈积极的一面。"

"哦，我来自肇庆，您去过吗？"恰巧几位面试官都没有去过肇庆，当场气氛显得十分尴尬。

"其实我高中的成绩是可以进名牌大学的，但是高考时没发挥好。我虽然不是来自名校，但是我相信自己绝对不比那些名牌大学毕业生差，我一直非常刻苦，每一次作文的得分都是优，我发誓一定要比他们还要优秀……"

"我觉得我学会了与人进行沟通，学会了团队精神，也锻炼了自己的领导能力和组织能力。"

……

结果是李雨晴没有收到复试通知。

第7章 谈判与推销

【知识能力要点】

（1）掌握谈判口语的原则和策略。

（2）了解谈判过程中如何入题，问与答的技巧，知道如何巧妙地说服对方，掌握倾听的技巧及利用幽默来调节谈判气氛。

（3）掌握销售过程中与顾客沟通的各种语言技巧。

（4）掌握运用语言处理异议和突发事件的技巧。

【推荐的教学方法】

讲授法，模拟情景法，讲评法。

【推荐的学习方法】

课堂：设计商务谈判报价训练、商务谈判沟通训练、商务谈判让步训练、报价游戏、销售场合陈述、回答、提问、处理问题等模拟场景，以小组为单位分别针对各场景展开讨论及练习、学生参与回答、小组讨论、分小组练习、选取代表展示、教师引导案例、阶段案例、提出问题、与学生一起总结分析。

课外：在生活中通过买卖日常用品完成价格的谈判；观察电视节目、网络直播等媒体中的谈判场景，分析研究其谈判技巧；到各种零售卖场进行调查和实践，验证并创造机会尝试运用销售口语。

【建议学时】

4学时

沟通是个人或组织之间利用各种传达工具（不限于口语）与各种媒介（诸如符号、姿势、表情、动作、文字、手势、标志、图画、音乐）等信号，达到相互交换信息的过程。在现实生活中，经常发现在一些商务谈判中，尽管谈判双方的目标相同或相近，却仍无法达成一致。究其原因，我们认为这是双方沟通中的失误所致。良好的沟通不仅使组织内部能有效地衔接，形成较强的凝聚力，较好地发挥企业整体力量，而且是企业与外部合作、和谐共处，并取得外部支持的润滑剂，同时，也是获得外部环境信息、进行决策的依据。商务谈判的沟通是谈判双方或多方主体以追求利益最大化为目的，不断交换相互需求信息并做出决策的过程。谈判沟通的主要方式是语言沟通（含电话）和行为语言沟通。

商务谈判的过程，其实就是谈判各方运用各种语言进行洽谈、沟通的过程。依据语言表达方式的不同，商务谈判语言可以分为有声语言和无声语言；按说话者的态度、目的和语言本身的作用来看，商务谈判语言可分为礼节性的交际语言、专业性交易语言、留有余地的弹性语言、威胁劝诱性的语言和幽默诙谐性的语言。语言艺术在商务谈判沟通中起着十分重要的作用。在商务谈判中，运用有声语言的技巧主要体现在听、问、答、叙、辩、说服等方面。

7.1 谈判口语的原则和策略

7.1.1 谈判口语的原则

1. 礼节性

在商务谈判中，友好融洽的气氛是商务谈判顺利进行的重要条件。礼节性交际语言的特征在于语言表达中的礼貌、温和、中性和圆滑，并带有较强的装饰性。在一般情况下，这类语言不涉及具体的实质性的问题。它的功用主要是缓和与消除谈判双方陌生和戒备的敌对心理，联络双方的感情，创造轻松、自然、和谐的气氛。

常用的礼节性交际语言有"欢迎远道而来的朋友"，"很荣幸能与您共事"，"愿我们的工作能为扩大和加强双方的合作做出贡献"等。礼节性的交际用语在运用时，如果能根据情况适当地增加一些文字色彩，其效果会更好。

2. 专业性

专业性交易用语是商务谈判中的主体语言，该语言的特征表现为专业性、规范性和严谨性。在一些涉外的商务谈判中，由于谈判在不同的国家、不同的民族之间进行，为了避免谈判双方理解上的差别，就需要将交易用语用统一的定义和词汇来表达，甚至连表达形式也加以符号化、规格化，从而使其语言更加具有通用性。有些专业性的交易语言虽然有了约定俗成的理解，形成了某些习惯用语，但是，不同国家和地区，仍然对某些用语有着与众不同的理解，因此，在谈判中，对关键性的、涉及双方责任、权利、义务分担的专业性的交易用语一定要向对方讲明确，并取得一致的理解，避免以后双方发生纠纷。

3. 灵活性

辩证法告诉我们，世界上没有绝对不变的事物。因此，在谈判中运用留有余地的弹性语言能给谈判者留有余地，并且，可以避免过早地暴露己方的意愿和实力。例如，"最近几天给你们回信""十点左右"，"适当时候"，"我们尽快给你答复"等。这些用词都具有灵活性，可使自己避免因盲目做出反应而陷入被动局面，避免在谈判中因谈话不够灵活而过早地露了底。

【案例 7-1】

某外商向我方购买香料油，出价 10 美元/千克。我方开口便要价 48 美元/千克。对方一听急了，连连摇头说："不，不，你怎么能指望我出 45 美元/千克以上来买呢？"我方立即抓住时机追问一句："这么说您是愿意以 45 美元/千克成交，不是吗？"对方只得说："可以考虑。"最终以 45 美元成交。这一成交数字比我方原定的数字要高出数元（见图 7-1）。

图 7-1　灵活谈判

4．威胁、劝诱性

商务谈判始终围绕着双方利益上的得与失。谈判的某一方如陷入较不利的境地，就容易产生急躁情绪，甚至表现出粗暴的行为。这样就促使威胁语言进入谈判领域，其主要作用是强化态度，从心理上打击对方，同时也用于振奋参加谈判人员的工作精神和意志。如"非如此不能签约"，"最迟必须在×月×日前签约，否则我方将退出谈判"。可见，威胁性语言在谈判中排斥了犹豫不决，同时，也给谈判双方制造了决战气氛，加速了谈判过程。但注意不要过多使用此类语言，因为，这样做往往会强化谈判双方的敌对意识，使谈判气氛变得更加紧张，甚至可能导致谈判失败。

在谈判中为了使自己尽可能在有利的情况下达成协议，除了使用威胁性语言策略外，劝诱也是一种能使谈判者在谈判中掌握主动、主导谈判方向、左右谈判进程的方法。劝诱是为了把对方的注意力紧紧吸引住，使其沿着我方的思路去思考问题，从而引导对方接受我方观点，最终做出我方所希望的决定而采取的一种语言。如"贵方若能在×月×日前签约，将会使我们双方的利益最大化 。"

【案例 7-2】

某玻璃厂与美国某玻璃公司谈判设备引进事宜，在全套引进与部分引进这个问题上出现僵局。我方的希望是国内能生产的不打算进口（部分引进），为使谈判达到预期目标，我方代表决定采取劝诱策略。他说："你们公司的技术、设备和工程师都是世界一流的。你们引进设备，搞技术合作，帮我们厂搞好，只能用最好的东西，因为，这样我们能够全国第一，这不仅对我们有利，而且对你们更有利。"对方听后很高兴，气氛随之活跃起来。于是他话锋一转，接着说："我们厂的外汇的确很有限，不能买太多的东西，所以国内能生产的就不打算进口了。现在你们也知道，日本、比利时、法国等都在跟我们厂搞合作，如果你不尽快跟我们达成协议的话，那么你们就要失去中国的市场，人家也会笑你们公司无能。"这番话打破了僵局，最后达成协议，为我方省下了一大笔资金，而美方也因帮助该厂成了全国同行业产值最高、能耗最低的企业而名声大振，赢得了很高的声誉。

由上述可见，威胁语言具有干脆、简明、坚定、自信、冷酷无情的特征，而劝诱语言则是和风细雨，使对方在轻松、舒心的心境中，改变了立场，转而接受我方的观点。

5．幽默性

幽默性语言是思想学识、智慧和灵感在语言运用中的结晶，它诙谐、生动，富于感染力，能引起听众强烈的共鸣。在日常生活中，具有幽默感的人几乎毫无例外地受到欢迎，在谈判桌上也是一样。幽默诙谐性语言是用一种愉悦的方式让谈判双方获得精神上的快感，从而润滑人际关系，袪除忧虑、紧张的语言。在谈判中，有时当双方正激烈争论，相持不下，充满火药味时，一句幽默的话会使双方相视而笑，气氛顷刻松缓下来，如，有一次中外双方就一笔买卖交易进行谈判。在某一问题上讨价还价了两个星期仍没结果。这时中方的主谈人说："瞧我们双方至今还没有谈出结果，如果奥运会设立拔河比赛的话我们肯定并列冠军，并载入吉尼斯世界纪录大全。我敢保证，谁也打破不了这一纪录。"此话一出，双方都开怀大笑，随即双方都做出让步，很快达成协议。心理学家凯瑟琳说过："如果你能使一个人对你有好感，那么也就可能使你周围的每一个人甚至全世界的人都对你有好感。只要你不只是到处与人握手，而是以你的友善、机智、幽默去传播你的信息，那么时空距离就会消灭。"因此，有人称幽默语言是谈判中的高级艺术。

7.1.2　谈判口语的策略

1．注意谈判的对象

谈判的对象不同，所运用的语言也应不同，从总体上讲，必须考虑谈判者的职位、年龄、性别及谈判者的性格、态度等因素。对职位高者与职位低者、年长者与年轻者、性格内向的人与外向的人、态度友好的人与态度疏远冷落的人等，要使用不同的谈判语言。做到有的放矢，有针对性。

2．选择合适的话题

在谈判的不同阶段，针对不同的话题运用不同的语言，才可谓言辞切题。在谈判双方见面寒暄、相互介绍、场下交易以及就某些题外话闲聊时，一般使用礼节性的交际语言，有时也适当使用幽默性语言。这样会给对方一种亲切轻松而又不失郑重的感觉。在谈判过程中涉及合同的条文以及价格等问题时，一般以专业性交易语言为主，以求准确而严谨地表达意思；当谈判遇到障碍，双方争执不下，可以用威胁劝诱的语言来逼迫对方让步，同时也可采用幽默诙谐的语言来调节、缓和场上的气氛。

3．营造融洽的气氛

谈判结果从本质上讲是没有输赢之分的，但谈判的各方都会设法在谈判过程中争取优势，这就不可避免地会产生谈判过程中顺利、比较顺利与不顺利的现象，从而导致了不同的谈判气氛。谈判者应把握各种谈判气氛，灵活运用谈判语言以争取谈判过程中的主动，如遇价格问题上争执不休的情况，可考虑运用幽默语言，威胁劝诱性语言；在谈判的开始与结束时用礼节性的交际语言等。

4．优化双方的关系

从双方关系来讲，若经常接触并已成功地进行过多次交易，双方比较了解，在谈判时除了一些必要的礼节性的交际语言外，则以专业性交易语言为主，配以幽默性语言，使双方关系更加密切；若双方初次接触或很少接触，或虽有谈判但未成功，应该以礼节性的交际语言贯穿始终，以使双方感到可信，在谈判中间以专业性的交易语言来明确双方的权利义务关系，用留有余地的弹性语言来维持并进一步地发展双方关系，使双方由不熟悉转变为熟悉进而向友好过渡。

5．选择恰当的时机

谈判中语言的运用很讲究时机。时机是否选择适当，将直接影响语言的运用效果。一般而言，当遇到出乎本方意料，或一下子吃不准而难以准确做出回答的问题时，应选择留有余地的弹性语言；当遇到某个我方占有优势，而双方又争执不下的问题时，则可以选择威胁、劝诱性语言；当双方争执激烈、有形成僵局或导致谈判破裂的可能时，不妨运用幽默性的语言；当涉及规定双方权利、责任、义务关系的问题时，就应当选择专业性的交易语言。

总之，谈判者应该审时度势，恰当地运用各种谈判的语言来达到自己的目的。

7.2　谈判中的语言表达

7.2.1　谈判开始时的入题语言

谈判双方在刚进入谈判场所时，难免会感到拘谨，尤其是谈判新手，在重要谈判中，往往会产生忐忑不安的心理。为此，必须讲求入题技巧，采用恰当的方法来轻松入题。

1．从题外话入题

为避免谈判时双方单刀直入、过于直露，造成谈判气氛严肃紧张，谈判时可采用迂回入题的方法，具体可从以下几方面入手。

① 谈论有关季节或天气情况的话题。

② 谈论目前流行的有关社会新闻、旅游、艺术、社会名人等话题。

③ 谈论有关嗜好、兴趣的话题。

④ 谈论有关衣、食、住、行的话题。

⑤ 谈论有关健康的话题。

⑥ 谈论有关谈判己方人员的情况，可简略介绍自己一方人员的职务、学历、经历、年龄等，既打开了话题，消除了紧张气氛，又可以使对方了解己方谈判人员的基本情况，显示自己的谈判力量和阵容，在气势上占据优势。

2．从"自谦"开始入题

在谈判开局时，常常用到自谦。例如，对方在己方地点谈判，则可以谦虚地表示各方面照顾不周，向对方表示歉意；或者由主谈人介绍自己的经历，谦虚地说明自己缺乏谈判经验，希望通过谈判，学习经验，建立合作、友谊关系，也可称赞对方的到来使我处蓬荜生辉；或者从介绍自己一方的生产、经营、财务状况入题，先声夺人，在提供给对方一些必要资料的同时，又充分显示己方雄厚的财力、良好的信誉和优质价廉的产品等基本情况，从而坚定了对方谈判的信心。总之，迂回入题要从双方都熟悉的话题开始，做到新颖、巧妙、不落俗套。

3．先谈细节，后谈原则性问题

围绕谈判的主题，可先从洽谈细节问题入题，条分缕析，丝丝入扣，谈妥各项细节问题之后，也就可以自然而然地达成原则性的协议。

4．先谈一般原则，后谈细节问题

一些大型的经贸谈判，由于需要洽谈的问题千头万绪，双方高级谈判人员不应该也不可能介入全部谈判，往往要分成若干等级，进行多次谈判，这就需要采取先谈原则问题、再谈细节问题的方法入题。一旦双方就原则问题达成一致，也就可以洽谈细节问题了。

5．从具体议题入手

大型商务谈判，总是由具体的一次次谈判组成，在具体的每一次谈判会议上，双方可以首先确定本会议的商谈议题，然后从这一具体议题入手进行洽谈。具体的议题宜小不宜大，一般可按单位时间考虑。但采用这种技巧要有统一的规划和安排，要避免形成"马拉松"式的局面。

6．让对方先开口

在商务谈判中，当你不是很了解市场情况或者产品的定价，或者当你尚未确定购买何种产品，或者你无权直接决定购买与否的时候，你一定要坚持让对方首先说明可提供何种产品，产品的性能如何，产品的价格如何等，然后，你再审慎地表达意见。有时即使你对市场态势和产品定价比较了解，也不妨让对方阐述利益要求、报价和介绍产品，然后，你在此基础上提出自己的要求，这种后发制人的方式，常能收到奇效。

7．以诚相待

谈判中应当提倡坦诚相见，不但将对方想知道的情况坦诚相告，而且可以适当透露我方的某些动机和想法。坦诚相见是获得对方同情和信赖的好方法，人们往往对坦率诚恳的人有好感。不过，应当注意，与对方坦诚相见，难免存在一定的风险。对方可能利用你的坦诚，逼迫你做出让步，你也可能因为坦诚而处于被动地位。因此，坦诚相见是有限度的，并不是将一切和盘托出，应以赢得对方信赖，又不使自己陷于被动为原则。

【案例 7-3】

甲方："最近天气很热，但正值世界杯足球赛，晚上看球赛还是比较凉快。"

乙方："是的，我们也经常看到晚上一两点。喝着啤酒和朋友边聊边看挺舒服。"

甲方："这次你们到来，哪方面有所照顾不周，您多多见谅。"

乙方："哪里哪里，你们想得很周到，给你们添麻烦了。"

甲方："我向您简单介绍一下我方的人员情况吧！这是我们的小王，中南财经大学毕业，精通金融，比较钻研。这是小李，法律专业出身，这么多年尤其在法律合同定制等方面积累了一些经验。"

乙方："贵方真是人才济济啊。"

7.2.2　谈判中的提问技巧

1．提问的分类

商务谈判中，提问是推动谈判层层深入的主要手段。提问时哪些问题该问，哪些问题不该问，为了达到某一目的应该怎样问，以及问的时机、场合、环境等，对一个谈判人员来讲是非常重要的。通常谈判可分为开放式提问、封闭式提问、婉转式提问和澄清式提问。

（1）开放式提问。

开放式提问可以让谈判对手回答时不受约束，能畅所欲言。它常用于营造谈判氛围。如"请问您对我公司的印象如何"，"您对当前市场销售状况有什么看法"等。

（2）封闭式提问。

封闭式提问语言直白，明确具体，它常用于具体业务内容的洽谈。如，"您是否认为售后服务没有改进的可能"等。

（3）婉转式提问。

婉转式提问是采用婉转的语气或方法，在适当的场所或时机向对方提问。这种提问，既可避免被对方拒绝而出现难堪局面，又可以自然地探出对方的虚实，达到提问的目的。例如，谈判一方想把自己的产品推销出去，但他并不知道对方会接受，于是试探地问："这种产品的功能还不错吧？您能评价一下吗？"如果对方有意，他会接受。如果对方不满，他的拒绝也不会使问方难堪。

（4）澄清式提问。

澄清式提问是针对对方的答复重新措词，使对方证实或补充原先答复的一种提问。例如，"您刚才说，对目前正在进行的这宗生意可以取舍，这是不是说您拥有全权与我进行谈判？"这样不仅能确保谈判双方在同一语言层面上沟通，而且可以从对方进一步得到澄清、确认的反馈。采用这些提问的目的，是为了摸清对方的真实需要，掌握对方的心理状态，进而表达自己的意见和观点，将提问作为解决问题的重要手段。

2．提问时的注意事项

（1）注意提问的内容。

提出问题是我们获取信息、发现对方需要的一个有效手段，但并非任何问题都可以问，一般在谈判中不应提出以下问题。

① 不应该问及有关对方个人生活、工作的问题。保持个人隐私对大多数国家与地区的人来讲是一种习惯。比如家庭情况、收入、太太年龄。（见图7-2）

② 不要提出含有敌意的问题。一旦问题含有敌意，就会损害双方的关系，最终影响交易的成功。

③ 不要提出有关对方品质的问题。如指责对方在某个问题上不够诚实等。事实上，谈判中双方真真假假，很难用诚实这一标准来评判谈判者的行为。如果要审查对方是否诚实，可通过其他的途

图 7-2　提问禁忌

径。当你发现对方在某些方面不诚实时，你可以把你所了解或掌握的真实情况陈述一下，对方会明白的。

④ 不要故意提出一些问题。不要提与谈判内容毫不相关的问题，以显示自己的"好问"。

（2）注意提问的时机。

提问的时机很重要。掌握提问的时机，可以控制谈话的方向。可在以下几个时间来提问。

① 在对方发言完毕之后提问。对方发言的时候，要认真倾听，一般不要急于提问，针对这些内容考虑成熟后再提问。因为打断别人发言是不礼貌的，容易引起别人的反感。即使发现对方的问题，很想立即提问，也不要打断对方，可先把想到的问题记下来，待对方发言完毕后再进行提问，一问就要问到点子上。

② 在对方发言停顿、间歇时提问。在谈判中，如果对方发言冗长，或不得要领，或纠缠细节，或离题太远而影响了谈判的进程，你可以借他停顿、间歇时提问，这是掌握谈判进程，争取主动的必然要求，但同时又不要使对方感到拖沓、沉闷。例如，"您刚才说的意思是……？""细节问题我们以后再谈，请谈谈您的主要观点好吗？""第一个问题我们听明白了，那第二个问题呢？"

③ 自己发言前后提问。在谈判中，当轮到自己发言时，可以在谈自己的观点之前，对对方的发言进行提问。这些提问，不必要求对方回答，而是自问自答。这样可以争取主动，防止对方接过话，影响自己的发言。例如，"您刚才的发言要说明什么问题呢？我的理解是……。"针对这个问题，我谈几点看法"，"价格问题您讲得很清楚，但质量和售后服务怎样呢？我先谈谈我们的要求，然后请您答复。"在充分表示自己的观点之后，为了使谈判沿着自己的思路发展，牵着对方的鼻子走，通常要进一步提出要求，让对方回答。例如，"我们的基本立场和观点就是这样，您对此有何看法呢？"

7.2.3　谈判中的回答技巧

1．回答问题之前，要给自己留有思考的时间

对于商务谈判中所提出的问题，必须经过慎重考虑后，才能回答。有人喜欢对方提问的语音刚落，就马上回答问题，这种做法很不科学。谈判者对问题答复的好坏与思考的时间成正比。在谈判过程中，绝不是回答问题的速度越快越好。人们通常认为，如果对方问话与我方回答之间所空的时间越长，就会让对方感觉我们对此问题欠准备，或以为我们几乎被问住了；如果回答得很迅速，就显示出我们已做好了充分的准备，也能显示出我方的实力。而谈判经验告诉我们，在对方提出问题甚至不断地催问时，作为答复者一定要保持清醒的头脑，沉着稳健，不追求"有问必答，对答如流"的虚荣，也不必顾忌对方的催问，而是应该坦率地告诉对方，你必须进行认真思考后才能回答。

2．把握对方提问的目的和动机，针对提问者的真实心理答复

谈判者在谈判桌上提出问题的目的往往是多样的，动机也往往是复杂的。如果我们经过周密思考，准确判断对方的用意，便可做出一个独辟蹊径的回答。在一次宴会上，美国著名

诗人艾伦·金斯伯格向中国作家提出一个怪谜，并请中国作家回答。这个怪谜是"把一只五斤重的鸡装进一个只能装一斤水的瓶子里，用什么方法把它拿出来？"中国作家回答说："您怎么放进去的，我就会怎么拿出来。您凭嘴说就把鸡装进了瓶子，那么，我就用语言这个工具再把鸡拿出来。"此可谓绝妙回答的典范。在商务谈判中，有时提问者为获取出奇效果，有意识地含糊其辞，使所提问题模棱两可，此时，如果答复者没有摸清提问者的真实心理，就可能在答复中出现漏洞，使对方有机可乘。因此，答复者在遇到这种情况时，一定要先进行认真分析，探明对方的真实心理，然后针对对方的心理作答，不可自作聪明，按自己的心理假设答复。例如，对方在谈判时询问我方的供货能力，这有可能是对方要大量订货，也有可能想了解我方的库存情况，还有可能要估算产品的成本。在没有摸清对方意图的情况下，不能贸然作答，等明确对方的真实心理后，再伺机回答。

3. 模糊答复，不要彻底地回答对方的提问

在商务谈判中，对方提出问题或是想了解我方的观点、立场和态度，或是想确认某些事情，对此，我们可视情况而定。对于应该让对方了解的，或者需要表明我方态度的问题要认真回答；对于那些可能会有损己方形象、泄密或无聊的问题，谈判者也不必为难，回答时可闪烁其词，不做明确的答复，留有较大的灵活性，有时不予理睬是最好的回答。当然，用外交活动中的"无可奉告"一语来拒绝回答，也是回答这类问题的好办法。我们回答问题时可以将对方问话的范围缩小，或不做正面回答，而对答复的前提加以修饰和说明。例如，对方询问我方产品质量如何，我方不必详细介绍产品所有的质量指标，只需回答其中主要的某几个指标，从而造成质量很好的印象即可。又例如，"这件事我们会尽快解决。"这里的"尽快"就很有弹性，具体时间到底是什么时候，并没有说清楚，有很大的回旋余地。

4. 不要确切回答对方的提问

有时，对方提出的某个问题我方可能很难直接从正面回答，但又不能以拒绝回答的方式来逃避问题。这时，谈判高手往往采用避正答偏的办法来回答，即在回答这类问题时，故意避开问题的实质，而将话题引向歧途，借以破解对方的进攻，通常这是应付对方的一个好办法。一位西方记者曾讽刺地问周恩来总理一个问题："请问，中国人民银行有多少资金？"周总理深知对方在讥笑中国的贫困，如果实话实说，自然会使对方的计谋得逞，于是他答道："中国人民银行货币资金嘛，有十八元八角八分。中国银行发行面额为十元、五元、二元、一元、五角、二角、一角、五分、二分、一分的主辅人民币，合计为十八元八角八分。"周总理巧妙地避开了对方的话锋，使对方无机可乘，被中国人民传为佳话。在商务谈判中既避开了提问者的锋芒，又给自己留下了一定的余地，实为一箭双雕之举。又如，当对方询问我方是否可将产品的价格再压低一些时，我方可答复："价格确实是大家关心的问题，不过，我方产品的质量和我们的售后服务是第一流的。"也可以这样回答："是的，我想您一定会提出这一问题，我会考虑您的建议，不过请允许我提一个问题……"

5. 对于不知道的问题不要回答

参与谈判的人不是全能全知的。谈判中尽管我们准备得很充分，也会经常遇到陌生难解的问题，这时，谈判者切不可为了维护自己的面子强做答复，因为这样不仅有可能损害自己的利益，而且对自己的面子也丝毫无补。有这样一个实例：我国某公司与美国公司谈判合资

建厂事宜时，外商提出有关减免税收的请求。中方代表恰好对此不是很有研究，或者说是一知半解，可为了能够谈成，盲目地答复了，结果使己方陷入非常被动的局面。经验和教训一再告诫我们：谈判者对不懂的问题，应坦率地告诉对方不能回答，或暂不回答，以避免付出不应付出的代价。

6. 答非所问

有些问题可以通过答非所问的方式来给自己解围。经验丰富的谈判人员往往在谈判中运用这个方法。表面上看讲话人似乎头脑糊涂、思维有问题，实则不然，这种人往往高明得很，对方也拿这种人毫无办法。答非所问在知识考试和学术研究中是不能给分的，然而从谈判技巧的角度来研究，却是一种对不能不答的问题的一种行之有效的答复方法。

例如，古代有一个较为精明的骗子，他从别人那借来一匹马，便牵去与一个财主进行交换。财主问："你的马是从哪里来的？"，他回答道："我想要买马的念头已有两年了。财主又问："为什么要换？"他回答道："这马比你的马跑得快。"这两句话的回答全是答非所问，换马的骗子就是用这样灵活的方式，回避了一个事实，即马是他人的，换马是想要骗走财主的马。此人的计谋是得逞了。谈判中，我们并不主张像这个骗子一样的在谈判双方之间行骗，谈判必须是建立在双方相互信赖基础上的。但是在双方利益相冲突时，如何巧妙地回答对方有关利益分割方面的问题，倒是应该从这一案例中学些参考经验。

7. 以问代答

商务谈判中有时可以以问代答。以问代答顾名思义，就是当谈判中遇到一时难以回答的问题时，反问对方以代替自己作答。此方法如同把对方踢过来的球踢过去一样，请对方在自己的领域内反思后寻找答案。例如，在商务工作进展不是很顺利的情况下，其中一方问另一方："你对双方合作的前景怎样看待？"这个问题在此时可谓十分难回答的问题。善于处理这类问题的对方可以采取以问代答的方式："那么你对双方合作的前景又是怎么看待的呢？"这时双方自然会各自在自己的脑海中加以思考和重视，对于打破窘境起到良好的作用。商务谈判中运用以问代答的方法，对于应付一些不便回答的问题是非常有效的。

8. 恰当地运用"重申"和"打岔"

商务谈判时，要求对方再次阐明其所问的问题，实际上是为自己争取思考问题的时间的好办法。在对方再次阐述其问题时，我们可以根本不去听，而只是考虑如何做出回答。当然，这种心理不应让对手有所察觉，以防其加大进攻的力度。

图 7-3　恰当拖延

另外，如果有人打岔那将是件好事，因为这可为我们赢得更多的时间来考虑。在商务谈判中，有些富有谈判经验的谈判人员，估计到谈判中会碰到某些自己一时难以回答而又必须回答的、出乎意料的棘手的问题，为了能够赢得更多的时间，就事先在本组内部安排好某个人，专门在关键时间打岔。打岔的方式是多种多样的，比如借口外面有某某先生的电话、有某某紧急的文件需要某某先生出来签个字等。有时，回答问题的人自己可以借口去洗手间方便一下，或去打个电话等来拖延时间（见图 7-3）。

谈判中的回答不以正确与否来评论，对对方的答复是为了实现己方的目的和利益。谈判中的回答应该是一种解释、证明、反驳或传递观点的过程。回答时不仅应当采取容易为人接受的方法，而且应当巧立新意、渲染观点、强化效果。此外，谈判中的回答也应在准备工作中就列入考虑，以便对对方可能提出的问题及早做好对策；在未搞清对方真正意图的情况下，千万不要随便作答；回答时一定要谨慎，把握回答的分寸、方式、态度等。

7.2.4　谈判中的说服技巧

说服是一种通过沟通使听话人自愿改变其信仰、态度或行为的活动。依靠理性的力量和情感的力量，通过自己的语言策略，令对方朝着对自己有利的方向改变。说服可以使他人改变初衷，心悦诚服地接受你的意见，它是谈判过程中双方沟通的重要组成部分。能否有效地说服对方接受自己的观点，对于谈判过程中双方之间的关系以及最终达成的协议有着重要的作用。有效的说服能够使双方尽快接受有关意见，避免双方在谈判过程中不必要的对抗，大大地缩短磋商过程，提高谈判效率，加快谈判进程。

谈判的说服技巧是丰富多彩、千变万化的。在运用各种说服技巧的过程中，有些要领必须掌握。

1．先易后难，步步为营

谈判应当按"先易后难"的原则去安排。当谈判双方利害冲突不大时，更容易取得初步成效，并使双方从一开始就显示出合作的诚意和彼此的信任，从而为谈判的进展创造了更加友好的气氛。

2．先直言利，后婉言弊

在说服对方时，为了满足对方对谈判结果的心理需求，不仅要对我方的主张晓之以理，而且更应侧重言之以利。但只言利而不言弊的单方面论据往往会引起对方的猜疑，因为，人们不会相信你的提议纯粹是为了让他们一方得到好处。因此，要成功地说服对方免不了要兼言利与弊两个方面，把好与坏的信息全部传递给对方。在陈述过程中，一般的原则是先言有利的一面，然后再以委婉的口气陈述弊的一面。为了迎合对方的需求，示之以利，就有助于激发对方的兴趣与热情。而且，这种"先入为主"的思维定式往往会使对方更注重他得到的第一个信息。这样，当我们委婉地讲到关于弊的第二个信息时，不但不会削弱第一个信息的印象，相反，我方还会给对方留下坦率、真诚的良好印象，从而使对方接受这个利大于弊的方案。

3．强调互利，激发认同

谈判中交织着冲突与合作的双重因素，没有冲突就不需谈判，而没有合作，谈判中各执一端，冲突就无法解决。谈判的成功与否取决于合作与冲突的强弱。强调利益的一致性比强调利益的差异性更容易提高对方的认同程度和接纳的可能性。因此，在谈判中，我们应当更多地强调双方利益的一致性与互惠的可能性，这样就有助于激发对方在认同自身利益的基础上接受你的建议。谈论共同之处可引起对方的兴趣，随着谈话的进一步深入，还可增强彼此的亲近感和信任感。在说话时，要避免那种盛气凌人、我行我素的态度。

4．恩威并施，刚柔相济

由于谈判中双方难免会产生各种对立的意见分歧，作为谈判的双方既要维护自己的应得利益，又要满足对方的必要需求。有经验的谈判者应当根据己方的合理需求和对方的必要利益，凭借自己的实力、经验和技巧，做到恩威并施，刚柔相济。在涉及我方应得的必要利益的问题时，应凭借我方的实力与优势，施展强攻的心理战与语言对策，显示"刚"的威力，迫使对方在这些问题上做出让步；而在涉及对方应得的必要利益问题上，则应理解对方的实际需求，做出必要的退让。这样，"刚"的威力在"推"着对方；"柔"的吸引力在"拉"着对方，说服的成功就有了双重的保证，达成的协议也体现了利益均沾的互惠性。

5．投其所好，取我急需

谈判的任何一方都是以满足自己的需要为主要目标的，但在现实谈判中，双方都不可能全面满足自己的所有需求，而任何一方的各种需求也不是没有主次之分的。因此，需要在说服过程中尽量去发现对方的迫切需要或第一位需要。如果我们发现了对方的迫切需要与我方的第一需求并不重合，那么我们就可以比较容易提出一个"投其所好，取己所需"的方案来，达到一拍即合的良好效果。而如果双方的第一需要是重合的，那么就要求双方在第一需要的问题上各自做出相应的退让，找出一个合适的接合点，或对第二级、第三级需要做出相应的调整，这样的提议，也是有可能说服对方的。

6．设身处地，动之以利

在谈判桌上，人们无时无刻不在计算自己一方获利的多少。因此，一个谈判高手知道，利益是说服对方改变想法的重要杠杆。谈判者对谈判成功的欲望，往往与他们从成交方案中获利的大小成正比。因此，我们要说服对方，应及时、适当而有的放矢地强调某一提议的实施对双方的好处，特别要强调切中对方第一需要的各项条件，从而影响对方去思考权衡，进而影响谈判的结果。另外，在阐之以利的过程中，还要注意一个立足点的问题，即把思维与表述的立足点从己方转到对方的立场，设身处地的阐明建议对满足对方需求的好处。这样做的好处在于它能使说服者的立场、角度与对方相一致，无形中缩小了与对方的心理距离，使对方对我方产生一种"理解我并为我着想"的印象，自然就会对我方的说服产生较强的认同感。

7．多言成果，淡化争议

为了更好地说服对方，我们应十分珍惜和充分运用已取得的谈判成果，应当重点、反复强调已解决的问题，赞扬双方前阶段谈判的真诚意向和良好合作气氛，而不应单纯去强调未解决的有争议的问题。这样有助于增强对方合作的信心和决心，鼓励和说服对方始终以积极的态度互相理解，互相体谅，以不断淡化争议，扩大战果，直至达成协议。

8．兼听为先，后发制人

当谈判进入关键阶段，关键问题上的分歧逐步显露，争议也会越来越激烈。这时候不宜操之过急，强加于人。争议已进入了关键性的讨价还价阶段，要说服对方，关键不在于你先强调了什么，多说了什么，而在于你能让对方相信什么。所以，这时候不应急于发表意见，不应迫不及待地反驳对方，而应冷静地倾听谈判桌上的各种意见，从中找出双方利益冲突的关键所在，找到双方可求之同与应存之异，然后再提出更全面、更成熟、更易于为双方接受的方案。这样的方案常常更具有说服力。

9．多言事实，少说空话

事实是人们可以凭借感官和经验予以验证的东西。在谈判中，有的人喜欢用空话、大话来炫耀自己的产品，什么"质量上乘"、"人见人爱"、"誉满全球"、"领导时代新潮流"等，这除了给人以自吹自擂的感觉外，是不能说服对方的。为了说服对方，应力戒"肥皂泡"式的空话，而注意多用确凿的事实，用有代表性的典型事例说话，让对方凭借自己的实践经验和独立思考来获取结论。

随着当今社会经济的发展，人们越来越多地参与到了商务谈判中，为了达到互惠互利的目的，巧妙地采用一些说服手段是必不可少的。说服技巧变化万千，所适用的场合也绝不仅仅限于上述情况。虽然说服技巧不能盲目地应用于各种场合，但只要谈判者抓住机会，晓之以理，动之以情，真诚地为双方的共同利益着想，定会有助于取得理想的谈判效果，达到预期的目的。

7.2.5　倾听的技巧

1．要耐心专注地倾听

倾听对方讲话，必须集中注意力，同时，还要开动脑筋，进行分析思考。对方的话还没有说完，听话者大都理解了，思想稍一疏忽，也许恰在这时，对方传递了一个至关重要的信息，听话者就错过了当然再后悔也没有用了。因此，听者要尽量做到耐心专注围绕对方发言进行思考，使自己的注意力始终集中在对方发言的内容上。首先要了解你在听人讲话方面有哪些不好的习惯，你是否经常对别人的话匆忙做出判断？是否经常打断别人的话？是否经常制造交往的障碍？了解自己听的习惯是正确运用听的技巧的前提。美国的朱迪·皮尔逊博士把"听"分为两种形式，即积极的听与消极的听。积极的听，就是在重要的交谈中，听者全神贯注，充分调动自己的知识、经验储备及感情等，使大脑处于紧张状态，以便在接受信号后立即进行识别、归类、解码，并做出相应反应，比如表示理解或疑惑、支持或反对、愉快或难过等。消极的听，就是指在一般的交谈中，听者处于比较松弛的状态，即在一种随意状态中接受信息。比如，平时家庭中的闲谈或者非正式场合下的交谈等。积极的听既有对语言信息的接收，也有对语言信息的反馈。

2．要有鉴别地倾听

在专心倾听的基础上，为了达到良好的倾听效果，可采取有鉴别的方法来倾听对手发言。通常情况下，人们说话时边说边想，来不及整理。有时表达一个意思要绕着弯子讲许多内容，从表面上听，根本谈不上什么重点突出。因此，听话者就需要在用心倾听的基础上，鉴别收听过来的信息的真伪，去粗取精、去伪存真。这样才能抓住重点，收到良好的听的效果。

3．要积极主动地倾听

谈判双方一旦坐在谈判桌前，就要想方设法摸清对方的底细，发现对方的需要，同时，还必须准备及时做出反应。在谈判中积极主动的倾听不等于只听不说。要学会倾听，善于倾听，要克服以下几种带有偏见的听。

① 自己先把别人要说的话做个标准或价值上的估计，再去听别人的话。当对方正在讲话时，这种有偏见的听讲者往往会在心里判断，对方接下来要说的是不重要的、没有吸引力的、太复杂的和老生常谈的内容，于是，他便一边听一边希望对方赶紧把话题转入重点或者结束讲话。有偏见的听讲者常常会按自己的好恶对传进耳朵里的话进行曲解，常常根据自己过去的经验把别人的话限制在自己所设的某种条件中。也就是说，常常自以为是地把某些话附加上自己的意义。这样就不能真正理解对方的话。

② 因为讨厌对方的语音语调而拒绝听对方讲话的内容。即使对方的话很重要或者有许多值得注意的地方，也会因为讨厌其语音语调而不想听其讲话的内容，故不能从其中获得确实有用的信息。

③ 有些谈判者尽管心里明明在想别的事情，却为了使讲话者高兴而假装自己很注意听。伪装实际上也是一种偏见。伪装的听者往往有一个共同的特征，就是双眼直愣愣地盯着讲话者，做出一副洗耳恭听的样子。因为他们把注意力都集中在伪装的姿态上，所以根本没有余力去专心倾听讲话内容。还有一种伪装者喜欢试着去记住别人的每一句话，却把话题的主要意义忽视了。这种伪装者常使讲话者以为他们的确是在专心倾听。因此，这种伪装的倾听很容易使双方产生误会，影响沟通。

4．要克服先入为主的倾听

先入为主地倾听，往往会扭曲说话者的本意，忽视或拒绝与自己心愿不符的意见。这种做法是错误的，因为听话者不是从谈话者的立场出发来分析对方的讲话，而是按照自己的主观框框来听取对方的谈话，其结果往往是将听到的信息变形地反映到自己的脑中，导致本方接受的信息不准确、判断失误，从而造成行为选择上的失误。将讲话者的意思听全、听细是倾听的关键。

5．要给自己创造倾听的机会

一般人往往认为在谈判中，讲话多的一方占上风，最后一定会取得谈判的成功，其实不然。如果谈判中有一方说话滔滔不绝，垄断了大部分时间，那也就没有谈判可言了。因而应适当地给自己创造倾听的机会，尽量多给对方说话的机会。也就是说倾听者要采取一些策略方法，促使讲话者保持积极的讲话状态，主要有三种形式。

① 鼓励。面对讲话者，尤其是没有经验、不善演讲的谈话者，需要用微笑、目光、点头等赞赏的形式表示呼应，显示出对谈话的兴趣，促使对方继续讲下去。谈判中，只听对方所述的事实是不够的，还要善于抓住背后隐寓着的主题需要。在这里，关键不在于对方说什么，而在于他怎么说。一个合格的谈判者应该是观察人的行家，要有敏锐的洞察力。在谈判中，对方的措辞、表达方式、语气、甚至声调，都能为自己提供线索，要善于发现对方一言一行背后隐藏的含义，从客观实际出发，合理客观地分析对方的言行。

② 理解。谈判过程中谈判人员不仅要耐心认真地听，而且还要不时地做出反馈性的表

示，例如欠身、点头、摇头、摆手、微笑或重复一些较为重要的句子，或提出几个能够启发对方思路的问题，从而使对方产生被重视感，有利于谈判气氛的融洽，也是对讲话者的积极呼应。

③ 激励。适当地运用反驳和沉默，也可以激励谈话。这里的反驳不是指轻易打断对方讲话或插话。当对方征求你的意见或停顿时，反驳才是适宜的。沉默不等于承认或忽视，它可以表示你在思考，是重视对方的意见，也可能是在暗示对方转变话题。通常在简明地表达自己的意见以后，加上一句"我很想听听贵方的高见。"或"请问您的意见如何？"从而把发言的机会让给对方。

6．要创造良好的谈判环境

人们都有这样一种心理，即在自己所属的领域里交谈，无须分心于熟悉环境或适应环境。而在自己不熟悉的环境中交谈，则往往容易变得无所适从，导致发生正常情况下不该发生的错误。可见，有利于己方的谈判环境，能够增强自己的谈判地位和谈判能力。事实上，美国心理学家泰勒尔和他的助手兰尼俄做过一次有趣的试验，证明了许多人在自己客厅里谈话，比在他人客厅里谈话更能说服对方这一观点。因此，对于一些关系重大的商务谈判工作，如果能够进行主场谈判是最为理想的。因为这种环境下会有利于己方谈判人员发挥出较好的谈判水平。如果不能争取到主场谈判，至少也应选择一个双方都不十分熟悉的中性场所，这样也可避免由于场地优势给对方带来便利而给己方带来不便。

7．倾听时要做好必要的记录

俗话说"好记性不如烂笔头"。谈判中，由于人人都处在高度的紧张之中，想凭脑子记下对方所谈的全部内容根本是不可能的。因此，做一定的记录是必要的，甚至可以进行录音。记笔记的好处在于，一方面，笔记可以帮助自己记忆和回忆，而且也有助于在对方发言完毕之后，就某些问题向对方提出质询，同时，还可以帮助自己进行充分的分析，理解对方讲话的确切含义与精神实质；另一方面，通过记笔记，可以给讲话者留下重视其讲话内容的印象。当停笔抬头看看讲话者时，又会对其产生一种鼓励作用。对于商务谈判这种信息量较大较为重要的活动来讲，一定要动笔做记录。过于相信自己的记忆力而很少动笔做记录的做法对谈判来讲是不利的。因为谈判过程中，人的思维在高速运转，大脑需要接受和处理大量的信息，加上谈判现场的气氛又很紧张，同时对每个议题都必须认真对待，仅仅靠记忆是办不到的。实践证明，即便一个人记忆力再好也只能记住谈话的大概内容，有的人干脆忘得干干净净。因此，记笔记是必不可少的。（见图7-4）

图 7-4　记笔记

【案例 7-4】

有一次，日本一家公司与美国一家公司进行一场许可证贸易谈判。谈判伊始，美方代表便滔滔不绝地向日方介绍情况，而日方代表则一言不发，认真倾听，埋头记录。当美方代表讲完后，征求日方代表的意见，日方代表却迷惘地表示"听不明白"，只要求"回去研究一下"。

几星期后，日方出现在第二轮谈判桌前的已是全新的阵容，由于他们声称"不了解情况"，美方代表只好重复说明了一次，日方代表仍是埋头记录，以"还不明白"为由使谈判不得不暂告休会。

到了第三轮谈判，日方代表团再次易将换兵并故伎重演，只告诉对方回去后一旦有结果便会立即通知美方。

半年多过去了，正当美国代表团因得不到日方任何回音而烦躁不安、破口大骂日方没有诚意时，日方突然派了一个由董事长亲率的代表团飞抵美国，在美国人毫无准备的情况下要求立即谈判，并抛出最后方案，以迅雷不及掩耳之势，催逼美国人讨论全部细节。措手不及的美方代表终于不得不同日本人达成了一个明显有利于日方的协议。

事后，美方首席代表无限感慨地说："这次谈判，是日本在取得偷袭珍珠港之后的又一重大胜利!"

7.3　推销口语

【案例 7-5】

某公司举办了一次盛大的化妆品展销会，为了赢得更多的顾客，使自己的商品深入人心，公司特地从公司精挑细选了 50 名销售精英进行现场推销。50 名销售精英个个都是能言善道的，特别善于和顾客进行沟通，让顾客开开心心地购买自己的产品。他们有的在台上以专业的术语向顾客详细地介绍产品的原料、配方、使用方法等，有的专门回答顾客的各种疑问，反应既快又准，对顾客的问题对答如流，而且语言也彬彬有礼，风趣幽默，吸引了很多顾客。

有一位顾客问："你们的产品真的像广告上说得那么好吗？"一位年轻的销售员马上回答道："您试过以后的感觉比广告上说得还要好。"

顾客又问："如果买回去，用过以后感觉不好怎么办？"另一位销售员笑着说："我们会等待着您的感觉。"

有这些优秀的销售员现场进行推销并解决顾客的疑问，使这次展销会空前火爆，不仅产品的销量大大超出预算，还使产品的知名度得到了最大限度的提高。在公司的庆功大会上，公司总经理特别地感谢和表彰了那 50 名销售精英，没有他们的参与是无法取得如此巨大的成功的，并要求其他销售员要向他们学习说话的技巧，提高自身的嘴上功夫。

语言是人与人之间进行交流的最重要的工具。人们通过语言进行情感和思想的交流，它作为一种媒介，会使人们的心理产生不同的反应。一句话说对，就能够赢得顾客的信任。一句话说错，也可能会使销售员失去一笔生意。因此话不能随便说，应该经过仔细思考，精心琢磨才会产生很好的效果。

7.3.1　销售口语的种类及重要性

1．销售口语的种类

（1）有声语言与无声语言。

有声语言是指通过发音器官表达的语言，一般理解为口头语言。其表达方式是借助人的听觉来传递信息、交流思想。有声语言是销售语言中最常用的一种。它具有直接、迅速、准确、易于理解等特点。例如，消费者电话询问产品有关问题。

无声语言是指通过人的形体动作来表达其目的的信息，一般理解为行为语言。这种语言是借助人的视觉来传递信息、表示态度。无声语言通常辅助有声语言来表达比较次要的信息。它通常具有间接、含蓄、自然、下意识等特点。例如，对顾客试穿试用产品时赞赏的眼光，积极配合的肢体动作等。有声语言和无声语言相辅相成，构成灵活生动的销售语言。

（2）生活化语言与规范化语言。

生活化语言是指其风格接近于日常生活用语的销售语言，一般具有比较随和、灵活、易于接受、易于沟通等特征。例如，在商场里与消费者交流的过程中，一声亲切的称呼，会有很好的效果。

规范化语言是指在遣词造句上比较讲究、比较正式、比较接近销售语言规范的语言。各式各样的销售活动方式和场合都需要使用规范化的语言，如贸易谈判、合同签订等。规范化语言具有通用性的特征，因此，在购销双方文化背景和风俗习惯差异较大时更适用。

（3）专业性语言、法律性语言、文学性语言。

专业性语言是指有关销售业务内容的一些名词术语。比如，国际市场销售有"询盘"、"发盘"、"还盘"等专业性用语。专业性语言具有简练、明确、专一等特征。熟悉专业性语言不仅使信息传递更快捷，还可以向消费者表明销售者对业务的熟悉程度。

法律性语言是指销售洽谈过程所涉及的有关法律规定用语。法律性语言具有强制性、严肃性，主要用来明确购销双方各自的权利与责任。

文学性语言的基本特征是生动、幽默、优雅、想象力强，以便使消费者更容易理解和记忆。文学性语言在销售过程中使用范围较广，尤其适合在说明产品质量或服务的优点、告知消费者可能获得的基本利益时使用。

2．语言艺术的重要性

【案例 7-6】

在某商场，一位消费者千挑万选，拿了一条价值 20 美元的领带，当他走到收银台前准备付账时，一位销售人员紧随其后，开口说到："您买的这条领带很漂亮，您打算穿什么样的西装来配它呢？"

消费者："谢谢夸奖，我想配我那件藏蓝色西装，我认为应该合适吧！"

销售人员："当然，但我这里还有一种图案和质地跟藏蓝色西装更加搭配的领带，您不妨来看看这两条。"

消费者："是吗？"

这位消费者不由自主地走到他的柜台前。

销售人员："您瞧，先生，我没说错吧？"

销售人员抽出两条 25 美元的领带。

消费者："的确不错，这种斜纹正是我最喜欢的！好吧，就麻烦你也给我包起来吧！"

……

以上这段消费者与销售人员的对话说明了准确、灵活地运用语言的销售技巧，对增加销售额的显著作用。恰当生动的语言能够产生以下几点作用。

（1）准确传递信息，激发购买欲望。

在销售过程中销售人员运用有效的语言艺术，不仅可以把有关产品的信息准确地传递给消费者，而且可以使信息在传递过程中变得生动新颖、具有针对性。这会增强信息刺激的力度，加速将消费者的购买意图转化为购买行动的过程。

（2）探知消费者心理，排除销售障碍。

消除各种阻碍消费者购买行动的因素，是运用销售口语的基本任务之一。完成这个任务的主要困难在于，不同心理类型的消费者会由于不同的原因而拒绝采取购买行动。销售人员必须了解其中的不同动机，才能对症下药，排除销售障碍。了解消费者心理的基本手段就是语言艺术的运用，通过语言艺术，销售人员可以探知消费者的心理类型，洞悉消费者的心理活动，了解销售障碍形成的根本原因，以便正确地使用销售技巧，为消费者达成购买行动奠定基础。

（3）营造融洽气氛，建立良好关系。

销售人员在销售活动中，使用恰当的语言艺术，能营造一种轻松愉快的交流气氛，消除消费者的排拒心理，并能迅速转入正常的业务洽谈阶段。恰当的语言艺术是防止矛盾激化、化解或缩小分歧的主要方式。总之，在销售过程中，要想营造真诚合作的气氛，建立良好的人际关系，并且保持长期业务的联系，语言艺术起着至关重要的作用。

（4）实施销售策略，达到销售目的。

实施销售策略同样需要运用语言艺术。销售策略是对销售过程的整体规划，实施策略的方式是多种多样的，但最终都离不开语言艺术的运用。因为销售策略基本上都是说服消费者的策略，也就是落实到"说"。

7.3.2　产品介绍的内容和方法

销售人员在介绍商品或服务时，一个最基本的原则就是要搞清楚："它对消费者有什么好处？"顾客不是因为你的产品好才买，最根本的是因为它有好处才购买。因此，销售员在说明产品的时候，不仅要说明产品的功能，更要说明它对顾客的好处，即将产品功能转化为顾客的利益。

1．介绍的内容

在介绍时，要有创意性并要以顾客的眼光来看待产品，紧紧围绕产品的效用展开介绍。第一步，列出产品的功能（至少五项）；第二步，判断此功能能为顾客做些什么；第三步，向顾客解说此产品如何利于使用。一般情况下，可以从以下方面介绍。

（1）象征地位的效用。

如在销售高档产品时可用"这种产品最适合您的身份和地位"等言辞来刺激对方的购买欲。

（2）享受的效用。

如"它能听音乐、看影碟、玩游戏、上网、学习等"。

（3）提高效率的效用。

如"有了它，可减少您的时间和精力，可把节省的时间用来做其他工作"。

（4）经济的效用。

如"使用它可节省您的成本"。

（5）替代其他产品效用。

如"那款产品太贵了，不如您买这款，同样可以满足您的要求"

（6）满足虚荣心的效用。

如"为了不使产品过时，多花点钱值得"。

（7）增加收益的效用。

如顾客使用产品是为了创收，销售人员可针对顾客的心理，给对方提供具体数字，以表示使用该产品前后，对方损失及收益的情形。

在强调顾客可以获得的利益时，还必须把握下面这两条秘诀：一是要多强调产品价值而少谈价格；二是要多进行示范而别光说不练。

① 强调产品的性价比。销售人员往往喜欢大力强调价格，说明自己的产品是如何的便宜，却从不注重强调产品自身的价值。因此，须强调产品的安全性、优质性、稳定性以及售后保证。人们的生活水平越来越高，价格已经不再是顾客考虑的唯一因素，品质才是更重要的。

② 多做产品使用示范。多做示范是非常重要的。俗话说得好，"百闻不如一见"。销售人员向顾客推荐的产品，一定要让对方不仅听到，而且还要看到，甚至要摸到，必要时就要当场示范。

销售人员应该边示范边问对方感觉如何，这样才能"心到、手到、眼到"。不怕不识货，就怕货比货，拿自己的产品与其他公司的产品进行比较示范，可以让顾客感觉到产品实实在在的品质，从而更容易接受产品。

2. 介绍产品的方法

产品的卖点是指一个产品区别于其他产品的独特性质。卖点，换句话说就是特色，是区别于其他产品，能打动客户并肯为它掏钱包的东西，是产品核心竞争力的集中表现。只有深入挖掘产品卖点，销售才能事半功倍。

独特卖点就是只有你有而竞争对手不具备的独特优势。正如每个人都有独特的个性一样，任何一种产品都有自己的独特卖点。在介绍产品时突出并强调这些独特卖点的重要性，能为销售成功增加不少胜算。

销售人员在向客户说明产品特性时，应该重视与竞争产品的差别，重点介绍产品的相对优势，以强化客户对产品的认知。

【案例 7-7】

小李是一名手机销售人员。一天，店里来了一个要买手机的女孩。

小李对女孩说："您想要个什么价位的手机？"

女孩："无所谓，喜欢、合适就买。"

小李："那您先看看吧，看到合适的可以拿出来看看。"

这款手机最大的特点就是可以连续摄像，带MP4，内存扩展到1G。

图 7-5　抓住关键进行介绍

此时，对面柜台的销售人员正在向其他客户介绍说："我们这款手机最大的一个特点是可以连续摄像，带 MP4，内存可扩展到 1G。"（见图 7-5）

女孩听到介绍后，立刻就转到对面柜台去了。后来，女孩在对面的柜台买下了那款手机。

案例启示： 很多客户对产品有需求，但他们的需求很多时候是比较模糊的，这就需要销售人员在关键时刻，抓住机会介绍产品特点。上面案例中的女孩，是一个没有明确需求的客户，销售人员小李只要将自己销售的产品特点告诉她，就可以赢得销售机会。然而他却没有把握住这个关键时机，把机会给了竞争对手。

销售人员在向客户介绍产品时首先要弄清楚，哪些是产品的基本性能特征，哪些是产品的卖点与益处。一般来讲，产品的性能特征就是指产品的具体事实，如产品的功能特点和具体构成，而产品的益处指的是产品对客户的价值，也就是该产品的卖点所在。销售人员在介绍产品时，要把产品的特征转化为产品的益处，如果不能针对客户的具体需求说出产品的相关利益，客户就不会对产品产生深刻的印象，也就更不会被说服购买。

如何能够有效地说明产品的卖点呢？

（1）直接讲解法。

这种方法节省时间，很符合现代人的生活节奏，很有优越性。在讲解时要注意重点，讲解的内容应易于顾客了解。销售人员直接明了地向顾客介绍产品，会让顾客觉得这个人的工作很有效率，还懂得替顾客着想，节省顾客的时间和精力，于是很容易被顾客接受。

（2）举例说明法。

可以举些使用产品的实例，说明它体现了哪些效用、优点及特点。不直接向顾客讲解，可以使顾客感到轻松和容易接受，所以这种办法得到了广泛的应用。虽然是间接介绍产品的效用、优点及特点，但销售人员应该记住，介绍时始终不能脱离销售这个主题，不然就起不到应有的作用了。要注意的是举例不能乱说一通，要真实，实事求是。和直接介绍相比，间接介绍产品会花费更多的时间和精力，但是可能会更容易被顾客接受。所以，间接介绍产品也不失为一种很好的方法。

（3）借助名人法。

运用这种方法时一定要是真人实事，否则后果不堪设想。利用一些有名望的人来说明产品，事实上就是利用名人的"光环效应"来推销产品。当人们觉得某个人有威望时，就会相信他所做的决定、所买的产品。但是，如果销售人员在运用这个办法时不尊重事实，自己胡编乱造，那不仅会起不到宣传作用，还很可能会让顾客觉得你是在欺骗他，从而再也不信任你了。

（4）激将法。

俗话说："挑剔是买主。"你越帮他挑剔，他就越是理智地考虑购买，正所谓"请将不如激将"。有些顾客在心里接受了产品，但在口头上还在挑三拣四。也许他只是想通过挑剔的语言来让销售人员感到心虚，从而在价格上给自己一些更大的优惠。所以，销售人员不要怕顾客的挑剔。当遇到这种情况时，可以采用激将法。例如，可以对顾客说："如果您觉得不能接受，那您就再考虑一下，我们改天再谈吧！"这样，顾客可能被激将，从而促使自己立即购买。

（5）实际示范法。

像摆地摊卖玻璃刀的人那样，一刀一刀地切割玻璃，使购买者一目了然看到它好用，自然会愿意购买。实际上运用这个方法等于直接向顾客介绍了产品的效用、优点及特性，有时效果会更好，因为它符合顾客的心理。有时销售人员还可以请顾客表演，因为顾客更相信顾客。而且顾客亲自使用了产品，更会相信产品的好处。

（6）展示解说法。

此法与上面的实际示范法有共同之处，就是都将产品展示在顾客面前。所不同的是前者只用实际示范使顾客相信，后者则是边展示边解说。生动的描写与说明加上产品本身的魅力，更容易使顾客产生购买欲望。因此在展示产品时要特别注意展示的步骤与艺术效果，注意展示的气氛。

（7）文图展示法。

当有些产品不便于直接演示时，最好使用这种方法。因为这种方法既方便又生动、形象，给人以真实感。展示不但要注意真实性、艺术性，还要尽量使展示图文并茂，这样销售效果会更好。在很多时候，直销人员可以利用一些文字与图片的色彩和画面来吸引顾客的目光。只要销售人员展示得好，就会让顾客感到满意。

（8）资料证明法。

一般产品的销售往往用这种方法，因为证明材料最容易令顾客信服，如某产品获××奖，或经过××部门认定等资料，最具说服力。如果能在洽谈、演示之中不知不觉地使顾客了解证明资料，效果会更好。

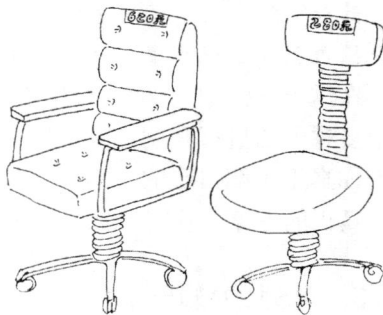

图 7-6　比较介绍

以下是一个成功运用各种介绍方法的案例（见图 7-6）。

【案例 7-8】

有一位客户到 A 家具店想购买一把办公椅子，销售人员带客户看了一圈。

客户："那两把椅子价钱是多少？"

销售人员："那个较大的是 280 元，另外一把是 620 元。"

客户："这一把为什么比较贵，在我看来觉得这一把应该更便宜才对！"

销售人员："这一把进货的成本就快要 600 元了，只赚您 50 元。"

客户本来对较大的那把 280 元的椅子有一点兴趣，但想到另一把居然要卖 620 元，想想那 280 元椅子的品质一定粗制滥造，因此，打消了购买的念头。

客户又走到隔壁的 B 家具店，看到了两把同样的椅子。于是他指着两把椅子问："这些办公椅都是一个价位吗？"

销售人员走上前指着其中的一把说："不是的，这把椅子 280 元，旁边的那把 620 元。请您坐到那边的沙发上谈吧。"

客户回答："不了，我今天只是想好好看一看。看起来这两把椅子差不多，为什么价格相差一倍多呢？"

销售人员："您可以坐上去比较一下。"

客户分别在两把椅子上坐了片刻，然后又问："为什么那把价格便宜的坐上去反而更舒服呢？那把 620 元的坐上去有些硬。"

销售人员微笑着说："这是因为 620 元的椅子内部弹簧较多，这样虽然最初坐上去感觉有点硬，但它是完全依照人体科学设计的，您即使长期坐在上面也不会感觉疲倦。同时，弹簧多就不会因为变形而影响坐姿，这有助于纠正人们不正确的坐姿。长期坐在办公椅上的人们经常因为不正确的坐姿而导致脊椎骨侧弯，这就会出现腰痛、肩膀痛等问题。除了增加了有助于正确坐姿的弹簧之外，这把椅子还配备了先进的纯钢旋转支架，这种支架比普通支架的寿命要长两倍，而且不会因为过重的体重或长期的旋转而磨损、松脱。如果支架的质量没有保障，那还很容易在坐的过程中出现突然掉到地上等危险。所以，这种椅子不但更有益于人体健康，使用寿命更长，而且还消除了安全隐患。"

停了一会儿，销售人员又说："那把 280 元的椅子也不错，不过在对人体健康和使用寿命上却远远不如这一把。您觉得哪把更合适呢？"

最后，客户决定购买 620 元的椅子，虽然多花了 340 元，但是客户却认为物有所值，为了保护自己的脊椎健康，这是完全值得的，况且，这把椅子的使用寿命还要长得多。

在这个案例中，B 家具店销售人员为什么能成功销售，其中一个重要的原因就是他能够运用多种方法进行说明，并且以专业知识赢得了客户的信赖。销售其实也是一场心理战，只有当你真正了解自己的产品或服务，知道如何运用他们改善客户的工作和生活时，你才能像一名真正的专家一样，娴熟地向客户推销你的产品，从而卖出更多，赚得更多。

7.3.3　陈述的技巧

陈述是指销售人员向消费者正面介绍产品、说明交易条件或回答其提问的过程。它的主要目的是把恰当准确的信息传递给消费者，引起消费者的反应，这是销售语言最基本的使用方式，是每一次洽谈所不可缺少的环节。

1．陈述的要求

（1）简洁。

简洁是对销售陈述的基本要求。陈述时，应简单明了、干净利落，避免啰唆、反复，并尽可能用较短的时间，把比较重要的信息传达给消费者，以便尽快唤起消费者的兴趣，促使销售活动进行下去。

（2）流畅。

流畅也是对销售陈述的基本要求。语言流畅，要求销售人员讲话时要口齿清晰、流利；陈述的内容要有连续性、逻辑性，上下文衔接合理，原因结果叙述清楚。

（3）准确。

准确是对销售陈述提出的更高要求。第一，要求销售人员必须选择正确的陈述内容。成功的销售人员不应该试图把自己掌握的所有信息都传达给消费者，而应该选择消费者最感兴趣的信息作为陈述的内容。第二，要求销售人员要根据具体情况，把重要的信息分成几次陈述。即使是那些消费者最感兴趣的信息，也不应全部安排在一次陈述中。第三，要求销售人员语言语调要准确，抑扬顿挫要合理。总之，陈述的内容要使消费者能正确地理解陈述者的意图。

（4）生动。

生动是对销售陈述的最高要求。销售是激发消费者购买欲望、说服消费者采取购买行动的过程，因此，要求销售语言必须是能够打动消费者的语言。它应该新颖、与众不同，易使人产生联想，并且使消费者能够感受到、记住，并产生购买的欲望。

有句话说"不会讲故事的销售人员，不是好销售人员"。实际上，讲故事确实对客户有很大的吸引力，取得"引人入胜"的效果。

讲故事和干巴巴地陈述相比，哪个更能打动客户？答案不言自明。

【案例 7-9】

有一次，一位客户想购买海尔电冰箱。当他问及质量是否有保障时，这名销售人员没有对他讲长篇大论的服务保障措施，而是讲了海尔总裁张瑞敏上任时砸冰箱的故事。

1985 年，张瑞敏刚到海尔（时称青岛电冰箱总厂）。那时，冰箱的需求量比供应量大得多，海尔生产出来的任何产品都能轻松地卖掉。1985 年 4 月，张瑞敏收到了一封用户的投诉信，说买的海尔冰箱质量有问题。张瑞敏觉得问题很严重，突击检查了仓库，发现共有 76 台冰箱存在各种各样的缺陷。

当时研究处理小组提出两种意见：一是作为福利处理给本厂有贡献的员工；二是作为"公关手段"处理给经常来厂检查工作的工商局、电业局、自来水公司的领导，拉近他们与海尔的关系。而张瑞敏说："我要是允许把这 76 台冰箱卖了，就等于允许你们明天再生产 760 台这样的冰箱。"

后来，海尔用两个大展厅展示了劣质零部件和 76 台劣质冰箱，让全厂职工都来参观。参观完以后，张瑞敏把生产这些冰箱的责任者留下，他拿着一把大锤，照着一台冰箱就砸了过去，然后把大锤交给责任者命令他们砸掉这些冰箱。于是，76 台冰箱全都销毁了（见图 7-7）。

图 7-7　海尔大锤

当时在场的人都流泪了。虽然一台冰箱在当时卖 800 多元钱，但相当于很多人两年的工资。他们内心受到的震撼是巨大的，也因此对"有缺陷的产品就是废品"有了刻骨铭心的理解与记忆。

现在，这把"海尔大锤"已经被中国国家博物馆收藏。

通过这个故事，客户立即对海尔冰箱的质量保障体系信心大增，并购买了海尔的产品。

2. 陈述的时机

陈述的时机选择也非常重要，以一个销售洽谈会为例，陈述通常在下列情况使用。

① 在销售洽谈刚刚开始时，销售人员需要简明扼要地向消费者介绍产品的特征和产品的利益；

② 在消费者提出问题之后，销售人员需要就消费者的询问进行陈述；

③ 在洽谈进入实质磋商阶段时，销售人员要提出成交的各项条件，作为交易的基础；

④ 在洽谈结束阶段，销售人员要回顾总结洽谈的进程，概括己方的立场和观点；

⑤ 在洽谈的任何阶段，只要消费者提出要求，销售人员就应随时就有关内容进行陈述。

7.3.4　询问的技巧

1. 询问的原则

（1）询问应具有鼓励性。

即询问应鼓励消费者做更详细的回答，给予消费者较多的信息，使消费者参与洽谈。如，销售人员可以这样问："关于浙江纳爱斯的产品，你知道哪些？"

（2）询问应具有阶段性。

询问时要注意消费者的情绪，并保持轻松的气氛。要有计划性地把问题分布在不同的时间上，避免连续询问，以免消费者感到不愉快，从而产生抵触情绪。如，"您好，我是浙江纳爱斯的销售人员，如果我公司产品给您带来过什么不便，欢迎您留下宝贵意见，以便我们改进。"

（3）询问要具有明确性。

既要保证询问的问题令消费者容易理解和回答，同时也应该避免过于复杂与冗长的询问，以免消费者产生不快。如，"请问您使用雕牌洗衣皂多长时间了，您觉得它的效果如何？你一般多久购买一次？"这样简单的复合问题，使消费者很难做出回答，因为他们不知道先回答哪一个，而且会产生厌恶，感觉自己好像接受审问。

因此询问时要尽量简单、明确、不拖泥带水，避免将几个问题糅合在一起，使问题复杂化。

（4）询问应具有客观性。

询问的主要目的是了解消费者的真实想法，并不是诱导消费者符合销售者的想法。如果询问的问题只有一个可能的答案，而且这个答案很明显有利于销售者，那么这个问题就明显不具备客观性原则。如，"为什么您认为雕牌的产品是优秀产品呢？"或者"您认为浙江纳爱斯的产品在哪些方面胜过其他的产品？"

回答这类问题一般是鼓励消费者做出肯定回答，而该类问题并没有否定的答案，由于这类问题具有很明显的主观倾向，很容易使消费者产生反感。即使得到了想要的答案，也不可能把握消费者的真实想法。

2．询问问题的种类及适用性

（1）指向性询问。

指向性询问的目的十分清楚，比较容易回答，常在了解简单、公开的信息时使用。一般常用"谁、什么、何处、为什么"等为疑问词，主要用来了解消费者的一些基本事实和情况，以便更好地进行以后的说服工作。如，"您目前在哪里购买洗衣用品？""谁需要的推车？""您觉得这个产品的售后服务怎样？""什么牌子的洗衣用品您更喜欢？"等。而且这类问题比较容易表现出对消费者的关心，使其感觉到自己的重要性。

（2）评价性询问。

评价性询问是指消费者对某个问题的看法，或询问目前使用的产品是否存在问题，一般没有固定的答案。如，"您觉得这种打印机怎么样？""您感觉哪种鞋子更适合您？"

评价性询问通常用于指向性询问之后，用来进一步挖掘信息，以达到销售的目的。

（3）鼓励性询问。

鼓励性询问本身没有实际含义，一般用来鼓励消费者提出更多的信息，促使消费者进一步表明观点，说明情况，而且问句简短。如，常用"是吗？""真的吗？""后来呢？""好吗？""请您告诉我具体情况，好吗？""你是否能告诉我您的想法？""您说您原来喜欢用中华牙膏，后来呢？"

（4）反射性询问，也称重复性询问。

一般以问话的形式重复消费者的语言或观点，以起到检验作用。如果理解有误，消费者会指出问题所在。反射性询问会鼓励消费者继续表明自己的观点，但销售人员对消费者观点的反应，应避免做出肯定或否定表示。如，"您是说您订购的是 10 箱康乃馨，15 箱玫瑰，对吗？"起到了检验确认的目的。"您是说对我们提供的服务不太满意？"起到了缓冲语气，确定问题所在，调节气氛的作用。

7.3.5　倾听的技巧

倾听在语言沟通中具有一定的重要作用。良好的倾听技巧可以帮助销售人员解决许多销售中的实际问题。

1．倾听的重要性

销售过程中的语言沟通应具有双向性：销售人员的"说"与"听"要相互结合。在向消费者宣传企业和产品的过程中，通过不断的"说"使消费者被"说服"。使其接受劝说，购买产品。但其缺点在于它不能使销售人员了解消费者的意见和要求，因此要求销售人员学会倾听并接受消费者传来的信息。倾听至少具有以下作用。

① 可以获得消费者反馈回来的信息，而这种信息可以帮助销售人员发现消费者的真实需求，从而改进销售人员的销售方法。

② 可以向消费者表明，销售人员十分重视他们的需求，并正在努力满足他们的需求。

③ 有充分的时间思考问题，以利于进一步陈述。

2．倾听的技巧

倾听是一种主动的行为，应该积极地创造倾听的机会，引导消费者说出更多的信息，以便更好地修正销售方法。有效地倾听需要一些基本技巧，主要有以下几个方面。

（1）配合与引导。

怎样能使倾听发挥最大限度的作用呢？这就要求销售人员必须将倾听与陈述、询问有效地结合起来。在销售过程中，不但需要有主动的精神、熟练的语言技巧，还要求销售人员主动地引导消费者表达自己的思想，并为消费者创造机会。在倾听过程中，当消费者因为某些原因不能或不愿意发出信息，销售人员应进行有效的引导，如对消费者的意见通过概括、解释、推理之后，再以陈述或询问的方式表达出来，让消费者感到自己的要求与建议的重要性。

如，销售人员："您的问题是，您对我们产品的售后服务还有疑惑，对吗？"消费者："不错，这正是我最想知道的。"

（2）核实与反应。

倾听的过程中，销售人员要避免遗漏或误解消费者发出的信息，并随时注意消费者的反应。应选择适当的时机和技巧进行核实，以验证消费者信息的正确性。核实的方法通常是重复。当消费者进行陈述之后，销售人员应尽快有所反应，以免使消费者陷入尴尬与失望中。如果消费者提出的问题有些不切实际，也不应进行正面的反驳，语气要委婉，间接地告知其错误所在，保持和谐的洽谈气氛。例如：

消费者："我想要 10 箱奥妙洗衣粉和 15 箱雕牌洗衣粉。"销售人员："好的，15 箱奥妙洗衣粉、10 箱雕牌洗衣粉。"消费者："等一下，应该是 10 箱奥妙洗衣粉和 15 箱雕牌洗衣粉。"这就起到了验证消费者信息是否正确的作用。

（3）时机与礼节。

在倾听过程中，销售人员要集中精力，自然地目视对方，并适当地使用表情、手势等无声语言来迎合消费者，以表示理解。当消费者的陈述不切合实际时，也不能随意打断其陈述，需要时，应征得消费者同意。保持基本的礼节，能使消费者的自尊得到满足。例如：

销售人员："我想知道，您对我们产品质量和售后服务有什么更好的建议呢？"消费者："我觉得应该……"

销售人员："您的建议真的很不错，倘若可以的话，我们一定按照您的建议去做，谢谢您的宝贵意见。"

7.4 推销口语策略

推销中，语言引导是手段，购买是目的，因此，语言是达成目的的重要工具。根据导购的不同阶段，我们设定了以下五大任务。

任务一：引起顾客的注意。

任务二：培养顾客的兴趣。

任务三：创造顾客的需求。

任务四：促成顾客的购买。

任务五：拓展推销。

7.4.1　引起顾客的注意

1．适当的开场白

好的开场，是销售成功的一半。销售高手常用以下几种创造性的开场白。

（1）利益诱惑。

几乎所有的人都对钱感兴趣，省钱和赚钱的方法很容易引起客户的兴趣，如"您看的这件产品最大的优点是比一般产品节省一半电费。"（见图 7-8）

图 7-8　利益诱惑

（2）真诚的赞美。

每个人都喜欢听到好听的话，客户也不例外。因此，赞美就成为接近顾客的好方法。赞美顾客必须要找出顾客的特点，从而让顾客知道你的话是真诚的。赞美的话若不真诚，就成为拍马屁，这样效果当然不会好。

赞美要先经过思索，不但要有诚意，而且要选定既定的目标。"您这裙子真漂亮。"这句话听起来固然让人高兴，但如果说："你身上这款裙子的样式真别致，特别符合您的气质。"这句话就是令人满意的赞美了。

（3）利用好奇心。

现代心理学表明，好奇是人类行为的基本动机之一。那些顾客不熟悉、不了解、不知道或与众不同的东西，往往会引起人们的注意，销售人员可以利用人人皆有的好奇心来引起顾客的注意。

某地毯推销员对顾客说："每天只花一毛六分钱就可以使您的卧室铺上地毯。"顾客对此感到惊奇，推销员接着讲道："您卧室 12 平方米，我厂地毯价格每平方米为 24.8 元，这样需297.6 元。我厂地毯可铺用 5 年，每年 365 天，这样平均每天的花费只有一角六分钱。"推销员首先制造出神秘气氛，引起对方的好奇，然后，在解答疑问时，巧妙地把产品介绍给顾客。

（4）提及有影响的第三人。

举著名的公司或人为例，可以壮自己的声势，特别是如果你举的例子，正好是顾客所景仰的企业或广为人知的事实时，效果就更会显著。

"这款产品的质量绝对可靠，生产厂家负责生产过 2008 年北京奥运会开幕式上使用的画布，那可是世界级的尖端科技产品啊。"

2. 通过提供信息建立顾客关系

信息是引发顾客注意力的重要因素。无论一个公司销售什么产品或服务，都必须与信息打交道。销售人员需要知道顾客的需求，而顾客需要知道销售人员能提供的产品或服务及其价格，以及如何才能购买到这些产品或服务。

第1步：主动接近顾客，提出问题"请问您需要帮助吗？"或简短热情的问候"欢迎您的到来！请随意转转。"

第2步：顾客提出了需求信息后，销售人员需要进一步关注顾客的要求，可以通过附和顾客的话做到这一点，但是应该询问得更具体一些："您是需要所有产品的价格，还是仅仅这一款产品的价格？"

第3步：明确了解了顾客的需求之后，销售人员可以开始提供信息。

第4步：随时观察顾客的兴趣所在，及时调整信息的内容和详略。

第5步：如果介绍没有引起顾客的兴趣，销售人员要不失时机地表达欢迎顾客再来的愿望，并礼貌地说："欢迎您随时来咨询，您可以直接找我，我叫张涛。"如果顾客表现出持续的注意力，则要抓住机会进入导购的第二个任务。

小窍门：不要给出过多的信息，确保给出的信息都是顾客所要求的，或者你认为必要的或有用的，不要向顾客灌输几乎无用的或令人迷惑的信息数据。

7.4.2 激发顾客的兴趣

注意力延续的时间非常短暂，很难持续到达成交易。销售人员需要把潜在顾客的注意力转变为兴趣。通过表明自己可以满足潜在顾客已确认的需求，培养顾客的兴趣。

第1步：提出容易回答的问题。

销售人员："我认为我们公司的产品恰好符合您的需要。更重要的是，我们可以按照特价为您提供这种产品。您有兴趣吗？"

小窍门：适时地提出一些问题。销售并不仅仅是提供信息和说服对方，还包括持续的顾客参与、互动式回馈、给予顾客表达自己想法和需求的机会。

潜在顾客："嗯，当然，我很感兴趣。"

销售人员："那太好了！我将为您详细介绍一下我们的产品。"

小窍门：优秀的销售人员会提出问题，并鼓励顾客提出问题，但是不会提出可以回答"是"或"不是"的问题。以销售为导向的问题的目标应该是：确定顾客的需求，吸引他们投入时间和精力，进而提高顾客对交易的利益相关度以及达成交易的可能性。

激发客户兴趣的方法有很多，只要我们用心去观察和发掘，话题的切入点是很容易找到的。让我们来看看约翰·沙维祺在销售当中是如何激发顾客兴趣的。

【案例7-10】

约翰·沙维祺是美国百万圆桌协会的终身会员，是畅销书《高感度行销》的作者，他曾被美国牛津大学授予"最伟大的寿险业务员"称号。一次他打电话给美国哥伦比亚大学教授强森先生，其开场白如下。

约翰·沙维祺说道："哲学家培根曾经用一句妙语形容做学问的人，他把做学问的人比喻成三种动物。第一种人好比蜘蛛，他的研究材料不是从外面找来的，而是由肚里吐出来的，这种人叫蜘蛛式的学问家；第二种人好比蚂蚁，堆积材料，但不会使用，这种人叫蚂蚁式的学问家；第三种人好比蜜蜂，采百花之精华，精心酿造，这种人叫蜜蜂式的学问家。教授先生，按培根的这种比喻，您觉得您属于哪种学问家呢？"

这一番问话，激起了对方的兴趣，他们最终成了非常要好的朋友。

引起客户的兴趣是激发客户需求欲望的前提。销售人员应该知道，对产品没有兴趣的人是不会成为客户的。所以销售人员在与客户见面时，必须激起客户的兴趣，从而进行有效的沟通。

激起客户的兴趣，让客户感到满意，这是一个好的销售的开始。当客户开始注意销售人员时，销售人员就应该立刻抓住机会，激发并维持客户的兴趣，从而促进沟通的进行。

此外，制造悬念也是一种激发兴趣、打动客户的技巧和艺术。如果销售人员可以利用悬念来激起客户的兴趣，从而推销产品，就可以使销售工作迅速转入下一个环节。

一名人寿保险销售人员在见到客户时，对客户说："我有一个救生圈要卖给您，您准备出多少钱呢？"

"我不需要救生圈。"客户回答道。

"如果您坐在一艘正在下沉的小船上，您愿意花多少钱呢？"

得到对方的回应之后，你可以开始分析对方关于你所发出的信息的回应，观察对方的态度。

第 2 步：使得浏览商品的顾客感觉自己来对了地方，并产生愿意了解更多信息的愿望。这时就可以做出"我可以帮助你……"的回应。

第 3 步：与顾客一起，对刚才交谈中的陈述进一步确认，强化顾客对商品的认识，进一步促进交易的达成。

小窍门：未达成交易的原因有很多种，最常见的是由于潜在顾客的误解或理解不充分，这是由于信息不足造成的，而信息不足就是销售人员的问题。销售人员有责任确保自己收到和发出的信息足够充分和清晰。

第 4 步：准备好充分的洽谈时间。达成交易需要花费时间，因为需要确定顾客的信息需求、提供这些信息以及确保顾客完全理解这些信息。"说服"潜在顾客所需要的时间实际上是微不足道的，一定要在信息方面投入更多时间。

第 5 步：不要回避顾客提出的问题，这样做可以帮助销售人员收集信息，利用这些信息去帮助顾客，并努力把顾客的疑问发展为对产品的肯定。

7.4.3　创造顾客的需求

下面是一个咨询的例子。

销售人员："欢迎光临，我是张涛，您需要怎样的帮助？"

潜在顾客："我想了解一下 widget 产品。"

销售人员："我可以帮助您，请问您怎么称呼？"

潜在顾客："王丽。"

销售人员："王小姐，我们公司提供各种各样的 widget 产品，我想先问您几个问题，以便确定您需要的产品型号。"

销售人员提出问题，潜在顾客做出回应之后，销售人员可以继续说："那太好了，我现在已经知道您需要的产品类型。根据您刚才告诉我的，我建议您考虑购买产品 A 或产品 B，这两款产品都可以满足您刚才说的需求；不过，产品 A 还可以（列出其他功能）。您是否还需要我介绍一下这些功能？"

潜在顾客："嗯，这两款产品的价格分别是多少？"

潜在顾客试图按照自己的计划行事，你不能让对方感觉你在逃避这个问题。但是，在讨论额外费用之前，应该先向潜在顾客介绍这些额外功能。如果在未引起顾客的兴趣之前就谈到价格，那就很难再引起对方的兴趣了。

销售人员："我先简要介绍一下产品特点，以便向您提供足够的信息。（介绍了额外的特点之后，你可以给出产品 A 的价格了。）产品 B 的售价是××元，而产品 A 由于具有上述额外特点，售价定为××元。这两个价格都具有较高的性价比，两种产品的质量是一样的，其差别就在于不同的功能。如果您需要这些额外功能，支付额外的费用肯定是值得的。但是如果您只想购买基础款的产品，这样也能满足您的需求的话，您可以少花点钱，选择购买产品 B。您是否还需要我再介绍一下这些额外功能？或者基本功能？"

如果还有其他问题的话，一一做出解答。不要迫使潜在顾客选择更昂贵的产品，但是你可以介绍额外的产品功能和价值，提高此类产品对顾客的吸引力。对顾客的信息需求做出全面回应之后，你可以努力达成交易。

销售人员："现在您考虑是订购产品 A 还是产品 B 呢？"

也许你会得到肯定的答复；不过，如果顾客表示犹豫或者只是说自己还不想马上决定，你可以提出另外一个问题。

销售人员："我是否还需要提供其他一些信息帮助您做出决定吗？"

小窍门：在谈到决定或决策时，你应该经常提到选择这个词。决策意味着强制性，但选择意味着授权或自由。这样做可以赋予销售更多积极的含义，让顾客感觉自己一直处于主导地位。

有时候你需要耐心地重新讲述一遍信息。不过，注意避免向顾客提供过多的选择。那样做会让对方感到气馁，他会认为自己没有足够的能力制定最终决策，很可能会放弃购买你的商品。在复杂的销售情境中，可以考虑设计"决策树"或"流程图"，按照回答"是"或"不是"从一个决策转到另一个决策，这样可以帮助你向顾客展示所有的选择，并帮助他们明确自己的需求。

兴趣可以延展潜在顾客的注意力，但即便如此仍然不足以把咨询式的交谈发展为交易。此时，你应该进一步强调产品的吸引力和价值。

小窍门：你对潜在顾客的品味、需求和需要了解得越深，你达成交易的机会就越大。

销售人员："王小姐，在我们之前的对话中，你曾经提到（列举他之前提出的要求）。我告诉你一个好消息，这些产品完全符合你的需求（列举产品的主要特点）。暂停一段时间，以便潜在顾客能够完成理解；然后把这种需求提升至新的高度。"

销售人员："更有吸引力的是，产品安装程序与过去相比大大简化。我可以为你解释一下。"

最重要的卖点之一应该是产品价值。你已经创造了顾客的需求，现在表明这种需求是可以满足的。

销售人员："嗯，王小姐，我想问你几个问题。您购买 widget 工具多长时间了？"

潜在顾客："（回答一个时间段）。"

销售人员："那太好了！这种工具的升级版基本价是××元，其中还包括额外延长的升级服务。我相信您肯定会觉得物超所值。"

潜在顾客："听起来很不错。"

销售人员："嗯，现在是活动期间，我们还推出特价酬宾，连同延长升级服务，共计××元，您觉得怎么样呢？"

这个问题非常重要，你可以得到潜在顾客对价格的回应。这样做不但可以进一步提高潜在顾客的参与度，还可以帮助你判断距离达成交易还有多长时间。

潜在顾客："我不确定……"

销售人员："嗯，我可以再向您介绍一下我们的产品保修服务。本行业的产品保修服务非常完善，widget 产品的保修期通常为×年，我们公司提供××年的保修期。您知道，我们的价格已经非常优惠，同时，您也知道，如果没有价值的话，价格再低也没用。无论在产品特色、功能、保修期还是价格方面，您都不可能再找到其他更合适的了，是吧？"

潜在顾客："听起来确实很不错。"

7.4.4　促成顾客的购买

"购买信号"即潜在顾客表现出达成交易的意愿并不像想象的那样难以达到。如果潜在顾客愿意购买的话，现在只需要保证交易的顺利完成。

小窍门：尽可能地采取快速、直接的行动，以便顺利完成交易。

销售人员："王小姐，特价酬宾活动将于 6 月 5 日结束。如果你现在就订购的话，我可以保证你以×元的价格购买。"

1．营造潜在顾客的紧迫感

营造一种紧迫感并不是要创造恐慌、歇斯底里或大吹大擂的氛围，而是表明现在已经是购买的时候了。营造紧迫感的方法包括以下几点。

（1）价格刺激。

顾客普遍存在买涨不买跌的心理和对断货的担心。因此，必要时可以用调高价格或登记预约购买等手段刺激购买需求。

（2）表明该商品的需求量非常大，只有现在才能买到。

销售人员可以这样说：

① 我觉得您应该做决定了，我可以按照每件×元的价格卖给您，但这是限时优惠价。

② 我们已经卖了很多了，现在我可以保证立即发货，但以后订购我就不敢这样保证了。需求量非常大，而生产有时候跟不上。

③ 为什么不对自己好一点呢？赶紧购买吧。您今天就可以拥有它。

④ 很多人都认为这种工具将大大提高工作效率，您现在购买现在就开始感受这种产品的好处。

2．应对潜在顾客的抵触心理

抵触心理可以体现为率直的形式："不，我没有兴趣。"但是多数情况下可以通过"我不知道"或其他具体的言语表达出来。例如：

"这还不是非常昂贵吗？"

"我听说这种产品的效果不好。"

"我听说马上就出新款了。"

"我一直使用××牌的产品。"

"我的同事都不会用这种产品。"

也许最常见的抵触心理表达方式是拖延时间。

"下次再说吧。"

"我现在非常忙，没时间考虑这个。"

"我现在还不想买。"

应对抵触心理的最有效战略取决于销售人员所面对的抵触类型。可以通过教导潜在顾客的方式应对"我不知道"或其他更具体的回应。

销售人员："你说的没错，这种产品的确需要花一笔钱。但是我们的经验表明，这是一种回报率很高的投资。而且我们可以为你提供安装服务和免费的使用培训。"

小窍门：顾客不仅仅通过抵触来表达对销售人员的反对，而且这也是销售人员与顾客必须同时面对的障碍。告诉顾客如何绕过这种障碍，以此解决他们对销售人员的抵触心理。永远不要和他们争论，那将带来负面影响。相反，销售人员应该提出更多可行的选择方案，这种做法是积极的。

通过探究和消除造成抵触心理的不确定性因素，可以解决另外一种类型的抵触——拖延时间。

"我怎样做才能帮助您做出决定呢？"

"您还需要哪些信息才能采取下一步行动？"

"我怎样才能帮助您确定自己的选择？"

3．不仅要达成交易，还要努力赢得顾客

如果销售人员所销售的产品非常实用，而且质量上乘，销售人员所导购的业务可能绝大部分都能达成。但是，不要满足于此。"每次赢得一名顾客"远比"每次达成一笔交易"更重要。

出现了销售机会，销售人员最终达成了交易，整个导购事件就结束了。除了达成交易之外，如果销售人员能使顾客感受到其信任和信心，销售就是建立顾客满意度的机会，也是赢得顾客的好时机。一名销售人员需要知道：顾客是可以反复带来销售的人。最好的顾客是当前的顾客。最好的宣传手段是当前顾客的"声音"。

顾客属于重要的资产，发展这种资产，建立与顾客之间的关系，建立相互之间的信任，这样的导购是建立长期顾客忠诚度的导购。

7.4.5　拓展推销的对话

1．向上推销

当顾客去快餐店，点单之后服务员会问顾客："您是否需要大包装的？"服务员其实是在对顾客进行向上推销。成功的销售人员往往引导顾客购买更大的、功能更全面的，或者更复杂的产品或服务。

向上推销并不是激励顾客购买他们本来不需要的商品，而是帮助潜在顾客购买他们认为自己不需要的产品。

向上推销的经典模式是捆绑销售相关产品或服务，可以成套出售，也可以利用自己的推销语言。

顾客："来一个汉堡包，谢谢！"

销售人员："要不要来一个套餐，外带炸薯条和饮料的？"

这就是向上推销方式。当然，快餐店员工都知道，仅仅向顾客推销与汉堡包相关的其他食品和饮料是不够的，套餐的销售价格必须远远低于单买这些食品的价格之和。

向上推销强调的是价值增值。汉堡包的价格确实低于套餐的价格，但套餐的价值更大，以低于单买汉堡包、薯条和饮料的价格为顾客提供更满意的午餐。

2．捆绑推销

如果做得好，向上推销可以帮助顾客实现更大的价值。

如果顾客咨询某一件产品的价格，销售人员可以告诉他捆绑购买产品 A、B 和 C 将更加优惠。这样就把销售转变为感知的或实际的讨价还价，进而推动潜在顾客做出决定。

另一种有效的向上推销策略是，指出某种产品如何提高另一种产品的价值或两种产品是配对使用的。例如：

顾客："我想购买商品 A。"

销售人员："没问题，不过如果配合商品 B 使用的话，商品 A 的效果会更好。"

当然，还可以采用"多多益善"的推销策略。

顾客："我想买一盒。"

销售人员："没问题，但是买三盒的话单价可以降至××美元。"

训练题

1．加薪谈判的练习。

你确信你的薪金低于你从事的工作应该得到的报酬。由于公司的兴旺发达，自你两年前被安排这个职位以来，你的职务说明书和你所负有的责任都发生了巨大变化。况且，其他公司同种行业的人员要想取得你这样的工作业绩是很困难的，他们都认为你必须加班加点、周末不休息地工作才能保持如此高的工作标准。

然而，你的老板却说他受行业的工资制度的限制，对你的加薪请求采取冷漠无情的态度。实际上，他完全有权力将薪金加到你可以接受的标准。更有甚者，他居然不承认你工作的高效率，但是他愿意同你就加薪的问题进行交谈。

① 准备就加薪问题同你的老板进行谈判。

② 请另外两人扮演谈判中的角色，其中一人扮演你的老板，另一人扮演观察者。

③ 按照谈判中扮演的各个角色进行演习。

④ 回顾、检查谈判情况。根据观察员提供的反馈信息组织讨论，注重讨论谈判任务的执行情况及谈判方法和技能的运用效果。

⑤ 为使自己成为更加有效的谈判代表，你需要进一步学习哪些谈判技能。

2．模拟签署销售协议的练习。

你是一家工程构件公司的销售部经理。你的一名最优秀的推销员告诉你说，你的一个大客户已经投靠了另一家供应商，投靠的具体原因不详。这不仅会影响你的推销计划，而且势必会对公司的发展规划产生重要影响。因此，你决定面见这个客户所属公司的总经理，与之签订可以令双方满意的销售协议。

① 为谈判做准备。

② 与另外两人共同扮演谈判中的角色，其中一人扮演这家公司的总经理，另一人扮演谈判观察员。

③ 回顾、检查谈判情况，根据观察员提供的反馈信息组织讨论，注重讨论谈判任务的执行情况以谈判方法和技能的运用效果。

为提高你的谈判技能，你必须在哪些方面继续做出努力？

3．通过一个班的同学集体购置班服，练习报价、讨价还价策略与技巧，进行商品的价格磋商。

① 按小组专业商品商务谈判方案中制定的谈判价格目标，通过报价、讨价还价的策略和技巧，探测对方的价格目标，确定己方的价格目标。

② 灵活运用商务谈判中的善问、倾听、报价与讨价还价策略和技巧。

③ 灵活运用商务谈判中僵局制造与突破策略和技巧。

④ 灵活运用商务谈判让步策略和技巧。

⑤ 两组按已确定的购方、销方角色完成专业商品讨价还价、僵局制造和突破策略与技巧、让步策略和技巧应用模拟谈判实训。

4．案例分析。

① 许丽刚参加工作就被选为销售部的经理助理，负责销售部某区的日常销售工作。有一天早晨，她刚上班就接到电话，说公司生产的微波炉发生了爆炸事故，因使用微波炉而受伤的用户正送往医院。她听完电话后，十分紧张，不知该怎么办。请你为她出出主意，她应该做些什么事？

② 一位外地顾客打电话到一家酒店预订房间，可是却把电话打到了另一家酒店：

情形1：

宾　客："请问是凯旋大酒店吗？我想订两间房。"

服务员："对不起，这里是悦星酒店，你打错了。"（服务员挂了电话）

情形2：

宾　客："请问是凯旋大酒店吗？我想订两间房。"

服务员："请问您想订什么样的房间呢？这里是悦星酒店。"

分析这两种服务语言有何区别，哪种更合适？

5．如果你是新到公司销售部就职的新人，经理让你对该市某超市进行调查访问。从强化自己销售口语的目的出发，你准备怎样撰写调查提纲，采用什么方式进行调查？

第8章 演讲与辩论

【知识能力要点】

（1）掌握演讲和辩论的原则与策略。

（2）了解即兴演讲、命题演讲的基本技巧，能够进行基本的演讲。

（3）掌握辩论各环节的技巧。

【推荐的教学方法】

讲授法，模拟情景法，讲评法。

【推荐的学习方法】

课堂：设计各种问题场景，如书评会、影评会、校友会、专题演讲比赛、专题辩论赛等，以小组为单位分别针对各场景展开练习，学生参与，教师总结分析。

课外：观察电视节目、网络直播等媒体中的演讲辩论场景，分析研究其技巧。

【建议学时】

4 学时

演讲是人们日常生活中运用较多的一种独自式口语交流形式。根据不同的标准可以将演讲划分为不同的类型。从演讲的准备和演讲稿的有无这个角度，可将其分为即兴演讲和拟稿演讲。

8.1 即兴演讲

1．什么是即兴演讲

即兴演讲就是指讲话人在一定的场合，在事先毫无准备的情况下或经过短暂的思考，临时起兴发表的讲话。作为一种最能反映人们的思维敏捷程度和语言组织能力的演讲形式，即兴演讲随着生活节奏的加快，已经渗透到社会生活中的各个领域，受到人们的普遍欢迎，并在日常生活中发挥着举足轻重的作用。

2．做好即兴演讲应具备的条件

① 广博的知识。"知识犹如一张网，它结得越大，捕捞成功的机会就越多。"

② 敏捷的思维能力。俗话说："语言是思维的衣裳"，良好的语言缘于敏捷的思维能力。

③ 良好的心理素质。有的人心理素质好，能够做到一边思考一边讲话；有些善于讲话的人，只要有纲目，就可以流畅地讲话，做到纲举目张，侃侃而谈；而生活中不善言谈的人，由于缺乏锻炼，当众讲话脸红脖子粗，语无伦次。所以要培养自己良好的心理素质，健康的心态，多经受锻炼。俗话说：不经历风雨，怎么能见彩虹！

④ 丰富的想象力和联想力。比如一次辩论赛，学生获奖，教师发言。联想到自己上学时的经历，以此鼓励学生。

8.1.1 即兴演讲的方法与要求

1. 选择话题，确定中心，选好突破口

（1）感"地"起兴。

特定的地点，同构成的环境因素密切相关，如果处在现场环境中的人对这一地点有着难以忘怀的人生记忆，就有可能由此激起内心强烈的情感活动，从而产生一吐为快的表达欲望。例如，老同学聚会时的演讲："当年一声再见我们含泪离开母校。今天为了重温旧梦，我们又从四面八方汇集到母校——北京大学。北大是我的娘家，回到娘家，心中就有许多说不出来的感慨和欣喜……"

学校是学生成长的摇篮，曾留下许多青春记忆。重返校园，讲述让人魂牵梦绕的校园故事，使听众感同身受。

（2）感"人"起兴。

可以从听众身上寻找话题，可以谈他们的工作、贡献和影响。1991 年 11 月上海电视台"今夜星辰"节目主持人叶惠贤，荣获全国节目主持人金奖。他在答谢讲话中说："我感到咫尺荧屏就像一片无际的海洋，主持人就像一条经受风吹雨打的小船。我将竭尽全力驶向观众喜爱、欢迎的彼岸。同时，也渴望得到观众的支持。"（见图 8-1）主持人通过比喻，表达了他不辜负观众的期望，并愿意再接再厉，更上一层楼，接受观众检验的心情。

图 8-1 感"人"起兴

（3）感"景"起兴。

世间最奇妙的事，就是与美妙山水的遇合。即兴演讲时，特定的景象同样也能给演讲者带来一吐为快的冲动。例如一位老师带领学生春游，在举行联欢会前发表演讲："今天天气真好，春风特别和煦，阳光格外明媚。在这充满生机与活力的季节里，我们走进了美丽的大自然。面对春云舒卷、莺歌燕舞、姹紫嫣红的美妙世界，我们怎能不兴奋，怎能不激动，怎能不欣喜？让我们放开喉咙，尽情歌唱这妩媚的春天吧！"

（4）从会旨找话题。

各种聚会都有其不同的内容，即兴讲话时，可以根据会议的主旨、内容、目的来选择话题。1991 年 11 月中国电影的最高奖"金鸡奖"与"百花奖"同时揭晓，李雪健因在影片《焦裕禄》中饰演焦裕禄而获两个大奖。他在讲话时说："苦和累都让一个好人——焦裕禄受了；名和利都让一个傻小子——李雪健得了。"这就是根据会议的内容选择话题。

2．精心安排好开头和结尾

（1）提纲挈领式。

提纲挈领式就是开门见山地接触主题，交代讲话中心。如 1949 年春北平解放，郭老到北京大学演讲，许多同学闻信赶来，会场内外人山人海。当主持人宣布开会后，郭沫若登台发言，他的第一句话是："同学们！今天我面对青春的海洋，摆革命的龙门阵！"话音刚落，整个会场沸腾起来，掌声笑声连成一片，经久不息。

这个开场白仅有两句话，但却非常生动、风趣，一下子抓住了听众，引起共鸣。面对欢天喜地迎来了解放的青年学生，郭老第一句话用了贴切形象的比喻，第二句更是妙语双关。四川人把拉家常叫摆龙门阵，郭老是四川人，搬一句家乡话，自然别有风趣，再加上"革命"二字，就把他要讲的内容含蓄地点出来，同时也恰当地表现了郭老谦逊的态度。反之，如果改用这样的开场白"各位同学，今天我向大家谈谈北伐战争问题"，其效果又将如何呢？

（2）顺手拈来式。

会议现场有时会出现某种引人注目的物品，演讲者可以着眼于其特殊内涵和象征意义，进行主观联想，顺手拈来，借题发挥。例如，在"钻石表杯"业余书评授奖大会上的演讲："今天，我参加'钻石表杯'业余书评授奖大会，我想说，钻石代表坚韧，手表意味时间，时间显示效率，坚韧与效率的结合，这是一个读书人的成功所在，一个人的希望所在。"

演讲者就眼前之物"钻石表"起兴，揭示了"钻石表"的品牌内涵，表达了对读书人的殷切希望，给人以深刻的启示和教育。

（3）自我介绍式。

即开头自我介绍，可以介绍自己的姓名、身份、职业、经历、爱好或表明自己的立场观点。这种开头形式给人一种诚挚、坦率的感觉。

抗战期间，著名的作家张恨水在成都中央大学的即兴演讲就采用了这种开头方式。"今天，我这个鸳鸯蝴蝶派的作家到大学来演讲，感到很荣幸。我取名'恨水'不是什么情场失意，而是因为我喜欢南唐后主李煜的一首词《乌夜啼》中的'恨水'二字，我就用它做了笔名。"这种开头把自己的文学流派、性格、爱好，毫不隐瞒地介绍出来，给人留下一种真诚、坦率的印象。

我是人比黄花瘦
脸皮比煤球黑。

图 8-2　自我贬抑

（4）自我贬抑式。

这种开头也可以使气氛更轻松活跃。1990 年春节联欢晚会上，台湾著名电视节目主持人凌峰做了一段精彩的即兴演讲。他的开场白是这样的："在下凌峰，我和文章不一样，虽然我们都得过'金钟奖'和'最佳男歌星'奖，但我是以长得难看而出名的……一般来说，女观众对我的印象不太好，她们认为我是人比黄花瘦，脸皮比炭球黑。"（见图 8-2）开场白虽然采用了自我贬损，但效果正相反，不但表现了讲话人的坦率幽默、机智随和，而且备受听众的欢迎。

8.1.2　几种常见的即兴演讲

1. 说明情况的即席发言

说明情况的即席发言通常是剖析性或解释性的发言。既可以摆事实，指出问题的真实情况；也可以分析事理，以深邃的洞察力透彻地剖析利害关系，达到摆事实、讲道理、以理服人的目的。

例如，1936 年"西安事变"发生之后，周恩来为了实现我党"和平解决西安事变"的政治主张，达到逼蒋介石抗日的目的，只身到强烈要求杀蒋的军官中去做解释工作。周恩来讲清了不杀蒋的道理使军官们深明事理，感到我党胸怀宽阔，眼光远大。周恩来是怎样阐释和剖析的呢？他抓住这些军官急切要求杀蒋的心理特点，采用了欲扬先抑的办法平静地说："杀他还不容易，一句话就行了。可是杀了他，还怎么办呢？局势会怎么样呢？南京会怎么样？日本人会怎么样？国家和民族的前途会怎么样？各位想过吗？这次捉了蒋介石，不同于十月革命逮住克伦斯基，不同于滑铁卢擒住了拿破仑。前者是革命胜利的结果，后者是拿破仑军事失败的悲剧。现在呢？虽然捉住蒋介石，可并没有消灭他的实力，在全国人民抗日热情的推动下，加上英美也主张和平解决西安事变，所以逼蒋抗日是可能的。我们要爱国，就要从国家和民族利益考虑，不计较个人的私仇。"周恩来这番摆事论理的分析，说服了主张杀蒋的军官们，促进了抗日民族统一战线的建立。

2. "灵感"勃发时的即席发言

"灵感"勃发指触景生情。这种发言多在讨论会、酒宴、各种聚会上遇到，偶尔也在意外情况突发中遇到。这种讲话，往往由别人的一席话使而发生联想，或者借景生情引出思绪，打开话匣子。通常要看场合、情景，内容多以幽默、逗趣、欢乐为主，要把握住简洁、得体、高雅、有趣等几个方面要求。

如，《正大综艺》节目主持人杨澜在 1991 年 9 月 19 日晚于广州天河体育中心主持演出时，节目演到中间，她在下台阶时绊了一跤。杨澜灵机一动，说："真是人有失足，马有失蹄呀。我刚才的'狮子滚绣球'的节目滚得还不熟练吧？看来这次演出的台阶不那么好下哩！但台上的节目会很精彩的，不信，你们瞧他们。"杨澜这几句话不仅为她自己摆脱了难堪，而且显示了她非凡的应变能力和口才。这就是一次成功的灵感勃发时的即兴讲话。

3. 被人邀请时的即席发言

这种发言在各种场合里经常遇到。发言时一要谦逊，可以感谢主人的热情好客或赞扬主人的功绩；二要使听众通过讲话内容有所收获和启迪；三要正确估计听众的心理要求，可根据对象选择话题。

如一位老师在接新班时，学生鼓掌欢迎他讲话，情绪十分热烈。他针对学生希望有一位好班主任的心理要求，发表了即兴讲话。

亲爱的同学、朋友们：

当我站在这讲台上，不，应当说是舞台上，我似乎觉得两侧的紫色帷幕缓缓拉开，最富有生气的戏剧就要开始了。最令我兴奋的是这戏剧拥有一群忠于我的演员——在座的全体同学。为此，我愿做一名热情的报幕员，此时此刻向观众宣布：会计 06 级 1 班的演出开始了！我想，我这个班主任首先应该是一名合格的导演，我渴望导出充满时代气息的戏剧来：团结、紧张、严肃、活泼是它的主调，理解、友爱、开拓、创新是它的主要内容；爱着这个集体和被这个集体爱着是它的主要故事。我作为导演要精心设计出生动的情节、典型的角色、迷人的故事献给今天在座的每一位同学。这舞台是你们的，你们是当然的主角，我心甘情愿地做配角，尽我的力量竭诚为主角效劳。不仅如此，我还要做一名最虔诚的观众，为你们精彩的演出微笑、流泪、鼓掌、欢呼。（见图 8-3）

图 8-3　班主任致辞

四年之后，当你们与自己的中专时代告别，将要登上人生的大舞台时，你们会深深地感到这小舞台所给予你的一切，是多么珍贵、多么难忘。四年后，当我们这个班的戏剧舞台徐徐落下帷幕时，我愿听到这样的评价：老师，你是我们满意的导演，也是一名不错的配角，更是我们喜欢的观众。预祝我们合作顺利成功！

这段精彩的即兴讲话，道出了老师的期盼，满足了学生的心理要求。

8.2　命题演讲

8.2.1　命题演讲的特点与内容

命题演讲就是根据事先给定的题目或范围而进行的有准备的演讲。命题演讲分为两大种类：定题演讲，即给定题目的演讲；自拟题目的演讲，即按给定的范围自拟题目的演讲。

1．命题演讲的特点

（1）严谨性。

命题演讲有较充分的准备，无论是主题的确定，材料的选择，演讲稿的设计，还是演讲过程都是周密安排的。

（2）稳定性。

命题演讲的内容是事先确定的。在临场演讲时，演讲者一般都照写好的演讲稿讲演，它所受时境的限制较少，内容因时境而变化的可能性也相对要少一些。

（3）针对性。

命题演讲的"题"总是有针对性的，即听众关心的热点问题，"题"是有所指的。

2．演讲稿的内容

演讲稿一般包括题目、称谓、正文、署名、日期。比如丁肇中在 1976 年诺贝尔奖授奖会上的发言。

"国王、王后陛下，皇族们，各位朋友：

得到诺贝尔奖，是一个科学家最大的荣誉。我是在旧中国长大的。因此想借这个机会向发展中国家的青年们强调实验工作的重要性。

中国有句古话，'劳心者治人，劳力者治于人。' 这种落后的思想，对发展中国家的青年们有很大的害处。由于这种思想，很多发展中国家的学生都倾向于理论研究，而避免实验工作。事实上，自然科学理论不能离开实验的基础，特别是物理学是从实验中产生的。

我希望由于我这次得奖，能够唤起发展中国家的学生们的兴趣，从而注意实验工作的重要性。"

这篇演讲稿只有三部分，标题、称呼、正文。这是一篇典型的演讲稿，因为它是在大会上宣读的，不便读出署名和日期。另外，当众演讲，要注意礼仪，所以，经常要有问候语，比如开头说"大家好"，结束的时候说"谢谢大家"。

3．准备演讲稿的要求

（1）明确目的，确定主题。

不管是应邀演讲还是自己拟定的演讲，首先都要搞清一些具体情况，比如，听众是谁，想解决什么问题，达到什么目的，演讲要求的时间长短，听众的人数等，这样不仅可以帮助演讲者了解听众，明确演讲目的，做好心理准备，还可以为进一步确定主题打下基础。

了解具体情况后，要认真确定主题。主题是演讲的灵魂。确定主题时，要充分考虑演讲的时代性和针对性，与时俱进、听众普遍关注或感兴趣的话题会具有更强的吸引力。选择的主题还必须集中、正确、新颖、深刻。集中，指一篇演讲一般只能有一个主题，并且要围绕主题阐述，不能出现距离模糊、思想枝蔓的现象；正确，是指观点见解要有积极意义，能使听众受到教益，取得良好的社会效应；新颖，指见解要独特醒目，对听众具有诱惑力和吸引力，能激起听众的兴趣；深刻，指提出的主张和见解要能揭示事物的本质，能使听众受到启迪，从感性认识提高到理性认识。要做到这些，必须在选定角度和发掘深度上下工夫。

（2）了解对象，把握热点问题。

写演讲稿，除了要了解听众是哪些人，他们的思想状况、文化程度、职业状况外，还要了解听众的心理、愿望和要求，特别是他们所关心和迫切需要解决的问题是什么。只有这样，才能确定讲什么和怎么讲，才能从实际出发，写出有针对性的演讲稿。这样的演讲稿才能切合实际，达到宣传、交流的目的。

热点问题即听众普遍关心的问题。一个圈子里，会有共同关心的问题。因为年龄不同，思想状况不同，各自的圈子会有各自关心的话题，如果演讲者讲的是听众感兴趣的话题，那自然为演讲带来听众，使演讲增添魅力；反之，听众则不感兴趣。

（3）要有令人难忘的典型材料。

有一天萧伯纳在莫斯科的街头散步，碰到一个可爱的小女孩独自在玩游戏。一时间童心大发，便和小女孩一块兴高采烈地玩起来。分手时，萧伯纳得意地对小女孩说："回去告诉你妈妈，今天和你玩游戏的是世界上大名鼎鼎的萧伯纳。"

小女孩望了萧伯纳一眼，学着他的口吻，毫不示弱地说："你也回去告诉你妈妈，今天和你玩游戏的是可爱的小女孩安妮。"（见图8-4）

萧伯纳对这个回答十分吃惊，并立刻意识到自己的态度太傲慢了，他还对朋友说了这样一番话：

图 8-4　萧伯纳与小女孩

"一个人不论有多大的成就，对任何人都应该平等相待，并常常保持谦虚的态度，这个俄国小女孩给我的教训，我一辈子也忘不了啊！"

只有用真实动人的事例展开说理，体现中心，才有说服力。

（4）语言要通俗、生动。

演讲稿要用通俗的语言，才能使听众听得懂、能理解，从而达到宣传教育的目的。演讲稿的语言要生动，把抽象的道理具体化，把概念的东西形象化，绘声绘色才能吸引听众。毛泽东同志的演讲深入浅出、生动活泼，富有幽默感。如《反对党八股》，他把长而空的文章比做"懒婆娘的裹脚布"，把语言无味比做"瘪三"，使抽象的道理具体化，给人以深刻的印象。

（5）要注意内容安排的跌宕变化。

要运用各种方法，调动各种手段，把中心观点阐述清楚，以说服感染听众。主体内容部分展开的方式有三种，即并列式、递进式和并列递进结合式。并列式，就是围绕演讲稿的中心论点，从不同角度、不同侧面进行表现，其结构形态呈放射状向四面展开，宛若车轮之轴与其辐条，而每一侧面都直接面向中心论点，证明中心论点。递进式，即从表面、浅层入手，采取步步深入、层层推进的方法，最终揭示深刻的主题，犹如层层剥笋，用这种方法来安排演讲稿的结构层次，能使事物得到由表及里的深入阐述和证明。并列递进结合式，或是在并列中包含递进，或是在递进中包含并列，一些纵横捭阖、气势雄伟的演讲稿常采用这种方式。除此之外，常见的还有因果式、总分式、问题式等，可根据内容的需要结合使用。在撰稿行文的过程中，还要处理好层次、节奏和衔接等问题，精心安排，层层深入，环环相扣，这样，演讲时才能一步一步地说服听众，吸引听众，感染听众，水到渠成地把演讲推向高潮。

8.2.2 命题演讲的技巧

1. 标题醒目，称谓得体。

标题要有吸引力，抓住听众，使人产生一听为快的感觉。称谓要兼顾在场的每一个人。比如，在场的有校长、老师、同学们，就要这样说："尊敬的各位领导、老师、同学们"；如果在场的有老师、工人师傅、同学们，就要这样说："老师们、同学们"。称呼得体，体现对观众的尊重。

2. 正确使用有声语言

首先，语音要正确、清楚。这就要求声音表达科学化。如果字音不对，或语音不标准，听众听不明白，就难以理解。其次，声音要清亮圆润。它要求声音表达要艺术化，增强演讲的魅力。最后，声音要富于变化。人的耳朵总是听到同一种持续的音调，会感到呆板、厌烦，影响对所听内容的接受与理解。声音的变化，不仅是听众的要求，也是讲话表达思想感情的要求。在声音的变化中，有两点需要注意：一是思想感情的变化要与声音变化统一，做到以情发声，以声带情，声情并茂。二是自然，如果声音有了变化，但不自然，就会唐突，令人发笑。

3．恰当地运用应变技巧

（1）失误。

讲话中说错话，如果不影响问题的表达，听众又听不出来，可不必去纠正。但如果是关键性的问题，就必须给予纠正。最好的办法是按照正确的话再讲一遍，听众也就明白了。如，李燕杰在一次讲话中，由于失误，说错了一句关键性的话，话音未落，他便觉察到了，于是他就自问自答地说了一句："这句话是对的吗？不对。"然后他又按正确的说法说了一遍。这种纠正失误的办法，反映了讲话者的应变能力。（见图 8-5）

（2）兴趣转换。

当演讲者在讲一个自己认为非常重要，而又需要详细讲述的问题时，突然一个不需要详细讲的小问题却引起听众的兴趣和关注。这时千万不要按计划讲，否则听众就会不满意，就会不愿意听，必然影响讲话效果。正确的做法是不回避听众感兴趣的问题，继续讲下去，然后再讲到原来的问题，听众也会感兴趣。

（3）反应冷漠。

在讲话中，或由于时间、环境的原因，或由于内容方法的原因，讲话引不起听众的兴趣，会场上出现困倦、溜号、交头接耳，甚至开小会的局面。这时讲话者切不可一意孤行地讲下去，而要根据具体情况采取应急措施。比如听众对你讲的某部分不感兴趣，那么你就当机立断压缩这部分内容。

我国著名作家老舍先生在某市的一次演讲中，开头即说"我今天给大家谈六个问题"，接着，他第一、第二、第三、第四、第五，井井有条地讲下去。讲完第五个问题时，他发现离散会的时间不多了，于是他提高嗓门，一本正经地说："第六，散会。"听众起初一愣，不久就欢快地鼓起掌来。

如果听众有些懒散，精神不集中了，可以设置一些悬念，激发听众的兴趣，调动听众的情绪，也可以用提问的方法，如"这是为什么呢？""这个问题得怎么解决呢？"这样的提问，促使听众产生积极的思维活动，使听众对讲话引起注意（见图 8-6）。

（4）收到纸条。

听众在听讲中，总是根据自己的理解，向讲话者提出自己不同的看法、要求和各种问题，其方式多是通过写纸条的办法。这是正常的，是听众认真听讲，并肯思索的表现，讲话者必须报以欢迎的态度。纸条递上来了，最好的处理办法是暂时放在一边，如果看，不仅打断讲话的思路，也要分散听众的注意力。待讲完后再看条，根据听众提出的问题一一作答。这里要求实事求是的态度。能答就答，不能答就说明不能答，反对不懂装懂。

图 8-5　巧用失误

图 8-6　设置问题

8.3 辩论

有备演讲、即兴演讲都是一人说，众人听，属于单向式的语言交流。辩论演讲是正反两方的说与听，属于双向式的语言交流，是演讲活动的高级形式。

8.3.1 辩论的特点及类型

1．辩论的特点

（1）针锋相对。

辩论各方的观点必须是截然对立的或至少是有鲜明分歧的。没有对立便没有辩论。辩论中，辩论者既要千方百计地证明并要对方承认自己观点的正确性，又要针锋相对地批驳对方的观点，并使对方放弃自己的观点，这就决定了各方立场的鲜明对立性，这样才有辩论的必要。

（2）策略灵活。

赛场辩论，犹如战场布阵，非常讲究用兵之道，即运用策略，这也是辩论活动的明显特点。在辩论中可正面攻击、长驱直入，可侧面迂回、步步紧逼，也可巧布疑阵、投石问路。竞赛型的辩论都需要讲究策略性。这种策略性首先表现在辩论的准备阶段，要求在摸清敌我双方各方面条件的情况下，制订好防御策略、攻击策略、配合策略、攻心策略等，在辩论开始后逐步实行，并根据需要随时灵活地调整这些策略。

日常辩论在许多时候打的是无准备之战，在唇枪舌剑的战斗中，双方思维的紧张程度不亚于短兵相接。语言信息的传播与反馈比起一般的会话来快得多。因而既需明察对方的策略，又要应付对方的"明枪暗箭"，而这一切往往来不及深思熟虑，都得临场发挥。所以辩论者必须具有敏捷的思维能力，高度的判断能力，机智的语言运用能力。

（3）机敏幽默。

在辩论中，尽管辩论双方各有准备，但辩场风云变幻莫测。因此，首先，要求辩论双方反应机敏，对对方的提问和反驳应迅速做出反应，否则，会处于被动和劣势的地位。其次，反应要正确。对方发言时，要记住要点，捕捉漏洞，反驳时要击中要害，出奇制胜。最后，要巧妙幽默。作家老舍说过："文章要生动有趣，必须利用幽默。"写作如此，辩论言谈亦如此。幽默对答，不仅含有笑料，使人轻松，而且表情达意更为含蓄、深沉、犀利，能取得特殊的论证和反驳效果。

（4）语言简洁。

辩论的得失成败，往往在很大程度上取决于语言。要击中对方的要害，最好是"一针见血"，使对方猝不及防。要字斟句酌，谨防在语言上给对方留下把柄。语言要简洁犀利，表达时，要游刃有余，切忌啰里罗唆，言不达意。否则，会削弱自己的辩驳力，暴露自己的破绽。

2．辩论的类型

辩论根据其表现形式的不同可以分为以下几种。

（1）竞赛式。

竞赛式辩论是指两支辩论队伍，按照竞赛规定，针对同一辩题，通过交替发言，论证己方观点，攻击对方观点，最后由评委打分决定胜负（见图 8-7）。

（2）答辩式。

答辩式辩论有毕业论文答辩、法庭辩论、决策辩论、外交辩论、答记者问等。

（3）对话式。

对话式辩论在社会生活中很常见，以说服对方接受自己的观点为目的，如日常琐事的交谈、经济纠纷的协调、工作上的谈判、邻里矛盾的化解和交通事故的协调等。

图 8-7　竞赛式辩论

8.3.2　辩论的环节及技巧

辩论往往是在动态思维中进行的，是一种高智商的游戏。辩论能否成功，对辩论双方来说，不在于各自拥有多少真理，而在于能辨出多少真理、多少智慧。要想成为"巧言一席，强似雄兵百万"的高明的辩手，除了要具有多方面的知识素养之外，还必须掌握多种辩论技巧。

1．立论环节的技巧

赛场辩论的辩题一般都是中性的，在理论上双方都存在着薄弱点，而这些薄弱点在辩论的过程中又往往很难回避。因此，要想获得辩论胜利，就要在遵循逻辑思维规律的基础上，对辩题进行艺术加工，使立论有所突破，有所创新。

（1）巧妙定义。

辩论是有规则的智力游戏，可以在不歪曲原意的情况下，巧设逻辑框架，扬长避短，自圆其说。例如，在《顺境出人才还是逆境出人才》的辩论中，反方从逻辑角度对"逆境出人才"的立论：人才就是能够从众人中脱颖而出、出类拔萃的人物；顺境就是顺利的环境，比如顺风而行，顺流而下；逆境不但是悲惨之境，苦难之境，还是困难之境。在苦难之境、困难之境前，别人畏缩不前，你仍然勇往直前，于是脱颖而出，成为人才，所以说人才只能产生于逆境。在顺境中，人人乘风而行，人人顺流而行，谁也不能称为人才，因为人才必须出类拔萃。而你超越众人，将顺境变为逆境，比如水速十里，众人航速皆十里，而你独以百里之速前进，于是顺流变成了逆流，顺境变成了逆境，十里动力变成了九十里阻力，而你正是在克服九十里阻力的过程中脱颖而出成为人才。所以人才与顺境无关，只有逆境才能出人才。

（2）追加前提。

当碰到一个对自己不太有利的辩题时，巧妙限题，趋利避害。例如，在《竞争与合作可以（不可以）并存》的辩题中，正方要想维护"竞争与合作可以并存"这一观点是有一定的困难的，但在辩题中追加"在社会主义市场经济条件下"这一前提，就达到了既不改变辩题性质，又能缩小辩题的范围，增添己方立论有利因素的目的。

（3）公理论证。

科学定义、科学原理、公理等是为实践所证实了的真理，在论证中恰当地加以引用，能牢不可破地树立自己的观点。此外，用数据论证自己的观点，直观而准确，形象而生动。

（4）避实就虚。

当遇到让大多数评委和观众难以接受的辩题时，可以另辟蹊径，拓展辩题，把论题界定到对己方有利的范围。在《人性本善（本恶）》的辩题中，反方对"人性本恶"的命题，就从三个角度来立论。从事实上讲人性先天、与生俱来是恶的；从价值上讲我们不鼓励恶，希望通过教化来使人性向善的方向发展；从起源上讲人性本恶，但是如果人皆相恶，那么人种便难以保存，为了群体的生存，必须制定一些规则，那最初的对于规则的遵守便是善的起源。

（5）出奇制胜

表述论点，可以大胆创新，转换话题切入角度，营造攻守皆宜的辩论氛围。例如，在《大学生择业的首要标准是发挥个人专长》辩论中，反方的立论角度虽然很多，但都很一般，没有新鲜感。辩论时，反方以"大学生应从个人的自我完善和推动社会进步的角度确定择业方向"为论点，别出心裁，出人意料，使正方措手不及，增强了论点的说服力。

2. 辩论取材的技巧

辩论赛是一场智慧之战，机敏之争。就地取材体现了辩手的机敏、瞬间的智慧。要想论辩克敌制胜，增色添彩，除了赛前要充分准备之外，还需要随机应变，把握现场，切合时境，就地取材。

（1）就"己方"取材。

以己方的某一情况为素材，或引出问题，或反驳对方，以证明己方观点的正确。如《美是（不是）客观存在的》的辩论。

正方二辩："请问对方辩友，我美吗？"

反方三辩："我认为对方二辩很美，但是，这只是我个人的意见，如果在场有人胆敢说对方二辩不美，那么，我们是不是要踏上千万只脚，让他永世不得翻身呢？正因为美是一种主观感受，所以，才会有人觉得对方二辩很美，有人觉得对方二辩不美。"

正方二辩："刚才对方三辩认为我很美，我要谢谢他。但是，如果有人说我不美，我会骂人吗？那倒不会！因为，不管你认为我美不美，我还是我，我并没有因为你认为我不美，脸就变成了母夜叉！美是客观存在的，只不过是人们所欣赏的角度不同罢了！"

正方二辩以自己的相貌为话题，巧妙地证明了己方的立场，美是客观存在的。取材机智，论证巧妙，收到了很好的现场效果。

（2）就"敌方"取材。

把对方辩友的有关材料作为论据，或证明自己的立场，或批驳对方观点。如《温饱是（不是）谈道德的必要条件》辩论。

　　反方："第二次世界大战的时候，面对着法西斯的疯狂攻袭，英国民众也并没有丧失他们讲究道德的绅士传统。热爱祖国、伸张正义的信念，使得众多还在不温不饱状态下的英国民众们顽强抗争着。面对着这些贫寒但是高贵的灵魂，来自英国的对方辩友难道还要告诉我们"温饱是谈道德的条件"吗？"

　　因正方来自英国剑桥大学，反方论辩时，列举英国公民在"二战"中艰苦抗击法西斯的例子作为己方的论据，使对方不能否认，也无法否认这一令英国人引以为自豪的事实，显示了就地取材的力量。

　　（3）就"现场人员"取材。

　　把辩论现场人员"扯入"自己的辩驳中，为证明己方的观点服务。如《艾滋病是医学问题，不是（也是）社会问题》的辩论。

　　反方："一个人得了病也许不是社会问题，千百万人得了艾滋病难道还不成为社会问题吗？"

　　正方："那千百万人还曾经得过感冒，千百万人还曾经得过心脏病，难道这都是社会问题吗？"

　　反方："一个人打喷嚏不是社会问题，但如果我们全场的人同时打个喷嚏——还不是社会问题吗？"

　　正方提出的问题，可谓咄咄逼人，比较棘手，反方如果直接辩驳，恐怕很难奏效。从现场就地取材，把全场人员作为话题并推向极端。虽然不能直接证明己方"艾滋病也是社会问题"的立场，但却巧妙地避开了对方的进攻，没有让对方占到上风。

　　（4）就"评委"取材。

　　把现场的评委作为话题，将其有关情况巧妙地穿插在自己的辩论中，一方面用以证明己方的观点，另一方面可以借此赢得评委的好感。例如，在《夜晚对人类利大于弊（弊大于利）》的辩论。

　　反方："请问，为什么人们都选择白天工作，夜间休息呢？如果说夜晚对人类利大于弊，那人们为什么不都改在晚上工作呢？"

　　正方："我告诉你，金庸先生的作品有 70% 都是夜深人静的时候写成的，夜晚往往是作家灵感频发、文思泉涌的黄金时段，不信你问问在座的金庸先生啊！"

　　反方："金庸先生已经七十高龄了，你是想让金庸先生夜以继日、不停地写，永远不见天日了吗？"

　　辩论双方，你来我往，都以坐在台下的评委金庸先生为论据，幽默中夹着"狡猾"，让评委饶有兴趣，观众反应强烈。

　　（5）就"举办地"取材。

　　以辩论赛举办地的材料为题材，将它作为证明己立场或反驳对方观点的论据。如《人性本善（恶）》的辩论。

　　正方："对方辩友，请不要回避问题，中国台湾的正严法师救济安徽的大水，照你们的说法，都是泯灭人性，人性本恶，还会发生这样的事情吗？"

　　反方："但是，8 月 28 日的新加坡《联合早报》也告诉我们，这两天新加坡游客要当心，因为中国台湾出现了"千面迷魂"这种大盗，瞧人性多么险恶啊！"

　　正方用关于中国台湾和尚救济安徽水灾的新闻，证明人性本善，生动真切；反方随手拈来新加坡《联合早报》的有关迷魂大盗的报道，证明人性本恶，让在场的新加坡观众笑得开心又会心。

3. 反驳环节的技巧

反驳是对对方错误的言论进行驳斥。一般情况下，可以通过摆事实、讲道理的方法，从正面指出对方论点的谬误所在，但有时效果不佳，此时应另辟蹊径，运用一些恰当的逻辑方法，这样能够出奇制胜。

（1）归谬反驳。

在辩论中，对对方荒谬的论题，不予正面的直接揭露、反驳，而是以它为真命题，遵循"有此必有彼"的必然联系，引申出一个更为荒谬的论题，对方观点不攻自破，达到"以子之矛，攻子之盾"的效果。一位加拿大外交官竞选省议员，遭到反对派攻击，理由是他出生在中国（其父母均为美籍传教士），吃过中国奶妈的奶，因此"身上有中国血统"。对此，这位外交官反驳道："诸位是喝牛奶长大的，我不得不遗憾地指出，你们都有牛的血统！"他的朋友也补充道："各位有喝羊奶的，吃猪排，啃鸡脯，这样你们的血统实在是很难断定了！"放大谬误，使对方不能"自圆其说"，这就是归谬反驳法。

（2）类比反驳。

在辩论中，举出一个与本论题相似的例子，由此及彼，达到反驳的目的。最后的效果是"以其人之道，还治其人之身"。类比反驳往往机智巧妙，出人意料，具有较好的反驳效果。

（3）引君入彀。

先避开论题，而去谈论双方有共同认识的话题，诱使对方钻入其中，进而将其制服。美国第一位总统华盛顿年轻时，一匹马被邻人偷走了，华盛顿同一位警官到邻人农场里索讨，那个人拒绝归还，声称那是自己的马。华盛顿用双手蒙住马的双眼，对邻人说："如果这马是你的，那么请你告诉我，马的哪只眼睛是瞎的？""右眼。"华盛顿移开右手，马的右眼光彩照人。"哦，我弄错了，是左眼。"华盛顿移开左手，马的左眼也是光亮亮的。"糟糕，我又弄错了。"邻居为自己辩护。华盛顿避开马的归属，设置马瞎眼问题诱使对方"入彀"，使其就范。

（4）反唇相讥。

在辩论中，常出现恶意的人身攻击和挑衅，针对这种情况，可承接对方的讲话内容，借用其中的某些词语反戈一击。这种反驳方法能言简意赅地击中对方要害，收到良好的效果。德国诗人海涅是犹太人，一次，一个旅行家讲述他旅行中发现的一个小岛，最后他说："你猜猜，这个小岛有什么现象使我惊奇？那就是这个岛上竟没有犹太人和驴子。"这个旅行家故意把犹太人与驴子相提并论，意在侮辱海涅。海涅听了冷冷地接道："只要你和我一块去一趟，就可以弥补这个缺陷了。"海涅巧妙地利用对方的话语，把"旅行家是驴子"的意思潜藏在话语底层，表面不动声色，实则是针锋相对，且委婉含蓄、语胜一筹。这种反驳达到了以守为攻，后发制人的效果。

（5）借刀打力。

"以子之矛，攻子之盾"，使对方于急切之中，理屈词穷，无言以对。如《知难行易》的辩论。

反方："许多贪官不是不知法，而是知法犯法。"

正方:"对呀!那些人正是因为上了刑场死到临头才知道法律的威力、法律的尊严,可谓"知难"那,对方辩友!"

当反方以实例论证"知法容易守法难"时,正方马上借反方的例证反治其身,强化"知法不易"的观点。辩题中的"知",不仅指"知道"的"知",也指建立在人类理性基础上的"知"。正方宽广、高位定义的"知难"和"行易",借反方狭隘、低位定义的"知易"和"行难"的攻击之力,有效地回击了反方,使反方构建在"知"和"行"表浅层面上的立论框架崩溃。

(6)移花接木。

一位乘坐公交车的青年,在抢要他赔偿,青年人反问道:"为什么要我赔?"售票员理直气壮地说:"公交车是人民的财产,谁损坏谁就要赔偿!"青年人说:"我是人民中的一分子,人民财产有我一份,我那份不要了,就算做赔偿吧。"这里青年人把"人民的财产"这一概念偷换成"每个人都有份的财产"的概念。"人民的财产"是"人民大众共有的财产",而不是"每个人都享有一份的财产。"只要明白了这点,诡辩便被揭穿。

(7)两难推理。

两难推理就是一方提出具有两种可能性的判断,迫使对方不论肯定还是否定其中哪种可能性,结果都会陷入为难的境地。它是辩论中十分常见的诡辩术之一。例如,有位干部抱怨说:"要是会议多了,整天泡在会里,影响其他工作;要是会议少了,上级精神无法传达,基层情况也无法了解。唉,现在的领导真难当啊!"这里就包含了一个两难推理,不过这是个为自己"泡会海"进行辩护的错误的两难推理。其一,"会议少"与"上级指示无法传达,基层情况也无法了解"并无必然联系;其二,"或者会议多,或者会议少",没有穷尽一切可能,因为还有"会议不多不少"这种选择。论辩中遇到这种情况,要予以拆穿,一般采用"反两难推理法"(即另外构造一个与原来的两难推理相反的两难推理,"以其人之道,还治其人之身")或"直接拆穿法"(即直接指出其推理中的逻辑错误,如上例中列举未穷尽等)。

(8)釜底抽薪。

向对方做选择性提问,把对方置于"两难"境地,是许多辩手惯用的进攻招数之一。对付这种有预谋的提问,可以从对方的选择性提问中,抽出一个预设选项进行强有力的反诘,从根本上挫败对方的锐气,如《思想道德应该适应(超越)市场经济》的论辩。

反方:"我想问雷锋精神到底是无私奉献精神还是等价交换精神?"

正方:"对方辩友您错误理解了等价交换,等价交换是说所有的交换都要等价,但并不是说所有的事情都是在交换,雷锋还没有想到交换,当然雷锋精神谈不上等价了。"

反方:"那我还要请问对方辩友,我们的思想道德的核心是为人民服务的精神,还是求利的精神?"

正方:"为人民服务难道不是市场经济的要求吗?"

这一交锋,反方有备而来,有"请君入瓮"之意。如果正方以定势思维被动回答,就难以处理反方预设的"两难":选择前者,则刚好证明了反方"思想道德应该超越市场经济"的观点;选择后者,则有背事实,谬之千里。妙在正方辩手跳出反方"非此即彼"的框框设定,反过来单刀直入,从两个预设选项中抽出"等价交换"这一选项,进行反诘,以倒树寻根之势彻底推翻了其作为预设选项的正确性,语气从容,语锋犀利,其应变之灵活、技法之高明，令人叹为观止。

训练题

以下题目既可作为演讲题目，也可作为辩论题目。根据训练目的的不同，把班级同学们分成若干小组，抽签选取一个主题进行演讲，或各小组根据抽签的结果组成正反方，然后按照竞赛式辩论的要求，选择一种模式进行辩论。

辩论题目

1. 个人的命运是由个人掌握；个人的命运是由社会掌握
2. 便利器具便利；便利器具不便利
3. 发掘人才需要考试；发掘人才不需要考试
4. 民族技艺应该保密；民族技艺不应该保密
5. 理想人才以仁为主；理想人才以智为主
6. 网络对大学生的影响利大于弊；网络对大学生的影响弊大于利
7. 金钱的追求与道德可以并行；金钱的追求与道德不可以并行
8. 人穷志短；人穷志不短
9. 个性需要刻意追求；个性不需要刻意追求
10. 宽松式管理对大学生利大于弊；宽松式管理对大学生弊大于利
11. 留学归国是个人问题不是社会问题；留学归国是社会问题不是个人问题
12. 通俗文学比文学名著影响大；文学名著比通俗文学影响大
13. 网络的发展对文学弊大于利；网络的发展对文学利大于弊
14. 青年成才的关键是自身能力；青年成才的关键是外部机遇
15. 环境保护应该以人为本；环境保护应该以自然为本
16. 企业发展需要无私奉献精神；企业发展不需要无私奉献精神
17. 成大事者不拘小节；成大事者也拘小节
18. 审判时参考判例在我国利大于弊；审判时参考判例在我国弊大于利
19. 送子女进名校，利大于弊；送子女进名校，弊大于利
20. 避免人才外流，是政府的责任；避免人才外流，不是政府的责任
21. 爱的教育比体罚更有效；体罚比爱的教育更有效
22. 合作比竞争更能使文明进步；竞争比合作更能使文明进步
23. 天灾比人祸更可怕；人祸比天灾更可怕
24. 相爱容易相处难；相处容易相爱难
25. 新闻自由是社会改革的最大动力；新闻自由不是社会改革的最大动力
26. 全球化能为我国带来经济发展；全球化不能为我国带来经济发展
27. 性教育应列为中学课程；性教育不应列为中学课程
28. 性教育是科学教育；性教育是道德教育
29. 道义比利益对人际关系的影响更大；利益比道义对人际关系的影响更大
30. 博彩事业的兴旺是社会进步繁荣的象征；博彩事业的兴旺不是社会进步繁荣的象征
31. 教育应注重人格培训多于知识培训；教育应注重知识培训多于人格培训

32. 银行合并对国家未来经济发展利大于弊；银行合并对国家未来经济发展弊大于利
33. 劳心者比劳力者对社会更有贡献；劳力者比劳心者对社会更有贡献
34. 新闻价值比新闻道德重要；新闻道德比新闻价值重要
35. 强权胜于公理；公理胜于强权
36. 大学私营化利大于弊；大学私营化弊大于利
37. 文化建设应先于经济发展；经济发展应先于文化建设
38. 以暴制暴是打击恐怖主义最有效的途径；以暴制暴不是打击恐怖主义最有效的途径
39. 重奖大学新生利大于弊；重奖大学新生弊大于利
40. 社会安定主要靠法律维持；社会安定主要靠道德维持
41. 代沟的主要责任在父母；代沟的主要责任在子女
42. 名人拍商业广告可以虚构；名人拍商业广告不可以虚构
43. 类似川剧变脸这样的民族技艺应当保密；类似川剧变脸这样的民族技艺不应当保密
44. 克隆人有利于人类发展；克隆人不利于人类发展
45. 实体法比程序法更重要；程序法比实体法更重要
46. 大学生谈恋爱利大于弊；大学生谈恋爱弊大于利
47. 电子商务将会改变现有营销模式；电子商务不会改变现有营销模式
48. 仁者无敌；仁者未必无敌
49. 乱世应用重典；乱世不应用重典
50. 人的功利色彩增强是社会进步的体现；人的功利色彩增强不是社会进步的体现
51. 文才比口才更重要；口才比文才更重要
52. 同性恋是个人问题，不是社会问题；同性恋是社会问题，不是个人问题
53. 市场经济条件下财政需要向企业输血；市场经济条件下财政不需要向企业输血
54. 传播中国酒文化应靠酒香；传播中国酒文化应靠"吆喝"
55. 保护弱者是社会的倒退；保护弱者不是社会的倒退
56. 一个人应当为自己活着；一个人应当为他人活着
57. 善心是真善；善行是真善
58. 真正的爱情一定是天长地久的；真正的爱情不一定是天长地久的
59. 用和平手段可以遏制恐怖主义；用和平手段不能遏制恐怖主义
60. 情在理先；理在情先；
61. 网络的实用性比娱乐性大；网络的娱乐性比实用性大
62. 钱是万恶之源；钱不是万恶之源
63. 美丽是福不是祸；美丽是祸不是福
64. 功可以补过；功不可以补过
65. 人类应加强对海洋资源的开发；人类应限制对海洋资源的开发
66. 管理比收费重要；收费比管理重要
67. 当今世界合作高于竞争；当今世界竞争高于合作
68. 强将手下无弱兵；强将手下未必无弱兵
69. 在人生路上乘胜追击好；在人生路上见好就收好
70. 实现男女平等主要应该依靠男性的努力；实现男女平等主要应该依靠女性的努力

71．在校大学生积累知识更重要；在校大学生塑造人格更重要

72．"盗版"折价换购"正版"活动利大于弊；"盗版"折价换购"正版"活动弊大于利

73．艾滋病是医学问题，不是社会问题；艾滋病是社会问题，不是医学问题

74．辩论赛新形式利大于弊；辩论赛新形式弊大于利

75．不破不立；不立不破

76．应当允许名人免试就读名牌大学；不应当允许名人免试就读名牌大学

77．应对女性就业实行保护；不应对女性就业实行保护

78．知足常乐；不知足常乐

79．挫折有利于成才；挫折不利于成才

80．大学教育应以市场为导向；大学教育不应以市场为导向

第9章 主持与打电话

【知识能力要点】

（1）主持的类型、原则及不同场合下的主持技巧。
（2）电话沟通的技巧。

【推荐的教学方法】

模拟场景，分组练习，扮演不同的角色，将理论知识转化成实践技能。

【推荐的学习方法】

课堂：根据课本每个章节学习内容的不同，学生分组模拟不同的角色，完成电话咨询、主持等教学活动。台下学生对台上学生的表演活动进行讨论并总结，教师根据学生的课堂表现结合教学内容进行点评。

课外：观察电视播音节目及日常生活中各种商务活动中主持人的语言技巧，学习并进行模仿。

【建议学时】

4 学时

9.1 主持口语

近年来，随着社会交往的广泛深入，各种商务活动越来越多，涉及的范围也越来越广。如此数量庞大的商务活动都需要有经过专业培训的人员来担任主持人引导会场气氛。一场商务活动能否成功，很大程度上取决于活动主持人的综合素质和现场发挥能力。具备一定的主持表达综合素质，是一个人提升社交能力、产品营销能力、展示个人才华并最终取得成功的捷径。

9.1.1 主持场合的类型

根据场合的不同，主持通常可分为开业庆典主持、晚会主持、婚礼寿宴主持、新闻发布会主持、小型娱乐、促销路演、拍卖、开业闭幕仪式等各种商业演出。

9.1.2 主持的主要内容

（1）设计好开场语。
① 沟通。主持人通过简要讲述，架设相互信任的桥梁。

② 道情。开场道情是激发情绪的一项活动，有人称为"活场"。

③ 预设。交代话题由来和相关背景，预设节目的基调。

④ 布疑。一开始就设置悬念，很快把大家带进节目。

⑤ 引趣。用趣味性讲述引发受众对节目的兴趣。

（2）引导现场气氛，恰当地提问。

"提问"与"询问"是主持人最常用的言语行为方式，我们将它们统称为"问询"。

主持人"问询"的形式多种多样，可以归纳为以下几种。

① 设问。设问是自问自答式的"问"，设问的用处是加强表述过程中的交流与调节。例如，"用金钱刺激孩子的学习积极性好不好呢？肯定地说，这是饮鸩止渴、后患无穷的做法。"

② 提问。提问即提出问题，主持人问而不答。它用于采访或访谈，在谈话节目中可以引起现场参与者的思考和讨论。例如，"当今社会，对老百姓生活影响最大的是什么呢？"

③ 反问，寓答于问。反问不需作答或间接作答，用疑问的语气表达与话语表面相反的意义，反问的用处是加强语气，表示结论不容置疑。例如，"面对这种不公平的社会现象，您难道不愤慨吗？"

④ 先反问后作答。例如，"难道我们能够容忍假冒伪劣产品坑害消费者吗？当然不行，因为，这样下去我们的社会主义市场经济就乱了套了……"这个反问句的答案已包含在问句之中了，不容置疑，但表达者偏要追加作答，其目的显然是表示强调，并引发进一步阐述。

⑤ 反问答反问。例如，"靠背讲稿怎么能主持好节目？这样下去主持人不就成了文字机器了吗？"第二个反问句是对第一个反问句的一种强调性回答，使反问语气进一步加强。

（3）对活动进行精彩点评。

（4）与现场群众进行沟通交流。

（5）做好终结点评。

终结语是主持人在节目即将结束时说的话，在进行总结时要遵循以下几个原则。

① 合作原则。设身处地，服务受众。

② 礼貌原则。以对方为中心，尊重受众的主体地位。

③ 认同原则。减少话语的对抗性，尽量同对方靠拢。

④ 商询原则。不同的观点或认识，在商询中争取认同。

9.2　不同场合的主持技巧

1．开业庆典主持

商务活动中，开业庆典是一个比较重要的场合。商家都希望通过一个红红火火、热闹非凡的开业庆典，一方面宣传企业自身形象，另一方面也象征着以后的生意红红火火。因此，在开业庆典中的主持人要善于烘托气氛，调动现场观众情绪，从而把活动推向高潮（见图9-1）。

请看下面一段某酒店的开业庆典主持词。

男主持人："尊敬的各位领导、来宾朋友、女士们、先生们。"

男女主持人合："大家中午好！"

男主持人："××酒店正在充分展现着自我，用缤纷色彩展现××酒店人多姿多彩的生活。"

女主持人："今天，是我市××酒店开业庆典，我们衷心祝愿××酒店步步高升、步步红。"

男主持人："我们也希望××酒店在今后经营的日子里，财源似水源。在今天这个隆重的日子里，我们也邀请了政府及各界知名人士来临开业现场。"

（名单酌情一一予以介绍）

女主持人："今天，还要感谢区委、区政府、市人民政府……光临现场。"

男主持人："同时，也感谢××网现场直播今天的庆典仪式，我们向以上到场的领导、还有祝贺单位感谢！感谢！再感谢！"

女主持人："由于时间关系，恕不能一一介绍一百多家企业，让我们再次用掌声表示感谢，谢谢！"

男主持人："在这里，有一份特别的贺信，是来自省旅游局局长××的贺信，我宣读一下：今闻××酒店隆重开业，我代表××省旅游局表示热烈的祝贺，××酒店是一家三星级标准酒店，总投资××亿元人民币，拥有 300 间客房。该酒店坐落于 CBD 国际商务会议酒店，我相信××酒店，必将对××市经济旅游发展起到积极的推进作用，为××省旅游业发展增光添彩。最后，祝愿××酒店生意兴隆、财源广进。祝愿各位朋友中秋快乐！身体健康！省旅游局局长××。 在这里，我们向××局长表示感谢。谢谢！"

女主持人："接下来，让我们用热烈的掌声，有请我们的领导致词，首先，有请××公司集团及××酒店董事长××先生致词。 "

2. 文艺晚会的主持技巧

好的文艺主持人能够运用恰如其分的语言技巧，在整台文艺晚会中能发挥承上启下、锦上添花的作用。主持文艺节目常用的方法主要有以下几种。

（1）设计一段精彩的开场白。

开场白是一台晚会的"脸面"。一段好的开场白无疑会先声夺人，使观众耳目一新，为之一振，观赏情趣陡增，从而收到未曾开戏先有情的艺术效果。开场白的方式可以不拘一格。

① 开门见山，直抒胸臆式。如，一个部队慰问地方的文艺晚会的主持人开场白："尊敬的××市领导、亲爱的各界朋友们，晚上好！军民鱼水情意浓，黄河岸边喜相逢。我们怀着无比激动的心情，带着部队首长的殷切嘱托，带着全体官兵的衷心祝福，向东营人民学习来了……"开门见山几句话，说明了来意，道出了心声，表达了情感，一下子拉近了双方之间的距离，体现了鱼水情深般的军民关系（见图 9-2）。

图 9-1　开业庆典主持　　　　　　　　　　　图 9-2　直抒胸臆

② 高度概括式。开场白无须长篇大论，面面俱到。在一次解放军部分三军官兵联欢晚会上，有这样一段开场白："带着南国海疆官兵真诚的渴望，带着黄河两岸官兵热切的期盼，带着塞外大漠官兵殷切的呼唤；为了一个多年的梦想，为了一个绿色的希望；从大地，从天空，从海洋，从将军的摇篮里，我们走到一起来了。今天，我们要用自己的歌，来歌唱这一难忘的时刻……"寥寥数语，高度凝练，抒发了来自不同战斗岗位的三军指战员的真情实感，内涵十分丰富。又如，"当一曲曲难以忘怀的旋律在耳畔响起，昔日那一幕幕壮丽的画卷映入眼帘；从嘉兴南湖的红色航船到八一南昌的开天辟地；从井冈山上的星星之火到雪山草地的深沉呼唤；从游击战争的艰难困苦到八年抗战的不熄烈焰；从战略决战的波澜壮阔到开国大典的独立宣言……"这是纪念红军长征胜利歌咏晚会的开场白，运用排比的手法回顾人民军队延生、成长、发展、壮大的历史，具有教育启迪意义。

③ 迂回入题式。主持人借助相关或不太相关的内容，预设某种前提或调动观众的兴趣，在不知不觉中进入节目。

④ 引发思考式。主持人创设悬念或提出质疑的表述，构筑一个观众积极参与的"思维场"。

⑤ 情绪渲染式。主持人抒发情感，感慨万千，用自己的情感"点燃"观众的情感，并确定节目基调。

（2）串联好每一个具体的节目。

如果把节目比做是一粒粒散落的珍珠，主持人的串联便是贯穿珍珠的一根红线。恰如其分的串联，能使节目锦上添花。串联的方式多种多样，有时可用概括式。比如，某单位文艺晚会上有个《初为排长》的相声，串联词是这样概括的："人之初，离不开良好环境的熏陶；兵之初，离不开正确教育的引导；排长之初，应如何迈好第一步呢？请听……"这段剥笋式层层递进的串联词，使观众未欣赏节目之前，先领会了其概要和主题。有时也可以用启发式。比如，小品《羊毛出在猪身上》的串联词是这样说的："一个要买书，一个要买猪，公说公有理，婆说婆有理，究竟是先买猪还是先买书呢？还是请观众自己来评判吧！"短短几句，道出了物质文明和精神文明要一起抓的深刻含义。有时候还可以用设问式。比如，"观众朋友，您见过万里长城吗？下面的一曲《长城长》，将把您的思绪带回历史的遐想中。"这种设问的方式，常常给老节目赋予了一种新鲜感。有时不妨采用借代式。比如，"干我们这一行的，常年奔波在外，很容易得胃病，得了胃病不要紧，怕就怕遇到那些草菅人命的庸医。您瞧，他来了——"这段串联词，就是借用了大家十分熟悉的电视广告词，把《庸医》这个小品引发出来的。有时候，主持人的客串不是在节目之前，而是等节目演完之后，再不失时机地插上一段话。比如，"一曲《战士的第二故乡》终了，不仅使我们想起了大海、小岛，更使我们感受到了海防战士的胸怀像大海一样宽广。"这种情况可谓之照应式。

节目主持人在主持过程中要注意语言富有感染力，幽默力，以央视著名主持人董卿为例，在《音乐人生——蒋英专辑》中，董卿专访著名声乐表演艺术家、教育家蒋英先生，蒋老在谈到当年和钱学森只用了四十多天就结婚后，董卿打断蒋老的话："（对台下的观众）四十多天？就是一个多月的时间。（对蒋老）一个多月都敢结婚，您比我们现在的年轻人都还要快。（稍做停顿）原来您老是闪婚族啊！"在这里，董卿打断谈话，截取一个关键点"四十多天结婚"，最后引出"闪婚族"这个情趣点，把这个在年轻人中流行的词语用在一个年近八旬的老太太身上，的确达到了"笑果"，也使后面的对话更加轻松，更加愉快。

（3）对于演出中的纰漏，能够及时给予弥补，确保晚会顺利进行。

某团在官兵同乐文艺晚会上，有个爱兵知兵的节目，要求上台的连队干部当场说出指定的本连战士的简历。结果有个指导员把战士的出生月份多说了一个月，引起哄堂大笑。这时，主持人灵机一动，当众圆场道："大家不要误会，刚才这位指导员说的是阳历，幻灯上显示的是阴历，其实都是一回事。"这样一来，不但给这位指导员解了围，还让观众领略了主持人的机智灵敏，晚会反而显得更活跃了。初登舞台的演员，由于临场经验不足，很容易因怯场而出现"卡壳"，有时是"千呼万唤终不出"，急得直抓耳挠腮。遇到这样的情况，主持人不妨接过话茬："刚才这位同志实在是太激动了，下面让他放松一下，我们猜个谜语。"演员从这热情鼓励的话语中，得到了理解，恢复了平静，说不定就能"眉头一皱，计上心来"。主持人除了熟记事先拟好的台词外，还应事先准备一些诸如谜语、笑话、对联、智力游戏等小点缀。一旦场上出现演员失误或音响、灯光等出问题，便能临阵不慌，有条不紊地搞一些小穿插。这样，既保证了节目自始至终不断线，又活跃了晚会的气氛，增强了晚会的魅力。

（4）完美的结束语。

成功的结束语，或是在火爆动情中将晚会推上高潮；或是营造出一种余音绕梁的艺术氛围，给观众以回味无穷的心理感受。一是以继往开来的方式结束。比如，"昨天，我们到黄河口来，看到的是经济建设的春潮澎湃；今天，我们到黄河口来，看到的是日新月异的腾飞世界；明天，我们还会到黄河口来，期待着石油新城更美的风采……"这当中既包含了对共建单位以往取得成就的赞美称颂，又寄托着对美好明天的良好祝愿。这样的结尾，怎能不使人心潮起伏，豪情倍增？二是在深情赞美的气氛中结束。比如，"有位著名的作家这样说过：在所有的称呼中，有两个最闪光、最动听的称呼——一个是母亲，一个是教师。我们的老师就是这样以敬业奉献为荣，以教书育人为本，笑迎冬寒夏暑，喜育春华秋实。他们培养的学生，有的当上了工程师，有的成为科学家，有的走上了领导岗位，而他们自己仍然是一名默默无闻的普通教师。他们一根教鞭，两袖清风，三尺讲台，四季耕耘，执著从教几十年，痴情不改，忠诚于党的教育事业这一神圣使命，无愧于这一伟大闪光而动听的美名——"。这段串联词从人们最为崇尚的教师的职业特点讲起，字里行间，充溢着赞美颂扬，每每听到这样的语句，一种对人民教师的敬仰之情就会油然而生。三是以希冀憧憬的方式结束。如，"催征的战鼓已经响起，眼前是一片崭新的天地；时代在召唤，未来在昭示；面对挑战，跨越世纪；时不我待，只争朝夕；让我们投身建功立业的大舞台，让壮丽的凯歌奏响在齐鲁大地！"这样的结尾，似催征，如号角，很能鼓舞士气，激发力量，使每一位出征者如鼓满风的帆等待起航，从而使晚会在高潮中落下帷幕。

3．新闻发布会的主持技巧

新闻发布会主持要注意自己讲话的分寸。在新闻发布会上，主持人的一言一语，都代表着主办单位。因此，主持人必须对自己讲话分寸给以重视。

新闻发布会主持人虽然不像电视主持人那样是公众人物，但面对的却是媒体，稍不留意说错一句话，马上就会被记者传播出去。因此，新闻发布会主持人在主持中的讲话很重要。

① 要坦率、诚实。主持人的发言要建立在坦率、诚实的基础上，在引导发言人和记者提问时，不要含糊其辞，要条理清楚，重点集中，令人一听就懂。在新闻发布会上，主持人有意卖弄口才、口若悬河，往往是费力不讨好。

②　要提供新闻。新闻发布会，自然就要有新闻发布。新闻界人士就是特意为此而来的。所以在不违法、不泄密的前提下，主持人要善于引导发言人满足新闻人士在这方面的要求，至少，也要使他在讲话中善于表达自己的独到见解。

③　要随机应变，机智地调节会场气氛。会议主持人要充分发挥主持和组织作用，以庄重的言谈和感染力活跃整个会议气氛，引导记者踊跃提问。当记者的提问离开会议主旨太远时，要善于巧妙地将话题引向主题；当会议出现紧张气氛时，要能够及时缓和气氛，不要随便延长预定会议时间。

④　要幽默风趣。主持人在主持之际，适时地运用幽默风趣的语言来引导发言人或回答记者，可以直接影响到现场的气氛。当记者提出一些刁难问题时，主持人用准确幽默的引导往往可以带动发言人化险为夷。因此，适当地采用一些幽默风趣的语言，巧妙的典故，也是必不可少的。

⑤　要温文尔雅，不卑不亢。主持人和发言人一样，对记者不能傲慢无礼，更不要随意打断记者的讲话或提问，不能冲动、发怒，要表现出涵养。主持人唯有语言谦恭敬人，高雅脱俗，才会不辱使命。

⑥　要谨言慎行。因为各新闻记者大都见多识广，加之又是有备而来，所以他们在新闻发布会上经常会提出一些尖锐而棘手的问题。遇到这种情况时，主持人要引导发言人在讲话时要时刻想到，自己的举止是在众目睽睽下，说的话可能会被记者在媒体中曝光，因此，一定要慎之又慎，讲话要准确，能答则答，不能回答则应当巧妙地进行回避，或是直接告之以"无可奉告"。

⑦　主持人与发言人要相互配合。不论是主持人还是发言人，在新闻发布会上都是一家人，因此二者之间的配合默契必不可少。要真正做好相互配合，一是要分工明确；二是要彼此支持，一唱一和，掌握好节奏。

主持人要清楚自己的身份，认清自己并不是会议的主角。在新闻发布会上，主持人与发言人分工有所不同，因此，必须各尽其职，配合默契。主持人不要与发言人抢话头，替人代劳，以炫耀自己。

主持人在新闻发布会中要做的主要是主持会议、引导提问。在新闻发布会上，发言人要做的主要是主旨发言、答复提问。有时，在重要的新闻发布会上，为慎重起见，主办单位往往会安排数名发言人同时出场。若发言人不止一人，主持人事先必须对他们进行内部分工，让他们各管一段，否则人多嘴杂，话要么没人说，要么抢着说。一般来讲，发言人的现场发言应分为两部分，首先进行主旨发言，接下来才回答提问。当数名发言人到场时，只需一人进行主旨发言即可。主持人一定要牢记，自己是为发布新闻服务的，协调会场气氛，协助发言人完成精彩的讲话，才是自己要做的事情。

主持人、发言人在新闻发布会上应做到彼此支持，精诚配合。在新闻发布会进行期间，主持人与发言人必须保持一致的口径，不允许公开顶牛，相互拆台。当新闻界人士提出的某些问题过于尖锐或难以回答时，主持人要想方设法转移话题，不使发言人难堪。而当主持人邀请某位新闻记者提问之后，发言人一般要给予对方适当的回答。不然，不论对那位新闻记者还是对主持人来讲，都是非常失敬的。

在主持过程中，主持人一定要集中精力，头脑灵活，与发言人同心协力地克服会议中的难题。

4．会议的主持技巧

领导者主持会议的技巧关系到会议的成败。领导者主持会议，在用语上必须达到控制节奏、紧扣主题的总体目的。这就要求会议主持的领导者必须明确开会的目的，把握会议的主题，事先做好充分的准备，成竹在胸，方可临危不乱，游刃有余。尤其是会议的导入阶段更是一个会议讨论的关键。

（1）说好会议的开场白。

会议的顺利进行，不仅有赖于良好的会议气氛，更依赖于精彩的开场白。它可以使与会者感到要讨论的是与自己切身利益相关的问题或是普遍受到关注的问题，这样就能激起与会者的兴奋点，吸引其注意力，充分调动各种积极因素，将会议引向成功。

① 开宗明义，先声夺人。所谓开宗明义，先声夺人，就是指会议开场白不能拖泥带水。开场白既要把开会目的讲明，又要把重点说清楚，使与会者有思想准备，为领导会议精神打下良好的基础。同样，也不能以三言两语草草收场，意不明，言已尽，使与会者不明白会议的议题，失去对会议的兴趣。好的会议开场白可以一下子抓住与会者的注意力，给人以深刻的印象，就如同看一部引人入胜的电影，开始就兴味盎然，人们自然愿意继续了解下面的情节。

② 灵活变通，营造气氛。开场白中陈述会议主题、意义和议程等内容是必不可少的，但这并不是要囿于程式，而是要根据实际情形，灵活变通。

会议的类型多种多样，所需营造的气氛也不同：征求意见会要求各方畅所欲言，集思广益，需要的是生动、热烈的氛围；研究解决问题的会议则需要的是严谨、严肃的气氛；欢迎会上的气氛要热情洋溢；欢送会上则要流露出依依惜别之情。

营造会场气氛，调动与会者的情绪，靠的是主持人的口才技巧，不是粗声厉气。下面是一篇较为成功的会议的开头：

"春来谁做韶华主，总领九英是牡丹。古城洛阳迎来了第九届牡丹花会。 热情好客的洛阳人，诚挚地欢迎外国朋友、港澳台同胞和来自祖国各地的客人光临……"

会议领导者的欢迎词真诚感人，令人如沐春风，烘托出喜庆的气氛，遣词造句又恰到好处，与当时的场合极其吻合。

（2）拉回会议跑题。

跑题是主持会议者经常遇到的老大难问题。跑题在一定程度上会起到调节会场气氛的作用，但必须适可而止，否则，不仅不能解决实际问题，而且会造成扯皮现象，助长拖沓和漂浮作风。因此，会议主持者一旦发现会议跑题，必须采取措施，及时将主题拉回来。拉回跑题的方法主要有以下几种。

① 欲擒故纵。发现跑题后，主持者应不愠不火，借机切入，顺势拉回，否则，硬生生地拉回正题，会使与会者的情绪受到影响，挫伤大家发言的积极性。主持者可以有意识地加入偏离话题的讨论中，适时地插入一句转折的话，使讨论峰回路转，顺势转入正题。如在讨论本单位工作时，与会者的讨论点却跑到了当前国际热点问题上去，这时，主持者不妨先插上几句讨论，随后接道："当前的国际形势确实让人捉摸不透，在这样的国际环境中，我们很有必要增强事业心和紧迫感，那还是先看看我们自身的工作该怎么做吧。"

② 歪打正着。有时跑题的内容是一些群众十分关心的问题，这些问题虽然不是预先设

定的会议主题，但也是本单位亟需解决的问题。此时，主持者要灵活掌握，因势利导，及时提出新的议题，把分散无目的的话题转变为有意义的话题。但是，讨论此类问题在时间上一定要把握好分寸，不能喧宾夺主，影响会议主要问题的解决。

③ 快刀斩乱麻。对于一些消极的话题或不负责任的议论，会议主持者必须当机立断，直接制止，或用语言明示，或用动作表达，使会议言归正传，防止不和谐音的扩散。

（3）调和会议争执。

真理越辩越明，科学决议的形成需要与会者思想的激烈碰撞，但过激的讨论极易引起争执，甚至会出现争吵的现象。这样不仅会使会议不欢而散，达不到开会的目的，而且会损害与会人员之间的团结，给单位整体建设带来不利影响。由此可见，调和争执也是会议主持者应掌握的一门艺术，主持者需掌握以下技巧。

① 防患于未然。发生争执一般都有苗头，欲使正常的讨论不致发展成为争执，就必须提高警惕，尽早发现争执的苗头，及时化解矛盾，尽量不让其恶化为争吵。主持者要把讨论限制在正常范围内，即使是批评同志，也决不允许借机搞人身攻击。

② 以我为主。会议主持者必须善于运用主持会议的优势，把握会议的主动权。如利用主持者的身份限制过激言论，鼓励建设性建议；避免争执双方失控。若主持者不便出面评说时，可暗示有较高威信的与会者出面调停等。

③ 冷处理。当争执需要主持者当场调和时，主持者要做到"心在局内身在外"，不能带有私人感情，支持一方，批驳另一方；不要左右迎合，不判你是我非，而要对双方的观点和理由进行客观评说；不要参与争执，一旦发现自己有可能被牵扯进去，就要及早退出。如果调停不成功，可用暂时休会的方法，待做通双方或一方的思想工作后再复会。

（4）烘热会议冷场。

冷场是主持会议的一大忌，冷场不利于形成各抒己见、畅所欲言的良好氛围，不利于实现会议的目的。主持者应根据造成冷场的不同原因，采用灵活的方式，激励与会者积极发言。

① 重申主题。出现冷场现象，有时是因为与会者在参加会议之前并不十分清楚会议内容，由于准备不足而无法发言。出现这种情况时，主持者应重申会议的主题、内容和基本情况，积极提示，给出重点，使与会者明确会议的主题、意图和程序，这样，与会者就容易发表自己的认识和见解，会场气氛也就会随之而热起来。

② 指名道姓。有些人怕讲不好丢面子，或感到自己的职位低，不够资格，不愿在公众场合发言。这就要求主持者要善于察言观色，及时发现抱有这种心态的人，或用眼色示意，或直接点名，鼓励其发言。另外，为避免冷场，也可以预先安排率先发言人员，一个人开了头，其他人就会接着讲，会场气氛自然会活跃起来。

③ 讲明政策。有的人明哲保身，唯恐言多有失，会议中不愿发言。因此，主持者会前必须将政策讲明，把道理说透，倡导大家讲真话、说实话。如"今天的会就是请大家来提意见的，大家可以畅所欲言，把心里的话都讲出来，不必有什么条条框框，说错了也不要紧，对发言不记录，只记录会议形成的结论。"等，消除了与会者的顾虑，就能够有效避免冷场现象的发生。

5．产品推介会的主持技巧

产品推介会是目前新产品上市时常用的一种推广活动。通过举办形式多样的活动，让观众了解产品的特性。因此，产品推介会的主持人要善于将产品的特点、亮点展示给观众，从而给观众留下深刻的印象。我们看下面一个产品推介会的主持词。

主持人："尊敬的各位领导、各位来宾、新闻界的朋友们：

大家下午好！

我是晓月，非常荣幸能有这样一个机会与在座的各位一起分享××产品推介会的盛况。我首先代表公司的全体员工向大家的到来表示最衷心的感谢！感谢你们在百忙中抽出时间光临我们的推介会现场。朋友们，在这个美丽的春天，我们相聚一堂，怀着对'上层建筑群、名流生活圈'的向往与憧憬，共同品鉴我们公司的产品价值，一起见证它的今天和明天。在这里，我先跟大家介绍一下来到'产品推介会暨红酒晚宴'的现场嘉宾。他们是董事长李磊先生、……大家欢迎。好，让我们再次用最热烈的掌声向各位远道而来的贵宾朋友表示最诚挚的谢意！谢谢你们！

朋友们，莅临本次产品推介会的除了在座的各位领导、各位嘉宾，还有一直以来给予我们关注和支持的新老客户、业界同行及来自媒体的各位朋友。在此，我也代表公司对各位嘉宾和朋友的到来表示热烈的欢迎！欢迎你们！同时，感谢你们的盛情参与，感谢你们对我们公司项目的支持和厚爱！

下面，我们掌声有请公司董事长李磊先生为本次产品推介会致辞！"

9.3　电话口语

9.3.1　电话沟通的特点及接打电话的注意事项

鸿雁传书，飞马送信，这些都已是古代浪漫而又辛苦的故事。随着科技的发展，现代人的沟通和交往在极大程度上已经依赖于各式各样的便捷通信工具，电话就是其中一种。除了无法亲眼见到对方，电话交流和面对面的谈话相差无几，但也正因为"只闻其声，不见其人"的特性，人们在接打电话时一不留神就会给对方留下不良印象，而一次成功的电话沟通又往往具有神奇的力量。随着商务交往越来越离不开电话这一便捷的通信工具，电话礼仪在商务礼仪中的地位越发重要。虽然来电者看不到你手拿电话听筒时的样子，但他们可以从讲话的口吻中感受到你的素质和状态。 电话交流还要避免语速过快，或将一些专业用语、自己公司常用的省略语原封不动地说给对方听，这会让对方难以理解，为双方的商务交往制造不必要的障碍。

使用电话时，拨打与接听都有相应的注意事项。

1．打电话的注意事项及礼貌用语

（1）要选择对方方便的时间。

① 不要在他人的休息时间内打电话，每天上午七点之前、晚上十点之后、午休和用餐

图 9-3　不合时宜的电话

② 打电话前要搞清地区时差以及各国工作时间的差异，不要在休息日打电话谈生意以免影响他人休息。即使客户已将家中的电话号码告诉你，也尽量不要往家中打电话。

③ 打公务电话时不要占用他人的私人时间，尤其是节假日时间。

④ 非公务电话应避免在对方的通话高峰或业务繁忙的时间段内拨打。

（2）拨打电话前做好充分的准备。

在打电话之前，要将所讲事情的要点写在纸上，准备好相关资料，避免在打电话时有所遗忘、条理混乱、现说现想的问题。

（3）打电话时应注意的文明举止。

① 打电话开场白：先说"你好"（见图 9-4）。声音要清晰、明快。商务电话只有在确认信号好坏的情况下，才能开口喊"喂"，其他场合均为禁例。要讲的事需从结论说起，才能将要点清楚明白地告诉对方。遇到数字和专有词汇，应进行复述，注意别出差错。

② 打电话时，不要把电话夹在脖子上，也不要趴着、仰着、坐在桌角上，更不要把双腿高架在桌子上（见图 9-5）。

图 9-4　电话开场白

图 9-5　打电话的禁忌

③ 不要以笔代手去拨号。

④ 话筒与嘴的距离保持在 3 厘米左右，嘴巴不要贴在话筒上。

⑤ 挂电话时应说再见并轻放话筒，不要用力摔，这样很可能会引起对方不快（见图 9-6）。

⑥ 不要骂骂咧咧，更不要采用粗暴的举动拿电话撒气。

2. 接电话的注意事项及礼貌用语

① 要及时接听。电话铃声响起后，应尽快接听。但也不要铃声才响过一次，就拿起听筒，这样会令对方觉得很突然，而且容易掉线。一般应在第二声铃响之后立即接听。若电话铃声响过许久之后才接电话，要在通话之初向对方表示歉意。

② 要有礼貌，自报家门，并向对方问候。在礼貌问候对方之后，应主动报出公司或部

门名称及自己的姓名，例如，"您好，我是中国平安公司。"切忌拿起电话劈头就问："喂，找谁？"同样，来电话的人需要留话也应以简洁的语言清晰地报出姓名、单位、回电号码和留言。结束电话交谈时，通常由打电话的一方提出，然后彼此礼貌地道别。无论什么原因电话中断，主动打电话的一方应负责重拨。例如：

"您好，我是中国平安公司。"

"你好，我是你们的一个客户，刚买过一个险种，我想找你们的理赔部咨询一件事情。"

"好的，您稍等，我马上将电话转到理赔部。"（见图9-7）

图 9-6　轻放话筒　　　　　　　　　　图 9-7　自报家门

③ 要有耐心，对打错电话者不要训斥。

④ 注意通话语调。用清晰而愉快的语调接电话，能显示出说话人的职业风度和可亲的性格。虽然对方无法看到你的面容，但你的喜悦或烦躁的情绪仍会通过语调流露出来。

⑤ 分清主次。接听电话时不要与其他人交谈，也不能边听电话边看文件、电视，甚至是吃东西。在会晤重要客人或举行会议期间有人打来电话，可向其说明原因，表示歉意，并承诺稍后联系。例如，"很抱歉，我正在开会，若您方便的话十分钟后我给您回过去。"

⑥ 及时回复电话留言。

在商业投诉中，投诉不能及时回电话是最为常见的。为了不丧失每一次商务机会，有的公司甚做出对电话留言须在一小时之内答复的规定。

9.3.2　电话咨询服务的技巧

1. 电话咨询服务流程

（1）接起电话。

① 任何时间有电话打进来，就近的所有员工必须两声之内接起电话，特殊情况不得超过四声接起电话。

② 如果接起电话，发现听不到对方的声音或听不清楚对方讲话，不能马上挂断，要说"对不起，我这里听不清您的声音，我给您回过去好吗？"

③ 如果接起电话后又断线了，必须在 5 分钟内查询号码给客户回复电话，不能置之不理。

④ 接起电话时的第一句话要说："您好，×××为您服务"。面带微笑，语音柔和，

吐字清晰，保证让对方能听清名字。夜间值班电话、转接的电话和内线电话同样要求。

⑤ 如果客户要找销售员，可以直接转接该销售员接听电话，如果对方要找的销售员不在办公室，告知客户该销售员的手机号码。

⑥ 在人少、电话多的情况下，先保证正在接听的电话通话结束后，再接起另外的电话，并向客户道歉。

⑦ 对客户一律称呼"您"，不得说"你"。

（2）接听电话。

① 接听电话时不得打断客户描述问题的过程，听客户陈述时要适时对客户做出响应，不能心不在焉。

② 如果接电话的过程中需要客户等待时，要向客户致歉，并且征得客户同意，并明确告知客户需要等待的时间。

基本用语："请您稍等××分钟（明确的时间），好吗""让您久等了"。

③ 当不能确定客户描述的问题或状态时，适时对客户的问题予以复述，复述问题要耐心。

基本用语："您的问题是……"

④ 在接听客户电话的过程中不得中途放下电话接听自己的手机。

⑤ 非服务人员接听服务电话时尽量给客户解决问题，如果解决不了时需要向客户说明过几分钟由服务人员回电话。

基本用语："对不起，服务人员正在接电话，××分钟（必须是明确的时间）之后给您回电话，好吗？"

（3）提出方案。

① 在客户的问题描述完毕，自己认为理解后，需要复述客户问题，确保已经正确理解客户遇到的问题。

基本用语："您看我这样理解对吗？……"

② 给客户提出解决方法时，用客户容易理解的话来描述，尽量不使用专业术语。

③ 解决问题的过程中发现是客户操作或者理解错误，也不要直接说是客户的错，应委婉告知客户正确的操作和理解是什么。

④ 在解决完当前问题后，根据客户当前问题的相关联问题提出建议，提醒客户操作时的注意事项。

（4）达成协议。

① 提出问题的解决办法后，确认客户是否已经清楚了解决办法。

基本用语："您清楚如何处理了吗……"

② 在解决完当前问题后，需要跟客户确认是否还有其他问题，并询问客户单位、电话。

基本用语："您看还有其他问题吗……"

"请问您怎么称呼？"

"您的电话是×××，对吗？"

③ 最后，感谢客户来电，和客户礼貌道别。

"感谢您和我们联系，有问题请随时打电话！"（直接结束时）

④ 接听的所有电话必须在《电话咨询记录表》上进行记录，要求记录内容完整、真实、符合要求。

⑤ 每天下班前，确保《电话咨询记录表》上的问题已经全部处理完毕，由于产品原因不能解决的问题录入有关工作笔记，要转给相关技术人员处理。

2．电话咨询常见问题处理方式

（1）技术服务的处理方式。

① 对于转交其他人员处理的问题，第一个接到客户电话的人应该负责对该问题跟踪到底，并要及时回复客户。

② 若需要客户发邮件，应告知客户邮箱地址，并及时与客户联系，确认客户是否收到邮件。不要让用户催促。

③ 当不确定自己提出的解决方案一定能解决客户问题时，应记录下来并在规定时间内给客户去电话，确认是否已解决。

④ 对于需要自己测试后再回复客户的问题应与客户约定时间，在约定的时间内回复用户。在约定时间未解决时，需要与客户再次约定回复时间，不要无限期拖延，没有音信，造成客户不满。

⑤ 对于打电话过来反馈产品问题或者提出产品需求的用户，应首先表示感谢，随即将客户反馈的问题及客户的联系方式录入系统，每个月由相应的服务经理统计客户名单，对这些客户表示感谢。

⑥ 若通过电话不能迅速解决问题（给客户建议的解决方案不超过 3 次）时，就要以其他方式解决或者上门服务。不要让客户感觉到自己不被重视或者拖延时间。在和客户达成协议上门时，要询问客户准确的地理位置。

（2）报名培训的处理方式。

① 如果客户要报名参加培训，首先要告诉客户培训的计划表，询问客户要参加的培训科目，并询问客户目前的状况，根据客户的情况给出学习的建议。

② 在客户确认参加了科目后，记录下客户的姓名、单位、电话、手机，并告知客户在培训前的一至两天内会再次确认。将此信息录入《培训登记报名表》。如果多人报名培训，则几个人的名字、联系方式都要详细记录下来。

（3）销售咨询的处理方式。

① 如果客户询问销售产品的价格，应记录下客户的姓名、单位、电话号码、购买需求，提交给销售经理处理。如果需要向客户报价，要按照公司的报价单报价。

② 对于不清楚的价格细节或其他事项则需要请示后再报价。

（4）特殊请求的处理方式。

① 如果客户直接要求上门服务，咨询人员首先要引导客户描述清楚问题，能通过电话解决的则通过电话手段解决，若不能则向经理或技术服务人员申请上门，由其安排上门服务。处理过程中注意不要让客户感觉能不上门就不上门。

② 服务人员无权拒绝为客户提供上门服务，除非事先得到过授权。

9.3.3　电话处理异议的技巧

商务活动中销售的过程就是不断产生异议，不断解决客户的异议，与客户建立信任关系，最后引导客户达成交易的过程。在前面章节，我们对于当面处理异议已经有所介绍，下面，我们重点讨论电话处理异议的技巧。

1．事前做好准备

面对客户的拒绝，事前有准备就可以做到胸中有数，从容应付；事前无准备，就可能张皇失措，不知所措。

2．选择恰当的时机

（1）在客户尚未提出异议时解答。

销售人员察觉到客户会提出某种异议，最好在客户提出之前，就主动提出并给予解释，这样可使销售人员争取主动，先发制人，从而避免因纠正客户的看法，或反驳客户意见而引起气氛紧张。例如，"您好，最近我们的产品由于升级有些用户对某些使用功能不太适应，我想向您介绍一下这些新增的功能。"

（2）异议提出后立即回答。

绝大多数人提出异议后需要立即回答，这样既可以促使客户的购买，又是对客户的尊重。例如，"您好，您说得很有道理，我们的产品改进之后，很多熟悉原先性能的老客户对新改进的功能很不熟悉，我们改进这些功能的目的是 ……"

（3）暂时保持沉默。

遇到以下几种情况可暂时保持沉默。

① 异议显得模棱两可，含糊其辞，让人费解。

② 异议显然站不住脚，不攻自破。

③ 异议不是三言两语就可以辩解或解释清楚的。

④ 你没有足够的事实去真实有效地答复客户提出的异议。

（4）不予回答。

遇到以下几种情况可不予回答。

① 无法回答的奇谈怪论。

② 容易造成争论的话题。

③ 可一笑置之的戏言。

④ 异议具有无可辩驳的正确性。

⑤ 明知故问的发难。

（5）销售人员要给客户留"面子"，切忌跟客户争辩。

以下几种情况是处理异议时不能做的。

① 不能对客户的意见表示轻视。

② 不能语气生硬地回应客户。

③ 不能显示比客户知道得多。

3．针对性异议处理技巧

① 针对在初次通话中客户的刁难及在交流讨论中客户对产品或服务的疑问。客户在初次通话中的刁难，往往持质问、不信任的态度，甚至有些客户会摆出盛气凌人的架势。

例如，"这一周，你们公司已经就同一问题给我打了三次电话？"（语气生硬，很气愤）

在处理此类问题时，首先要澄清问题，适时表达歉意，体现自己的专业性，同时表达出自己的友好及此次通话的目的，从明显使客户获益的角度进行陈述。例如，"非常抱歉打扰了您的生活，给您带来了许多的不便，我们的销售人员可能是过于着急想把问题解决好，由于这个问题写在了我们的问题记录本上，但电话记录方面不够细致，以致不同的销售人员都在就同一问题向您询问，这是我们工作的失误，我保证您所说的问题将在 24 小时内解决。"如果上述问题能够成功解决，客户很可能进提出另外的问题。如果上述问题处理不好或回答不当，很容易导致这一客户销售的终止或后期花费更多的时间解释。在整个销售的过程中，把握事情的进度，如果销售的进度把握不好，与客户的亲和力不能建立，客户很可能通过第二类问题摆脱和你的进一步交流。例如，"我对你们的产品质量表示怀疑，不用再向我解释什么了，我要求退货！"

② 针对促使顾客做出购买决定。处理步骤如下。

首先，保持良好的心态。在电话销售的过程中，良好的心态是第一重要的事情。尤其是初次从事电话销售的人员，更加需要克服对异议的恐惧感，快速调整自己的心态。

其次，转换问题的定义。客户对您说："太贵了！"可能意味着客户真的认为太贵，也可能是"凭什么你的产品值这个价钱"。这时，我们需要转化问题的定义，将问题的解决向有利于销售的方向引导。例如，"这种产品的性能方面有所提高，增加了很多新的功能，例如……"

其后，确定客户真正的障碍或阻力。

在我们对问题的定义转化解释后，我们需要进一步确定客户认为贵或不购买的真正原因。您可以通过探测的询问方式。

例如，"您有什么顾虑？""什么使您这么犹豫不决？""看样子似乎有什么东西阻碍您现在做出决定。它是……"

最后，变阻力为卖点。

在知道客户阻力的真正原因后，抓住客户关注的核心点，引导客户。

4．投诉电话的处理

电话投诉是客户寻求解决问题的途径、发泄内心不满的一种形式，为公司工作的改进和完善提供一个很好的平台，但另一方面，也使管理者和一线工作人员面临着巨大的压力。客户投诉处理不好，会损坏企业的形象，造成一定的负面影响。如何才能做好客户电话投诉工作？首先，接到投诉时要注意自己说话的方法、声音、声调等，做到彬彬有礼；其次，利用换位思考，站在对方的立场来着想，无论对方怎样感情用事，都要重视对方，不要有失礼的举动。日常工作中处理投诉主要做好以下 "五步曲"。

（1）聆听。

客户投诉，不仅是为了寻求解决问题的途径，也是为了发泄内心的不满。这就要求我们在处理客户电话投诉的过程中，要把握好"听"的度，做一名优秀的"倾听者"。聆听客户投诉是一门艺术，在这个过程中可以平息客户内心需要宣泄的不满，也能发现客户的真正需求，获得处理投诉的重要信息，而这正是做好客户投诉处理的关键环节。倾听时要注意避免在电话周围出现其他的声音，如谈话声和笑声传入电话里，会使顾客产生不愉快的感觉。投诉服务电话最好设在一个独立的房间，最低限度也要在周围设置隔音装置。

（2）询问。

仅仅倾听客户所言并不能全面地了解真实情况和客户需要投诉的内容。在细心认真地聆听过客户的投诉后，需要引导客户说出问题的重点，有的放矢，并适度地表示有同感。如果客户知道你的确关心他的问题，也了解他的心情，怒气便会消减一半。设身处地地分析、询问，对客户心情表示理解，将询问引到公司相关政策的宣传上。那么，处理投诉工作基本成功一半。在询问时需注意以下几点。

① 对于顾客的不满，应能从顾客的角度来考虑，并以声音表示自己的同情。

② 要以恭敬有礼的态度对待顾客，使对方产生信赖感。要采取客观的立场，防止主观武断。

③ 要稍微压低自己的声音，给对方以沉着的印象，但也要注意不要压得过低使对方觉得疏远。要注意以简洁的词句认真填写顾客投诉处理卡，不要忽略诸如 who（谁）、what（什么）、why（为什么）这样的重点项目。

④ 在未设免费电话的地方，如果收到顾客打长途提出投诉的情况，可以请对方先挂断，再按留下的号码给对方打回去。这样做，有很多优点：一是节省对方的电话费用，以"为对方着想"的姿态使对方产生好感；二是借此确认对方的电话号码，避免不负责任的投诉；三是遇到感情激愤的顾客，可以借此缓和对方的情绪。

⑤ 在电话里听到对方姓名、地址、电话号码、商品名称等重要事情，必须重复确认，并以文字记录下来或录入计算机。例如，"我再确认一下您刚才所说的信息：您是张先生，家住西环路一号，电话是 1366331××××，您反映的问题是电视收看过程中图像不清楚，我所记录的这些信息对吗？"

（3）记录。

对客户电话投诉应该是痕迹化管理。对投诉内容应该全面、客观地记录，这样有利于职能部门对客户电话投诉的内容有十分全面的认识，也有利于追查落实责任。必要时甚至做好电话录音。

（4）道歉。

造成客户投诉的原因是多方面的，但没有无缘无故的投诉。仔细分析，总会发现某个工作流程或某个服务环节存有瑕疵。面对投诉，应该真诚适度地表示歉意。据调查发现，客户对投诉最大的不满是责任方的漠不关心或据理力争。找借口或拒绝，只会使对方火上加油，而适时地表示歉意会起到意想不到的效果。

（5）解决。

处理客户投诉的目的是解决问题，在条件允许的前提下，探询客户希望解决的问题，在职责范围内，以尽可能快的速度，确定最佳解决方案，最终妥善处理客户投诉。

【案例 9-1】

保险公司的业务员想向客户推销一种新的险种，但客户表示没有购买欲望，业务员通过电话来排除客户对保险的异议。

业务员："您好，最近我们公司新推出一种险种，我觉得对您比较合适，您看什么时候方便我给您讲解一下。"

客户："抱歉，最近我没有购买保险的意向。"

业务员："我想你平常一定非常注意对身体的锻炼与保养，但人吃五谷杂粮，难免不生病，这个险种就是针对日常生活中出现的重大疾病给您一个保障。"

　　客户："我目前手头没有多余的钱购买保险。"

　　业务员："相信您对自己的财务有一个很好的规划，每分钱都用到恰当的地方。但一旦生病，在疾病上面的投入则大大超出预算，很多家庭甚至因为一场大病而倾家荡产。这样的例子您也一定从媒体或身边的朋友中听说过，而这款险种则是让您平时投入一些不影响生活的小钱，当疾病来临时确能给您解决比较大的问题。"

　　客户："听你这么说我倒想听你介绍一下，你今天下午来我办公室谈一下吧。"

　　业务员："好的，谢谢！"

9.3.4　电话采集信息的技巧

　　电话采集不同于入户调查，是一种较为特殊的形式，有其自身的特点。首先，由于没有亲身接触，受访者很容易对电话采集员的身份产生不信任感。在这种情况下，电话一接通就应首先亮明自己的身份，给对方先入为主的印象。假如访问中受访者再次问到诸如"你们究竟是哪个单位的"之类的问题，需要用平静的口吻耐心地重申"我是电话信息采集员"，必要时可以再谈一谈这次访问对于受访者的重要意义；其次，开场白很重要，它要求简短扼要，对于访问的目的一定要讲得清楚明白，并且访问的内容是作为研究用的，这样拒访的概率就会低些；最后，访问开始后，每一个问题都要严格按照问卷上的原话来提问，有时用自己的话去问很可能会造成理解错误，产生不必要的麻烦，耽误时间。

　　但电话访问如果占线时间太长，会影响受访者的工作，所以，上下有关联的问题可以连续问，当受访者回答完某一问题时可立即转入下一问题，记录迅速，反应敏捷，这些都可以节约时间，提高效率。当碰到拒访或中途想中断访问的受访者，可以采取一些委婉的方式，耐心地告诉对方你可以过一会儿再打或者另外约定一个时间，"精诚所至，金石为开"。如果从对方语气中确切得知其不愿接受访问，就礼貌告辞。最后，电话访问的语气语调要控制好，因为受访者只能从你的声音中获取信息，所以，尽量以一种中立的语气提问。电话访问中还会碰到受访者不太清楚的问题，可以用探询的口气问其是否能帮助核查一下，待会儿再访。在信息采集过程中，常用的技巧有以下几点。

1. 选择恰当的调查时机，善用电话开场白

　　人们对信息的反应及过滤受时间因素影响。在开始调查前要保证对方有时间。较好的调查时间一般是周末，应尽量避开工作、休息、吃饭时间。时机选好后，好的开场白可以让对方愿意和调查员多聊一聊，以便更多地了解住户的家庭情况。例如，可以这样开场："您好，是王师傅家吧？我是区统计局的小李，您家是记着一本居民家庭收支账吧？记得挺详细的！我是想问一下……"

2. 直接请求转接到对象部门

　　对办公场所进行电话信息采集，不要同电话第一接听人做过多解释，而要用肯定的语气请其接转可能存在相关访问对象的部门。由于电话第一接听人往往是单位的接线员或办公室一般职员，他们的工作只是按对方的要求接转电话，所以，在这时通常不必向其说明你的来历，试图请电话第一接听人帮助找到合适的访问对象的正确方法是请其转接可能存在相关访

问对象的部门，而不是向其说明你对访问对象的具体要求，请其判断转接人。例如，"我想找负责财务的王处长，麻烦您让他接个电话。"

3. 主动介绍自己的身份

电话被转接到相关部门后，访问员应向该部门电话接听人主动介绍自己的身份，包括公司名称、个人姓名，并简单介绍项目内容等，明确说明希望请什么样的人接听电话。在这一环节主动介绍自己的身份，有助于体现公事公办的态度。不做自我介绍，上来就提要求，有时也是可行的，但有失礼貌，特别是在接听人恰恰是你要找的人时，显得过于唐突。

4. 模糊访问时间

在访问开始说明整个访问所需时间时，可以用一个比较模糊的概念表达，或说得相对短些。表明不会占用太多时间，简单说明"占用"您几分钟好吗？为了让对方愿意继续通电话，最常用的方法就是请对方给两分钟，一般人听到两分钟时，通常都会出现"反正才两分钟，就听听看好了"的想法。实践证明，当人们决定接受访问后，时间如果稍微超过事前的约定，通常不会计较。所以，在访问开始前，访问时间的说法可以表现得灵活一些，目的是能说服对方接受访问。但过于离谱的说法将增大访问难度，如说两分钟，实际超过了二十分钟，就会让受访者感觉受骗上当而拒绝继续接受访问。

5. 调整自己的音量与速度，声音柔和亲切

人与人见面时，都会有所谓"磁场"，电话交流中，调查员若与住户的磁场吻合，谈起话来就顺畅多了。因此，在谈话之初，采取适中的音量与速度，等辨出对方的特质后，再调整自己的音量与速度，让住户觉得你和他是协调的。说话时让自己处于微笑状态。微笑地说话，声音也会传递出很愉悦的感觉，听在住户耳中自然就变得有亲和力，让每一通电话都保持最佳的质感，并帮助你进入对方的时空。

6. 注意礼貌用语

电话交谈中，多使用感谢的话语及恭敬的称谓，将使整个访问在和谐愉快的氛围中进行。不要为了追求速度而节约适当的感谢。但应注意感谢的表达要真诚，并且，不要和公事公办的态度相矛盾，不要变成采集员在"求着"对方合作。用语准确，礼貌文明。采集人员应尽量使用表述精确的语句，避免书面语、专业术语，对于不理解的换种表达方式。文明礼貌，不随便打断对方的讲话，不能使用令人反感的语言。巧用声音、语速、语调和停顿。声音甜美，说话简洁明快，语速适中，停顿巧妙，可以使讲话有层次、有重点，吸引被调查者的注意力。避免使用"调查"、"访问"等词，建议多使用"请教"、"听取意见"等软性词，以减少受访者的顾虑和不必要的误解。在人称方面，建议多用"您"，或"贵单位"。在告别时一定要说"真诚感谢您的支持和配合"及一些祝福的话等。让被调查者在调查结束后比较高兴，这样当你再打电话时就不容易被拒绝。

7. 善于提问

根据提问对象，将有序提问与即兴提问结合。按时间、逻辑，由易而难提问，这样既方便对方回答，也有助于采集员整理资料时脉络清晰。正问、反问、侧问、追问、设问等多种

方式配合运用，提起被调查者的兴趣。提问须浅显明白，特别是面对文化水平较低的调查对象，问题要具体明确。

8．积极倾听

善听才能善言。倾听不仅表示对被调查者的尊重，还有助于我们了解被调查者的基本态度。切忌只顾发问，忽视与调查对象的交谈。

例如，小王是一家外资洗化企业的市场调查员，需要通过电话采集该公司产品在市场上的占有率。下面是她与客户的电话调查过程（见图 9-8）。

图 9-8　善于提问

小王："您好，我是宝洁公司的市场调查员，想对您做个采访，了解您对我公司产品的使用情况，这样有助于我们更好地改进产品，服务客户，这些信息仅在我们内部做市场分析时使用，不会对外泄露，您看占用您两分钟时间可以吗？"

用户："行，你就问吧。"

小王："请问您家里平常都使用什么牌子的洗发水与护发素？"

用户："力士、海飞丝、潘婷等都有。"

小王："您是根据什么来购买这些产品的，比如通过电视广告、商场促销还是朋友介绍？"

用户："有时商场搞活动就买。"

小王："在您使用的这几个牌子中，有没有感觉比较好的，比如对它的包装或味道比较喜爱？"

用户："我比较喜欢潘婷的，对我的烫发发质用着效果比较好。"

小王："在价格方面您感觉怎么样？偏贵还是适中？"

用户："价格还可以吧，商场搞促销活动时比较实惠。"

小王："非常感谢您接受我的采访，耽误您的宝贵时间了，再见。"

用户："再见。"

🐝 训练题

1．A 市某公司要来一位洽谈生意的商务伙伴李总。作为办公室主任的小王，被领导安排负责对李总的整个迎来送往任务。按照计划，小王需先把李总从机场接到预定的酒店，稍作休息后再陪同李总一起去参加公司为李总安排的接风晚宴。第二天小王陪同李总到公司洽谈生意，第三天陪同李总参观本市的名胜古迹，第四天将李总送回机场。请先设想整个接待工作的各项细节，然后，由两个同学分别来扮演小王与李总，模拟整个接待过程。

2．礼品公司的销售员小周这周的工作计划是拜访一位客户，这位客户以前在小周的公司订购过一批礼品，小周想去拜访一下，看客户是否还有新的需求。请你和一位同学分别扮演小周和客户，模拟整个拜访过程。

3．请两位同学分别扮演顾客和超市的卖场接待人员，客户刚从超市买了一台空调，因对其的某项性能不太了解，要找超市的销售代表了解。但该代表此时不在现场，接待人员转接。请你们模拟整个电话沟通过程。

4．下面是 4 段主持人在节目中的开场语，先分析它们属于什么类型的开场白，它们的作用是什么，然后熟读数遍，进行仿说练习：

① 中央电视台主持人袁鸣在湖南主持节目的开场语：

"来到湖南，我总有一种说不出的亲切感，因为，我几年前曾在湖南电视台拍摄的电视剧《毛泽东和他的乡亲们》里扮演毛泽东的女儿李敏，所以我应该算是湖南人的'女儿'了，希望湖南的观众能够给予我更多的支持和帮助……"

② 上海电视台主持人曹可凡主持《海外博览》开场语：

"观众朋友们，晚上好！欢迎收看《海外博览》节目。本期的文化远旅栏目，我们将向你们介绍别具一格的挪威艺术；在经济广角栏目中，您将亲眼目睹日本关西大 机场的建设工程；另外，还请您光顾一家独特的晚间俱乐部……"

③ 中央电视台节目主持人敬一丹在《东方时空》特别节目《走进 97》中的开场语：

"走进新年，有些人家的旧挂历还挂在墙上，有的朋友呢，还会一顺手把年份写错。我们走进 97 总还会带着 96 的痕迹，过去的一年给每个人都印上了属于自己的年轮，留下属于自己的记忆，然而有些事、有些现场、有些瞬间，都是我们大家共有的，对于我们民族来说，有的甚至是历史性的。我们带着 96 的收获、96 的欣慰，也带着 96 未解开的难题走进97，那么 1997 年将会给我们带来什么呢？……"

5．请分析为什么这位青年记者采访中年女科学家失败了？

记者："请问，您毕业于哪一所大学？"

科学家："啊，对不起，我没有进过大学，我搞科学研究全是靠自学。我以为，自学也可以成才。"

记者：（愣了一下）"听说您成果累累，又完成了一个项目，请问您研究的下一个新课题是什么，能告诉我吗？"

科学家："看来您并不了解我的工作。我一直致力于原来的项目研究，目前只在这个项目课题上有了一些小小的突破，但远远没有完成，所以，谈不上有什么新项目、新课题。"

记者："（想转移话题，缓和气氛）您一定有一个支持您专心致力科研的和睦家庭，请问，您的孩子在哪儿读书？"

科学家："您大概不了解，我早已经决定把毕生的精力贡献给自己从事的科学事业，所以我一直独身至今。请原谅，这个问题我不愿多谈。"

记者："（语塞）啊……"

科学家："好吧，我工作也很忙，恕不奉陪了。"

附录 A   普通话水平测试样卷

（一）读 100 个单音节字词

昼	八	迷	先	毡	皮	幕	美	彻	飞	鸣	破	捶	风	豆
蹲	霞	掉	桃	定	宫	铁	翁	念	劳	天	旬	沟	狼	口
靴	娘	嫩	机	蕊	家	跪	绝	趣	全	瓜	穷	屡	知	狂
正	裘	中	恒	社	槐	事	轰	竹	掠	茶	肩	常	概	虫
皇	水	君	人	伙	自	滑	早	绢	足	炒	次	渴	酸	勤
鱼	筛	院	腔	爱	鳌	袖	滨	竖	搏	刷	瞟	帆	彩	愤
司	滕	寸	峦	岸	勒	歪	尔	熊	妥					

（二）读 50 个多音节词语

取得	阳台	儿童	夹缝儿	混淆	衰落	分析	防御
沙丘	管理	此外	便宜	光环	塑料	扭转	加油
队伍	挖潜	女士	科学	手指	策略	抢劫	森林
侨眷	模特儿	港口	没准儿	干净	日用	紧张	炽热
群众	名牌儿	沉醉	快乐	窗户	财富	应当	生字
奔跑	晚上	卑劣	包装	洒脱	现代化	委员会	

轻描淡写

（三）选择判断

1. 词语判断：请判断并读出下列 10 组词语中的普通话词语。
① 如薪   现在   而家   今下   目下
② 瞒人   边个   谁   啥侬   啥人
③ 为么子   做脉个   为什么   为什里   为啥   为怎样
④ 细小   细粒   幼细   异细
⑤ 后生子   后生崽里   后生家   后生仔   小伙子
⑥ 日里向   日里   白天   日上   日头   日时   日辰头
⑦ 婴儿   毛它   冒牙子   苏虾仔   婴仔   啊伢欻
⑧ 蚂蚁子   蚂蝇里   狗蚁   蚁公   蚂蚁
⑨ 这里   个搭   咯里   个里   呢处   即搭
⑩ 早上向   早晨   早间里   朝早   朝辰头

2. 量词、名词搭配：请按照普通话规范搭配并读出下列数量名短语。

一 →   把   张   棵   支   扇   辆   条   间   头   所

　　　　汽车   钥匙   桌子   钞票   树   笔   牛   学校   门   草

3. 语序或表达形式判断：请判断并读出下列 5 组句子里的普通话句子。
① 他大约要两三个月才能回来。
　　他大约要二三个月才能回来。

② 他好好可爱。

　他非常可爱。

　他上可爱。

③ 你去去逛街？

　你去不去逛街？

④ 你矮我。

　你比我过矮。

　你比我矮。

　你比较矮我。

　你比我较矮。

⑤ 那部电影我看过。

　那部电影我有看。

（四）朗读短文：请朗读第 12 号短文。

（五）命题说话：请按照话题"我的业余生活"或"我熟悉的地方"说一段话（3 分钟）。

附录 B　普通话水平测试朗读作品 60 篇

作品 1 号

那是力争上游的一种树，笔直的干，笔直的枝。它的干呢，通常是丈把高，像是加以人工似的，一丈以内，绝无旁枝；它所有的桠枝呢，一律向上，而且紧紧靠拢，也像是加以人工似的，成为一束，绝无横斜逸出；它的宽大的叶子也是片片向上，几乎没有斜生的，更不用说倒垂了；它的皮，光滑而有银色的晕圈，微微泛出淡青色。这是虽在北方的风雪的压迫下却保持着倔强挺立的一种树！哪怕只有碗来粗细罢，它却努力向上发展，高到丈许，两丈，参天耸立，不折不挠，对抗着西北风。

这就是白杨树，西北极普通的一种树，然而绝不是平凡的树！

它没有婆娑的姿态，没有屈曲盘旋的虬枝，也许你要说它不美丽，——如果美是专指"婆娑"或"横斜逸出"之类而言，那么，白杨树算不得树中的好女子；但是它却是伟岸，正直，朴质，严肃，也不缺乏温和，更不用提它的坚强不屈与挺拔，它是树中的伟丈夫！当你在积雪初融的高原上走过，看见平坦的大地上傲然挺立这么一株或一排白杨树，难道你就只觉得树只是树，难道你就不想到它的朴质，严肃，坚强不屈，至少也象征了北方的农民；难道你竟一点儿也不联想到，在敌后的广大土地上，到处有坚强不屈，就像这白杨树一样傲然挺立的守卫他们家乡的哨兵！难道你又不更远一点想到这样枝枝叶叶靠紧团结，力求上进的白杨树，宛然象征了今天在华北平原纵横决荡用血写出新中国历史的那种精神和意志。

——节选自茅盾《白杨礼赞》

作品 2 号

两个同龄的年轻人同时受雇于一家店铺，并且拿同样的薪水。

可是一段时间后，叫阿诺德的那个小伙子青云直上，而那个叫布鲁诺的小伙子却仍在原地踏步。布鲁诺很不满意老板的不公正待遇。终于有一天他到老板那儿发牢骚了。老板一边耐心地听着他的抱怨，一边在心里盘算着怎样向他解释清楚他和阿诺德之间的差别。

"布鲁诺先生，"老板开口说话了，"您现在到集市上去一下，看看今天早上有什么卖的。"

布鲁诺从集市上回来向老板汇报说，今早集市上只有一个农民拉了一车土豆在卖。

"有多少？"老板问。

布鲁诺赶快戴上帽子又跑到集上，然后回来告诉老板一共四十袋土豆。

"价格是多少？"

布鲁诺又第三次跑到集上问来了价格。

"好吧，"老板对他说，"现在请您坐到这把椅子上一句话也不要说，看看阿诺德怎么说。"

阿诺德很快就从集市上回来了。向老板汇报说到现在为止只有一个农民在卖土豆，一共四十口袋，价格是多少多少；土豆质量很不错，他带回来一个让老板看看。这个农民一个钟头以后还会弄来几箱西红柿，据他看价格非常公道。昨天他们铺子的西红柿卖得很快，库存已经不多了。他想这么便宜的西红柿，老板肯定会要进一些的，所以他不仅带回了一个西红柿做样品，而且把那个农民也带来了，他现在正在外面等回话呢。

此时老板转向了布鲁诺，说："现在您肯定知道为什么阿诺德的薪水比您高了吧！"

——节选自张健鹏、胡足青主编《故事时代》中《差别》

作品 3 号

我常常遗憾我家门前那块丑石：它黑黝黝地卧在那里，牛似的模样；谁也不知道是什么时候留在这旦的，谁也不去理会它。只是麦收时节，门前摊了麦子，奶奶总是说：这块丑石，多占地面呀，抽空把它搬走吧。

它不像汉白玉那样的细腻，可以刻字雕花，也不像大青石那样的光滑，可以供来浣纱捶布。它静静地卧在那里，院边的槐阴没有庇覆它，花儿也不再在它身边生长。荒草便繁衍出来，枝蔓上下，慢慢地，它竟锈上了绿苔、黑斑。我们这些做孩子的，也讨厌起它来，曾合伙要搬走它，但力气又不足；虽时时咒骂它，嫌弃它，也无可奈何，只好任它留在那里了。

终有一日，村子里来了一个天文学家。他在我家门前路过，突然发现了这块石头，眼光立即就拉直了。他再没有离开，就住了下来；以后又来了好些人，都说这是一块陨石，从天上落下来已经有二三百年了，是一件了不起的东西。不久便来了车，小心翼翼地将它运走了。

这使我们都很惊奇，这又怪又丑的石头，原来是天上的啊！它补过天，在天上发过热、闪过光，我们的先祖或许仰望过它，它给了他们光明、向往、憧憬；而它落下来了，在污土里，荒草里，一躺就是几百年了！

我感到自己的无知，也感到了丑石的伟大，我甚至怨恨它这么多年竟会默默地忍受着这一切！而我又立即深深地感到它那种不屈于误解、寂寞的生存的伟大。

——节选自贾平凹《丑石》

作品 4 号

在达瑞八岁的时候，有一天他想去看电影。因为没有钱，他想是向爸妈要钱，还是自己挣钱。最后他选择了后者。他自己调制了一种汽水，向过路的行人出售。可那时正是寒冷的冬天，没有人买，只有两个人例外——他的爸爸和妈妈。

他偶然有一个和非常成功的商人谈话的机会。当他对商人讲述了自己的"破产史"后，商人给了他两个重要的建议：一是尝试为别人解决一个难题；二是把精力集中在你知道的、你会的和你拥有的东西上。

这两个建议很关键。因为对于一个八岁的孩子而言，他不会做的事情很多。于是他穿过大街小巷，不停地思考：人们会有什么难题，他又如何利用这个机会？

一天，吃早饭时父亲让达瑞去取报纸。美国的送报员总是把报纸从花园篱笆的一个特制的管子里塞过来。假如你想穿着睡衣舒舒服服地吃早饭和看报纸，就必须离开温暖的房间，冒着寒风，到花园去取。虽然路短，但十分麻烦。

当达瑞为父亲取报纸的时候，一个主意诞生了。当天他就按响邻居的门铃，对他们说，每个月只需付给他一美元，他就每天早上把报纸塞到他们的房门底下。大多数人都同意了，很快他有了七十多个顾客。一个月后，当他拿到自己赚的钱时，觉得自己简直是飞上了天。

很快他又有了新的机会，他让他的顾客每天把垃圾袋放在门前，然后由他早上运到垃圾桶里，每个习加一美元。之后他还想出了许多孩子赚钱的办法，并把它集结成书，书名为《儿童挣钱的二百五十个主意》。为此，达瑞十二岁时就成了畅销书作家，十五岁有了自己的谈话节目，一七岁就拥有了几百万美元。

——节选自 [德] 博多·舍费尔《达瑞的故事》刘志明译

作品 5 号

这是入冬以来，胶东半岛上第一场雪。

雪纷纷扬扬，下得很大。开始还伴着一阵儿小雨，不久就只见大片大片的雪花，从彤云密布的天空中飘落下来。地面上一会儿就白了。冬天的山村，到了夜里就万籁俱寂，只听得雪花簌簌地不断往下落，树木的枯枝被雪压断了，偶尔咯吱一声响。

大雪整整下了一夜。今天早晨，天放晴了，太阳出来了。推开门一看，嗬！好大的雪啊！山川、河流、树木、房屋，全都罩上了一层厚厚的雪，万里江山，变成了粉妆玉砌的世界。落光了叶子的柳树上挂满了毛茸茸亮晶晶的银条儿；而那些冬夏常青的松树和柏树上，则挂满了蓬松松沉甸甸的雪球儿。一阵风吹来，树枝轻轻地摇晃，美丽的银条儿和雪球儿簌簌地落下来，玉屑似的雪末儿随风飘扬，映着清晨的阳光，显出一道道五光十色的彩虹。

大街上的积雪足有一尺多深，人踩上去，脚底下发出咯吱咯吱的响声。一群群孩子在雪地里堆雪人，掷雪球儿。那欢乐的叫喊声，把树枝上的雪都震落下来了。

俗话说，“瑞雪兆丰年”。这个话有充分的科学根据，并不是一句迷信的成语。寒冬大雪，可以冻死一部分越冬的害虫；融化了的水渗进土层深处，又能供应庄稼生长的需要。我相信这一场十分及时的大雪，一定会促进明年春季作物，尤其是小麦的丰收。有经验的老农把雪比做是“麦子的棉被”。冬天“棉被”盖得越厚，明春麦子就长得越好，所以又有这样一句谚语：“冬天麦盖三层被，来年枕着馒头睡”。

我想，这就是人们为什么把及时的大雪称为“瑞雪”的道理吧。

——节选自峻青《第一场雪》

作品 6 号

我常想读书人是世间幸福人，因为他除了拥有现实的世界之外，还拥有另一个更为浩瀚也更为丰富的世界。现实的世界是人人都有的，而后一个世界却为读书人所独有。由此我想，那些失去或不能阅读的人是多么的不幸，他们的丧失是不可补偿的。世间有诸多的不平等，财富的不平等，权力的不平等，而阅读能力的拥有或丧失却体现为精神的不平等。

一个人的一生，只能经历自己拥有的那一份欣悦，那一份苦难，也许再加上他亲自闻知的那一些关于自身以外的经历和经验。然而，人们通过阅读，却能进入不同时空的诸多他人的世界。这样，具有阅读能力的人，无形间获得了超越有限生命的无限可能性。阅读不仅使他多识了草木虫鱼之名，而且可以上溯远古下及未来，饱览存在的与非存在的奇风异俗。

更为重要的是，读书加惠于人们的不仅是知识的增广，而且还在于精神的感化与陶冶。人们从读书学做人，从那些往哲先贤以及当代才俊的著述中学得他们的人格。人们从《论语》中学得智慧的思考，从《史记》中学得严肃的历史精神，从《正气歌》中学得人格的刚烈，从马克思学得人世的激情，从鲁迅学得批判精神，从托尔斯泰学得道德的执著。歌德的诗句刻写着睿智的人生，拜伦的诗句呼唤着奋斗的热情。一个读书人，一个有机会拥有超乎个人生命体验的幸运人。

节选自谢冕《读书人是幸福人》

作品 7 号

一天，爸爸下班回到家已经很晚了，他很累也有点儿烦，他发现五岁的儿子靠在门旁正等着他。

"爸，我可以问您一个问题吗？"

"什么问题？""爸，您一小时可以赚多少钱？""这与你无关，你为什么问这个问题？"父亲生气地说。

"我只是想知道，请告诉我，您一小时赚多少钱？"小孩儿哀求道。"假如你一定要知道的话，我一小时赚二十美金"。·

"哦，"小孩儿低下了头，接着又说，"爸，可以借我十美金吗？"父亲发怒了："如果你只是要借钱去买毫无意义的玩具的话，给我回到你的房间睡觉去。好好想想为什么你会那么自私。我每天辛苦工作，没时间和你玩儿小孩子的游戏。"

小孩儿默默地回到自己的房间关上门。

父亲坐下来还在生气。后来，他平静下来了。心想他可能对孩子太凶了——或许孩子真的很想买什么东西，再说他平时很少要过钱。

父亲走进孩子的房间："你睡了吗？""爸，还没有，我还醒着。"孩子回答。

"我刚才可能对你太凶了，"父亲说，"我不应该发那么大的火儿——这是你要的十美金。""爸，谢谢您。"孩子高兴地从枕头下拿出一些被弄皱的钞票，慢慢地数着。

"为什么你已经有钱了还要？"父亲不解地问。

"因为原来不够，但现在凑够了。"孩子回答："爸，我现在有二十美金了，我可以向您买一个小时的时间吗？明天请早一点儿回家——我想和您一起吃晚餐。"

——节选自唐继柳编译《二十美金的价值》

作品 8 号

我爱月夜，但我也爱星天。从前在家乡七八月的夜晚在庭院里纳凉的时候，我最爱看天上密密麻麻的繁星。望着星天，我就会忘记一切，仿佛回到了母亲的怀里似的。

三年前在南京我住的地方有一道后门，每晚我打开后门，便看见一个静寂的夜。下面是一片菜园，上面是星群密布的蓝天。星光在我们的肉眼里虽然微小，然而它使我们觉得光明无处不在。那时候我正在读一些天文学的书，也认得一些星星，好像它们就是我的朋友，它们常常在和我谈话一样。

如今在海上，每晚和繁星相对，我把它们认得很熟了。我躺在舱面上，仰望天空。深蓝色的天空里悬着无数半明半昧的星。船在动，星也在动，它们是这样低，真是摇摇欲坠呢！渐渐地我的眼睛模糊了，我好像看见无数萤火虫在我的周围飞舞。海上的夜是柔和的，是静寂的，是梦幻的。我望着许多认识的星，我仿佛看见它们在对我眨眼，我仿佛听见它们在小声说话。这时我忘记了一切。在星的怀抱中我微笑着，我沉睡着。我觉得自己是一个小孩子，现在睡在母亲的怀里了。

有一夜，那个在哥伦波上船的英国人指给我看天上的巨人。他用手指着：那四颗明亮的星是头，下面的几颗是身子，这几颗是手，那几颗是腿和脚，还有三颗星算是腰带。经他这一番指点，我果然看清楚了那个天上的巨人。看，那个巨人还在跑呢！

——节选自巴金《繁星》

作品 9 号

假日到河滩上转转，看见许多孩子在放风筝。一根根长长的引线，一头系在天上，一头系在地上，孩子同风筝都在天与地之间悠荡，连心也被悠荡得恍恍惚惚了，好像又回到了童年。

儿时的放风筝，大多是自己的长辈或家人编扎的，几根削得很薄的篾，用细纱线扎成各种鸟兽的造型，糊上雪白的纸片，再用彩笔勾勒出面孔与翅膀的图案。通常扎得最多的是"老雕""美人儿""花蝴蝶"等。

我们家前院就有位叔叔，擅扎风筝，远近闻名。他扎得风筝不只体型好看，色彩艳丽，放飞得高远，还在风筝上绷一叶用蒲苇削成的膜片，经风一吹，发出"嗡嗡"的声响，仿佛是风筝的歌唱，在蓝天下播扬，给开阔的天地增添了无尽的韵味，给驰荡的童心带来几分疯狂。

我们那条胡同的左邻右舍的孩子们放的风筝几乎都是叔叔编扎的。他的风筝不卖钱，谁上门去要，就给谁，他乐意自己贴钱买材料。

后来，这位叔叔去了海外，放风筝也渐与孩子们远离了。不过年年叔叔给家乡写信，总不忘提起儿时的放风筝。香港回归之后，他在家信中说到，他这只被故乡放飞到海外的风筝，尽管飘荡游弋，经沐风雨，可那线头儿一直在故乡和亲人手中牵着，如今飘得太累了，也该要回归到家乡和亲人身边来了。

是的。我想，不光是叔叔，我们每个人都是风筝，在妈妈手中牵着，从小放到大，再从家乡放到祖国最需要的地方去啊！

——节选自李恒瑞《风筝畅想曲》

作品 10 号

爸不懂得怎样表达爱，使我们一家人融洽相处的是我妈。他只是每天上班下班，而妈则把我们做过的错事开列清单，然后由他来责骂我们。

有一次我偷了一块糖果，他要我把它送回去，告诉卖糖的说是我偷来的，说我愿意替他拆箱卸货作为赔偿。但妈妈却明白我只是个孩子。

我在运动场打秋千跌断了腿，在前往医院途中一直抱着我的，是我妈。爸把汽车停在急诊室门口，他们叫他驶开，说那空位是留给紧急车辆停放的。爸听了便叫嚷道："你以为这是什么车？旅游车？"

在我生日会上，爸总是显得有些不大相称。他只是忙于吹气球，布置餐桌，做杂务。把插着蜡烛的蛋糕推过来让我吹的，是我妈。

我翻阅照相册时，人们总是问："你爸爸是什么样子的？"天晓得！他老是忙着替别人拍照。妈和我笑容可掬地一起拍的照片，多得不可胜数。

我记得妈有一次叫他教我骑自行车。我叫他别放手，但他却说是应该放手的时候了。我摔倒之后，妈跑过来扶我，爸却挥手要她走开。我当时生气极了，决心要给他点儿颜色看。于是我马上爬上自行车，而且自己骑给他看。他只是微笑。

我念大学时，所有的家信都是妈写的。他除了寄支票外，还寄过一封短柬给我，说因为我不在草坪上踢足球了，所以他的草坪长得很美。

每次我打电话回家，他似乎都想跟我说话，但结果总是说："我叫你妈来接。"

我结婚时，掉眼泪的是我妈。他只是大声擤了一下鼻子，便走出房间。

我从小到大都听他说："你到哪里去？什么时候回家？汽车有没有汽油？不，不准去。"爸完全不知道怎样表达爱。除非……

会不会是他已经表达了，而我却未能察觉？

——节选自 ［美］艾尔玛·邦贝克《父亲的爱》

作品 11 号

一个大问题一直盘踞在我脑袋里：

世界杯怎么会有如此巨大的吸引力？除去足球本身的魅力之外，还有什么超乎其上而更伟大的东西？

近来观看世界杯，忽然从中得到了答案：是由于一种无上崇高的精神情感——国家荣誉感！

地球上的人都会有国家的概念，但未必时时都有国家的感情。往往人到异国，思念家乡，心怀故国，这国家概念就变得有血有肉，爱国之情来得非常具体。而现代社会，科技昌达，信息快捷，事事上网，世界真是太小太小，国家的界限似乎也不那么清晰了。再说足球正在快速世界化，平日里各国球员频繁转会，往来随意，致使越来越多的国家联赛都具有国际的因素。球员们不论国籍，只效力于自己的俱乐部，他们比赛时的激情中完全没有爱国主义的因子。

然而，到了世界杯大赛，天下大变。各国球员都回国效力，穿上与光荣的国旗同样色彩的服装。在每一场比赛前，还高唱国歌以宣誓对自己祖国的挚爱与忠诚。一种血缘情感开始在全身的血管里燃烧起来，而且立刻热血沸腾。

在历史时代，国家间经常发生对抗，好男儿戎装卫国。国家的荣誉往往需要以自己的生命去换取。但在和平时代，唯有这种国家之间大规模对抗性的大赛，才可以唤起那种遥远而神圣的情感，那就是：为祖国而战！

——节选自冯骥才《国家荣誉感》

作品 12 号

夕阳落山不久，西方的天空，还燃烧着一片橘红色的晚霞。大海，也被这霞光染成了红色，而且比天空的景色更要壮观。因为它是活动的，每当一排排波浪涌起的时候，那映照在浪峰上的霞光，又红又亮，简直就像一片片霍霍燃烧着的火焰，闪烁着，消失了。而后面的一排，又闪烁着，滚动着，涌了过来。

天空的霞光渐渐地淡下去了，深红的颜色变成了绯红，绯红又变为浅红。最后，当这一切红光都消失了的时候，那突然显得高而远了的天空，则呈现出一片肃穆的神色。最早出现的启明星，在这蓝色的天幕上闪烁起来了。它是那么大，那么亮，整个广漠的天幕上只有它在那里放射着令人注目的光辉，活像一盏悬挂在高空的明灯。

夜色加农，苍空中的"明灯"越来越多了。而城市各处的真的灯火也次第亮了起来，尤其是围绕在海港周围山坡上的那一片灯光，从半空倒映在乌蓝的海面上，随着波浪，晃动着，闪烁着：像一串流动着的珍珠，和那一片片密布在苍穹里的星斗互相晖映，煞是好看。

在这幽美的夜色中，我踏着软绵绵的沙滩，沿着海边，慢慢地向前走去。海水，轻轻地抚摸着细软的沙滩，发出温柔的刷刷声。晚来的海风，清新而又凉爽。我的心里，有着说不出的兴奋和愉快。

夜风轻飘飘地吹拂着，空气中飘荡着一种大海和田禾相混合的香味儿，柔软的沙滩上还残留着白天太阳炙晒的余温。那些在各个工作岗位上劳动了一天的人们，三三两两地来到这软绵绵的沙滩上。他们浴着凉爽的海风，望着那缀满了星星的夜空，尽情地说笑，尽情地休息。

——节选自峻青《海滨仲夏夜》

作品 13 号

生命在海洋里诞生绝不是偶然的，海洋的物理和化学性质，使它成为孕育原始生命的摇篮。

我们知道，水是生物的重要组成部分，许多动物组织的含水量在百分之八十以上，而一些海洋生物的含水量高达百分之九十五。水是新陈代谢的重要媒介，没有它，体内的一系列生理和生物化学反应就无法进行，生命也就停止。因此，在短时期内动物缺水要比缺少食物更加危险。水对今天的生命是如此重要，它对脆弱的原始生命，更是举足轻重了。生命在海洋里诞生，就不会有缺水之忧。

水是一种良好的溶剂。海洋中含有许多生命所必需的无机盐，如氯化钠、氯化钾、碳酸盐、磷酸盐，还有溶解氧，原始生命可以毫不费力地从中吸取它所需要的元素。

水具有很高的热容量，加之海洋浩大，任凭夏季烈日暴晒，冬季寒风扫荡，它的温度变化却比较小。因此，巨大的海洋就像是天然的"温箱"，是孕育原始生命的温床。

阳光虽然为生命所必需，但是阳光中的紫外线却有扼杀原始生命的危险。水能有效地吸收紫外线，因而又为原始生命提供了天然的"屏障"。

这一切都是原始生命得以产生和发展的必要条件。

——节选自童裳亮《海洋与生命》

作品 14 号

读小学的时候，我的外祖母去世了。外祖母生前最疼爱我，我无法排除自己的忧伤，每天在学校的操场上一圈儿又一圈儿地跑着，跑得累倒在地上，扑在草坪上痛哭。

那哀痛的日子，断断续续地持续了很久，爸爸妈妈也不知道如何安慰我。他们知道与其骗我说外祖母睡着了，还不如对我说实话：外祖母永远不会回来了。

"什么是永远不会回来呢？"我问着。

"所有时间里的事物，都永远不会回来。你的昨天过去，它就永远变成昨天，你不能再回到昨天。爸爸以前也和你一样小，现在也不能回到你这么小的童年了；有一天你会长大，你会像外祖母一样老；有一天你度过了你的时间，就永远不会回来了。"爸爸说。

爸爸等于给我一个谜语，这谜语比课本上的"日历挂在墙壁，一天撕去一页，使我心里着急"和"一寸光阴一寸金，寸金难买寸光阴"还让我感到可怕；也比作文本上的"光阴似箭，日月如梭"更让我觉得有一种说不出的滋味。

时间过得那么飞快，使我的小心眼儿里不只是着急，还有悲伤。有一天我放学回家，看到太阳快落山了，就下决心说："我要比太阳更快地回家。"我狂奔回去，站在庭院前喘气的时候，看到太阳还露着半边脸，我高兴地跳跃起来，那一天我跑赢了太阳。以后我就时常做那样的游戏，有时和太阳赛跑，有时和西北风比快，有时一个暑假才能做完的作业，我十天就做完了；那时我三年级，常常把哥哥五年级的作业拿来做。每一次比赛胜过时间，我就快乐得不知道怎么形容。

如果将来我有什么要教给我的孩子，我会告诉他：假若你一直和时间比赛，你就可以成功！

——节选自（台湾）林清玄《和时间赛跑》

作品 15 号

　　三十年代初，胡适在北京大学任教授。讲课时他常常对白话文大加称赞，引起一些只喜欢文言文而不喜欢白话文的学生的不满。

　　一次，胡适正讲得得意的时候，一位姓魏的学生突然站了起来，生气地问："胡先生，难道说白话文就毫无缺点吗？"胡适微笑着回答说："没有。"那位学生更加激动了："肯定有！白话文废话太多，打电报用字多，花钱多。"胡适的目光顿时变亮了。轻声地解释说："不一定吧！前几天有位朋友给我打来电报，请我去政府部门工作，我决定不去，就回电拒绝了。复电是用白话写的，看来也很省字。请同学们根据我这个意思，用文言文写一个回电，看看究竟是白话文省字，还是文言文省字？"胡教授刚说完，同学们立刻认真地写了起来。

　　十五分钟过去，胡适让同学举手，报告用字的数目，然后挑了一份用字最少的文言电报稿，电文是这样写的：

　　"才疏学浅，恐难胜任，不堪从命。"白话文的意思是：学问不深，恐怕很难担任这个工作，不能服从安排。

　　胡适说，这份写得确实不错，仅用了十二个字。但我的白话电报却只用了五个字：

　　"干不了，谢谢！"

　　胡适又解释说："干不了"就有才疏学浅、恐难胜任的意思；"谢谢"既对朋友的介绍表示感谢，又有拒绝的意思。所以，废话多不多，并不看它是文言文还是白话文，只要注意选用字词，白话文是可以比文言文更省字的。

　　　　　　　　　　——节选自陈灼主编《实用汉语中级教程》（上）中《胡适的白话电报》

作品 16 号

　　很久以前，在一个漆黑的秋天的夜晚，我泛舟在西伯利亚一条阴森森的河上。船到一个转弯处，只见前面黑黢黢的山峰下面一星火光蓦地一闪。

　　火光又明又亮，好像就在眼前……

　　"好啦，谢天谢地！"我高兴地说，"马上就到过夜的地方啦！"

　　船夫扭头朝身后的火光望了一眼，又不以为然地划起桨来。

　　"远着呢！"

　　我不相信他的话，因为火光冲破朦胧的夜色，明明在那儿闪烁。不过船夫是对的，事实上，火光的确还远着呢。

　　这些黑夜的火光的特点是：驱散黑暗，闪闪发亮，近在眼前，令人神往。乍一看，再划几下就到了……其实却还远着呢！……

　　我们在漆黑如墨的河上又划了很久。一个个峡谷和悬崖，迎面驶来，又向后移去，仿佛消失在茫茫的远方，而火光却依然停在前头，闪闪发亮，令人神往——依然是这么近，又依然是那么远……

　　现在，无论是这条被悬崖峭壁的阴影笼罩的漆黑的河流，还是那一星明亮的火光，都经常浮现在我的脑际，在这以前和在这以后，曾有许多火光，似乎近在咫尺，不止使我一人心驰神往。可是生活之河却仍然在那阴森森的两岸之间流着，而火光也依旧非常遥远。因此，必须加劲划桨……

　　然而，火光啊……毕竟……毕竟就在前头！……

　　　　　　　　　　——节选自〔俄〕柯罗连科《火光》，张铁夫译

作品 17 号

　　对于一个在北平住惯的人，像我，冬天要是不刮风，便觉得是奇迹；济南的冬天是没有风声的。对于一个刚由伦敦回来的人，像我，冬天要能看得见日光，便觉得是怪事；济南的冬天是响晴的。自然，在热带的地方，日光永远是那么毒，响亮的天气，反有点儿叫人害怕。可是，在北方的冬天，而能有温晴的天气，济南真得算个宝地。

　　设若单单是有阳光，那也算不了出奇。请闭上眼睛想：一个老城，有山有水，全在天底下晒着阳光，暖和安适地睡着，只等春风来把它们唤醒，这是不是理想的境界？小山把济南围了个圈儿，只有北边缺着点口儿。这一圈小山在冬天特别可爱，好像是把济南放在一个小摇篮里，它们安静不动地低声地说："你们放心吧，这儿准保暖和。"真的，济南的人们在冬天是面上含笑的。他们一看那些小山，心中便觉得有了着落，有了依靠。他们由天上看到山上，便不知不觉地想起：明天也许就是春天了吧？这样的温暖，今天夜里山草也许就绿起来了吧？就是这点儿幻想不能一时实现，他们也并不着急，因为这样慈善的冬天，干什么还希望别的呢！

　　最妙的是下点儿小雪呀。看吧，山上的矮松越发的青黑，树尖儿上顶着一髻儿白花，好像日本看护妇。山尖儿全白了，给蓝天镶上一道银边。山坡上，有的地方雪厚点儿，有的地方草色还露着；这样，一道儿白，一道儿暗黄，给山们穿上一件带水纹儿的花衣；看着看着，这件花衣好像被风儿吹动，叫你希望看见一点儿更美的山的肌肤。等到快日落的时候，微黄的阳光斜射在山腰上，那点儿薄雪好像忽然害羞，微微露出点儿粉色。就是下小雪吧，济南是受不住大雪的，那些小山太秀气。

　　　　　　　　　　　　　　　　　　　——节选自老舍《济南的冬天》

作品 18 号

　　纯朴的家乡村边有一条河，曲曲弯弯，河中架一弯石桥，弓样的小桥横跨两岸。

　　每天，不管是鸡鸣晓月，日丽中天，还是月华泻地，小桥都印下串串足迹，洒落串串汗珠。那是乡亲为了追求多棱的希望，兑现美好的遐想。弯弯小桥，不时荡过轻吟低唱，不时露出舒心的笑容。

　　因而，我稚小的心灵，曾将心声献给小桥：你是一弯银色的新月，给人间普照光辉；你是一把闪亮的镰刀，割刈着欢笑的花果；你是一根晃悠悠的扁担，挑起了彩色的明天！哦，小桥走进我的梦中。

　　我在漂泊他乡的岁月，心中总涌动着故乡的河水，梦中总看到弓样的小桥。当我访南疆探北国，眼帘闯进座座雄伟的长桥时，我的梦变得丰满了，增添了赤橙黄绿青蓝紫。

　　三十多年过去，我带着满头霜花回到故乡，第一紧要的便是去看望小桥。

　　啊！小桥呢？它躲起来了？河中一道长虹，浴着朝霞熠熠闪光。哦，雄浑的大桥敞开胸怀，汽车的呼啸、摩托的笛音、自行车的叮当，合奏着进行交响乐；南来的钢筋、花布，北往的柑橙、家禽，绘出交流欢悦图……

　　啊！蜕变的桥，传递了家乡进步的消息，透露了家乡富裕的声音。时代的春风，美好的追求，我蓦地记起儿时唱给小桥的歌，哦，明艳艳的太阳照耀了，芳香甜蜜的花果捧来了，五彩斑斓的岁月拉开了！

　　我心中涌动的河水，激荡起甜美的浪花。我仰望一碧蓝天，心底轻声呼喊：家乡的桥啊，我梦中的桥！

　　　　　　　　　　　　　　　　　　　——节选自郑莹《家乡的桥》

作品 19 号

　　三百多年前，建筑设计师莱伊恩受命设计了英国温泽市政府大厅。他运用工程力学的知识，依据自己多年的实践，巧妙地设计了只用一根柱子支撑的大厅天花板。一年以后，市政府权威人士进行工程验收时，却说只用一根柱子支撑天花板太危险，要求莱伊恩再多加几根柱子。

　　莱伊恩自信只要一根坚固的柱子足以保证大厅安全，他的"固执"惹恼了市政官员，险些被送上法庭。他非常苦恼，坚持自己原先的主张吧，市政官员肯定会另找人修改设计；不坚持吧，又有悖自己为人的准则。矛盾了很长一段时间，莱伊恩终于想出了一条妙计，他在大厅里增加了四根柱子，不过这些柱子并未与天花板接触，只不过是装装样子。

　　三百多年过去了，这个秘密始终没有被人发现。直到前两年，市政府准备修缮大厅的天花板，才发现莱伊恩当年的"弄虚作假"。消息传出后，世界各国的建筑专家和游客云集，当地政府对此也不加掩饰，在新世纪到来之际，特意将大厅作为一个旅游景点对外开放，旨在引导人们崇尚和相信科学。

　　作为一名建筑师，莱伊恩并不是最出色的。但作为一个人，他无疑非常伟大，这种伟大表现在他始终恪守着自己的原则，给高贵的心灵一个美丽的住所：哪怕是遭遇到最大的阻力，也要想办法抵达胜利。

——节选自游宇明《坚守你的高贵》

作品 20 号

　　自从传言有人在萨文河畔散步时无意发现了金子后，这里便常有来自四面八方的淘金者。他们都想成为富翁，于是寻遍了整个河床，还在河床上挖出很多大坑，希望借助它们找到更多的金子。的确，有一些人找到了，但另外一些人因为一无所得而只好扫兴归去。

　　也有不甘心落空的，便驻扎在这里，继续寻找。彼得·弗雷特就是其中一员。他在河床附近买了一块没人要的土地，一个人默默地工作。他为了找金子，已把所有的钱都押在这块土地上。他埋头苦干了几个月，直到土地全变成了坑坑洼洼，他失望了——他翻遍了整块土地，但连一丁点儿金子都没看见。

　　六个月后，他连买面包的钱都没有了。于是他准备离开这儿到别处去谋生。

　　就在他即将离去的前一个晚上，天下起了倾盆大雨，并且一下就是三天三夜。雨终于停了，彼得走出小木屋，发现眼前的土地看上去好像和以前不一样：坑坑洼洼已被大水冲刷平整，松软的土地上长出一层绿茸茸的小草。

　　"这里没找到金子，"彼得忽有所悟地说，"但这土地很肥沃，我可以用来种花，并且拿到镇上去卖给那些富人，他们一定会买些花装扮他们华丽的客厅。如果真是这样的话，那么我一定会赚许多钱，有朝一日我也会成为富人……"

　　于是他留了下来。彼得花了不少精力培育花苗，不久田地里长满了美丽娇艳的各色鲜花。

　　五年以后，彼得终于实现了他的梦想——成了一个富翁。"我是唯一的一个找到真金的人！"他时常不无骄傲地告诉别人，"别人在这儿找不到金子后便远远地离开，而我的'金子'是在这块土地里，只有诚实的人用勤劳才能采集到。"

——节选自陶猛译《金子》

作品 21 号

我在加拿大学习期间遇到过两次募捐，那情景至今使我难以忘怀。

一天，我在渥太华的街上被两个男孩子拦住去路。他们十来岁，穿得整整齐齐，每人头上戴着个做工精巧、色彩鲜艳的纸帽，上面写着"为帮助患小儿麻痹的伙伴募捐。"其中的一个，不由分说就坐在小凳上给我擦起皮鞋来，另一个则彬彬有礼地发问："小姐，您是哪国人？喜欢渥太华吗？""小姐，在你们国家有没有小孩儿患小儿麻痹？谁给他们医疗费？"一连串的问题，使我这个有生以来头一次在众目睽睽之下让别人擦鞋的异乡人，从近乎狼狈的窘态中解脱出来。我们像朋友一样聊起天儿来……

几个月之后，也是在街上。一些十字路口处或车站坐着几位老人。他们满头银发，身穿各种老式军装，上面布满了大大小小形形色色的徽章、奖章，每人手捧一大束鲜花，有水仙、石竹、玫瑰及叫不出名字的，一色雪白。匆匆过往的行人纷纷止步，把钱投进这些老人身旁的白色木箱内，然后向他们微微鞠躬，从他们手中接过一朵花。我看了一会儿，有人投一两元，有人投几百元，还有人掏出支票填好后投进木箱。那些老军人毫不注意人们捐多少钱，一直不停地向人们低声道谢。同行的朋友告诉我，这是为纪念二次大战中参战的勇士，募捐救济残废军人和烈士遗孀，每年一次；认捐的人可谓踊跃，而且秩序井然，气氛庄严。有些地方，人们还耐心地排着队。我想，这是因为他们都知道：正是这些老人们的流血牺牲换来了包括他们信仰自由在内的许许多多。

我两次把那微不足道的一点儿钱捧给他们，只想对他们说声"谢谢"。

——节选自青白《捐诚》

作品 22 号

没有一片绿叶，没有一缕炊烟，没有一粒泥土，没有一丝花香，只有水的世界，云的海洋。

一阵台风袭过，一只孤单的小鸟无家可归，落到被卷到洋里的木板上，乘流而下，姗姗而来，近了，近了！……

忽然，小鸟张开翅膀，在人们头顶盘旋了几圈儿，"噗啦"一声落到了船上。许是累了？还是发现了"新大陆"？水手撵它它不走，抓它，它乖乖地落在掌心。可爱的小鸟和善良的水手结成了朋友。

瞧，它多美丽，娇巧的小嘴，啄理着绿色的羽毛，鸭子样的扁脚，呈现出春草的鹅黄。水手们把它带到舱里，给它"搭铺"，让它在船上安家落户，每天，把分到的一塑料筒淡水匀给它喝，把从祖国带来的鲜美的鱼肉分给它吃，天长日久，小鸟和水手的感情日趋笃厚。清晨，当第一束阳光射进舷窗时，它便敞开美丽的歌喉，唱啊唱，嘤嘤有韵，宛如春水淙淙。人类给它以生命，它毫不悭吝地把自己的艺术青春奉献给了哺育它的人。可能都是这样？艺术家们的青春只会献给尊敬他们的人。

小鸟给远航生活蒙上了一层浪漫色调。返航时，人们爱不释手，恋恋不舍地想把它带到异乡。可小鸟憔悴了，给水，不喝！喂肉，不吃！油亮的羽毛失去了光泽。是啊，我们有自己的祖国，小鸟也有它的归宿，人和动物都是一样啊，哪儿也不如故乡好！

慈爱的水手们决定放开它，让它回到大海的摇篮去，回到蓝色的故乡去。离别前，这个大自然的朋友与水手们留影纪念。它站在许多人的头上，肩上，掌上，胳膊上，与喂养过它的人们，一起融进那蓝色的画面……

——节选自王文杰《可爱的小鸟》

作品 23 号

纽约的冬天常有大风雪，扑面的雪花不但令人难以睁开眼睛，甚至呼吸都会吸入冰冷的雪花。有时前一天晚上还是一片晴朗，第二天拉开窗帘，却已经积雪盈尺，连门都推不开了。

遇到这样的情况，公司、商店常会停止上班，学校也通过广播，宣布停课。但令人不解的是，唯有公立小学，仍然开放。只见黄色的校车，艰难地在路边接孩子，老师则一大早就口中喷着热气，铲去车子前后的积雪，小心翼翼地开车去学校。

据统计，十年来纽约的公立小学只因为超级暴风雪停过七次课。这是多么令人惊讶的事。犯得着在大人都无须上班的时候让孩子去学校吗？小学的老师也太倒霉了吧？

于是，每逢大雪而小学不停课时，都有家长打电话去骂。妙的是，每个打电话的人，反应全一样——先是怒气冲冲地责问，然后满口道歉，最后笑容满面地挂上电话。原因是，学校告诉家长

在纽约有许多百万富翁，但也有不少贫困的家庭。后者白天开不起暖气，供不起午餐，孩子的营养全靠学校里免费的中饭，甚至可以多拿些回家当晚餐。学校停课一天，穷孩子就受一天冻，挨一天饿，所以老师们宁愿自己苦一点儿，也不能停课。

或许有家长会说：何不让富裕的孩子在家里，让贫穷的孩子去学校享受暖气和营养午餐呢？

学校的答复是：我们不愿让那些穷苦的孩子感到他们是在接受救济，因为施舍的最高原则是保持受施者的尊严。

——节选自（台湾）刘墉《课不能停》

作品 24 号

十年，在历史上不过是一瞬间。只要稍加注意，人们就会发现：在这一瞬间里，各种事物都悄悄经历了自己的千变万化。

这次重新访日，我处处感到亲切和熟悉，也在许多方面发觉了日本的变化。就拿奈良的一个角落来说吧，我重游了为之感受很深的唐招提寺，在寺内各处匆匆走了一遍，庭院依旧，但意想不到还看到了一些新的东西。其中之一，就是近几年从中国移植来的"友谊之莲"。

在存放鉴真遗像的那个院子里，几株中国莲昂然挺立，翠绿的宽大荷叶正迎风而舞，显得十分愉快。开花的季节已过，荷花朵朵已变为莲蓬累累。莲子的颜色正在由青转紫，看来已经成熟了。

我禁不住想："因"已转化为"果"。

中国的莲花开在日本，日本的樱花开在中国，这不是偶然。我希望这样一种盛况延续不衰。可能有人不欣赏花，但决不会有人欣赏落在自己面前的炮弹。

在这些日子里，我看到了不少多年不见的老朋友，又结识了一些新朋友。大家喜欢涉及的话题之一，就是古长安和古奈良。那还用得着问吗，朋友们缅怀过去，正是瞩望未来。瞩目于未来的人们必将获得未来。

我不例外，也希望一个美好的未来。

为了中日人民之间的友谊，我将不浪费今后生命的每一瞬间。

——节选自严文井《莲花和樱花》

作品 25 号

　　梅雨潭闪闪的绿色招引着我们，我们开始追捉她那离合的神光了。揪着草，攀着乱石，小心探身下去，又鞠躬过了一个石穹门，便到了汪汪一碧的潭边了。

　　瀑布在襟袖之间，但是我的心中已没有瀑布了。我的心随潭水的绿而摇荡。那醉人的绿呀！仿佛一张极大极大的荷叶铺着，满是奇异的绿呀。我想张开两臂抱住她，但这是怎样一个妄想啊。

　　站在水边，望到那面，居然觉着有些远呢！这平铺着、厚积着的绿，着实可爱。她松松地皱缬着，像少妇拖着的裙幅；她滑滑的明亮着，像涂了"明油"一般，有鸡蛋清那样软，那样嫩；她又不杂些尘滓，宛然一块温润的碧玉，只清清的一色——但你却看不透她！

　　我曾见过北京什刹海拂地的绿杨，脱不了鹅黄的底子，似乎太淡了。我又曾见过杭州虎跑寺近旁高峻而深密的"绿壁"，丛叠着无穷的碧草与绿叶的，那又似乎太浓了。其余呢，西湖的波太明了，秦淮河的也太暗了。可爱的，我将什么来比拟你呢？我怎么比拟得出呢？大约潭是很深的，故能蕴蓄着这样奇异的绿；仿佛蔚蓝的天融了一块在里面似的，这才这般的鲜润啊。

　　那醉人的绿呀！我若能裁你以为带，我将赠给那轻盈的舞女，她必能临风飘举了。我若能挹你以为眼，我将赠给那善歌的盲妹，她必明眸善睐了。我舍不得你，我怎舍得你呢？我用手拍着你，抚摩着你，如同一个十二三岁的小姑娘。我又掬你入口，便是吻着她了。我送你一个名字，我从此叫你"女儿绿"，好吗？

　　第二次到仙岩的时候，我不禁惊诧于梅雨潭的绿了。

——节选自朱自清《绿》

作品 26 号

　　我们家的后园有半亩空地，母亲说："让它荒着怪可惜的，你们那么爱吃花生，就开辟出来种花生吧。"我们姐弟几个都很高兴，买种，翻地，播种，浇水，没过几个月，居然收获了。

　　母亲说："今晚我们过一个收获节，请你们父亲也来尝尝我们的新花生，好不好？"我们都说好。母亲把花生做成了好几样食品，还吩咐就在后园的茅亭里过这个节。

　　晚上天色不太好，可是父亲也来了，实在很难得。

　　父亲说："你们爱吃花生吗？"

　　我们争着答应："爱！"

　　"谁能把花生的好处说出来？"

　　姐姐说："花生的味美。"

　　哥哥说："花生可以榨油。"

　　我说："花生的价钱便宜，谁都可以买来吃，都喜欢吃。这就是它的好处。"

　　父亲说："花生的好处很多，有一样最可贵：它的果实埋在地里，不像桃子、石榴、苹果那样，把鲜红嫩绿的果实高高地挂在枝头上，使人一见就生爱慕之心。你们看它矮矮地长在地上，等到成熟了，也不能立刻分辨出来它有没有果实，必须挖出来才知道。"

　　我们都说是，母亲也点点头。

　　父亲接下去说："所以你们要像花生，它虽然不好看，可是很有用，不是外表好看而没有实用的东西。"

我说："那么，人要做有用的人，不要做只讲体面，而对别人没有好处的人了。"

父亲说："对。这是我对你们的希望。"

我们谈到夜深才散。花生做的食品都吃完了，父亲的话却深深地印在我的心上。

——节选自许地山《落花生》

作品 27 号

我打猎归来，沿着花园的林阴路走着。狗跑在我前边。

突然，狗放慢脚步，蹑足潜行，好像嗅到了前边有什么野物。

我顺着林阴路望去，看见了一只嘴边还带黄色、头上生着柔毛的小麻雀。风猛烈地吹打着林阴路上的白桦树，麻雀从巢里跌落下来，呆呆地伏在地上，孤立无援地张开两只羽毛还未丰满的小翅膀。

我的狗慢慢向它靠近。忽然，从附近一棵树上飞下一只黑胸脯的老麻雀，像一颗石子似的落到狗的跟前。老麻雀全身倒竖着羽毛，惊恐万状，发出绝望、凄惨的叫声，接着向露出牙齿、大张着的狗嘴扑去。

老麻雀是猛扑下来救护幼雀的。它用身体掩护着自己的幼儿……但它整个小小的身体因恐怖而战栗着，它小小的声音也变得粗暴嘶哑，它在牺牲自己！

在它看来，狗该是多么庞大的怪物啊！然而，它还是不能站在自己高高的、安全的树枝上……一种比它的理智更强烈的力量，使它从那儿扑下身来。

我的狗站住了，向后退了退……看来，它也感到了这种力量。

我赶紧唤住惊慌失措的狗，然后我怀着崇敬的心情，走开了。

是啊，请不要见笑。我崇敬那只小小的、英勇的鸟儿，我崇敬它那种爱的冲动和力量。

爱，我想，比死和死的恐惧更强大。只有依靠它，依靠这种爱，生命才能维持下去，发展下去。

——节选自 [俄] 屠格涅夫《麻雀》，巴金译

作品 28 号

那年我六岁。离我家仅一箭之遥的小山坡旁，有一个早已被废弃的采石场，双亲从来不准我去那儿，其实那儿风景十分迷人。

一个夏季的下午，我随着一群小伙伴偷偷上那儿去了。就在我们穿越了一条孤寂的小路后，他们却把我一个人留在原地，然后奔向"更危险的地带"了，

等他们走后，我惊慌失措地发现，再也找不到要回家的那条孤寂的小道了。像只无头的苍蝇，我到处乱钻，衣裤上挂满了芒刺。太阳已经落山，而此时此刻，家里一定开始吃晚餐了，双亲正盼着我回家……想着想着，我不由得背靠着一棵树，伤心地呜呜大哭起来……

突然，不远处传来了声声柳笛。我像找到了救星，急忙循声走去。一条小道边的树桩上坐着一位吹笛人，手里还正削着什么。走近细看，他不就是被大家称为"乡巴佬儿"的卡廷吗？

"你好，小家伙儿，"卡廷说，"看天气多美，你是出来散步的吧？"

我怯生生地点点头，答道："我要回家了。"

"请耐心等上几分钟，"卡廷说，"瞧，我正在削一支柳笛，差不多就要做好了，完工后就送给你吧。"

卡廷边削边不时把尚未成形的柳笛放在嘴里试吹一下。没过多久，一支柳笛便递到我手中。我俩在一阵阵清脆悦耳的笛音中，踏上了归途……

当时，我心中只充满感激，而今天，当我自己也成了祖父时，却突然领悟到他用心之良

苦！那天当他听到我的哭声时，便判定我一定迷了路，但他并不想在孩子面前扮演"救星"的角色，于是吹响柳笛以便让我能发现他，并跟着他走出困境！就这样，卡廷先生以乡下人的纯朴，保护了一个小男孩儿强烈的自尊。

——节选自唐若水译《迷途笛音》

作品 29 号

在浩瀚无垠的沙漠里，有一片美丽的绿洲，绿洲里藏着一颗闪光的珍珠。这颗珍珠就是敦煌莫高窟。它坐落在我国甘肃省敦煌市三危山和鸣沙山的怀抱中。

鸣沙山东麓是平均高度为十七米的崖壁。在一千六百多米长的崖壁上，凿有大小洞窟七百余个，形成了规模宏伟的石窟群。其中四百九十二个洞窟中，共有彩色塑像两千一百余尊，各种壁画共四万五千多平方米。莫高窟是我国古代无数艺术匠师留给人类的珍贵文化遗产。

莫高窟的彩塑，每一尊都是一件精美的艺术品。最大的有九层楼那么高，最小的还不如一个手掌大。这些彩塑个性鲜明，神态各异。有慈眉善目的菩萨，有威风凛凛的天王，还有强壮勇猛的力士……

莫高窟壁画的内容丰富多彩，有的是描绘古代劳动人民打猎、捕鱼、耕田、收割的情景，有的是描绘人们奏乐、舞蹈、演杂技的场面，还有的是描绘大自然的美丽风光。其中最引人注目的是飞天。壁画上的飞天，有的臂挎花篮，采摘鲜花；有的反弹琵琶，轻拨银弦；有的倒悬身子，自天而降；有的彩带飘拂，漫天遨游；有的舒展着双臂，翩翩起舞。看着这些精美动人的壁画，就像走进了灿烂辉煌的艺术殿堂。

莫高窟里还有一个面积不大的洞窟——藏经洞。洞里曾藏有我国古代的各种经卷、文书、帛画、刺绣、铜像等共六万多件。由于清朝政府腐败无能，大量珍贵的文物被外国强盗掠走。仅存的部分经卷，现在陈列于北京故宫等处。

莫高窟是举世闻名的艺术宝库。这里的每一尊彩塑、每一幅壁画、每一件文物，都是中国古代人民智慧的结晶。

——节选自小学《语文》第六册中《莫高窟》

作品 30 号

其实你在很久以前并不喜欢牡丹，因为它总被人作为富贵膜拜。后来你目睹了一次牡丹的落花，你相信所有的人都会为之感动：一阵清风徐来，娇艳鲜嫩的盛期牡丹忽然整朵整朵地坠落，铺撒一地绚丽的花瓣。那花瓣落地时依然鲜艳夺目，如同一只奉上祭坛的大鸟脱落的羽毛，低吟着壮烈的悲歌离去。

牡丹没有花谢花败之时，要么烁于枝头，要么归于泥土，它跨越萎顿和衰老，由青春而死亡，由美丽而消遁。它虽美却不吝惜生命，即使告别也要展示给人最后一次的惊心动魄。

所以在这阴冷的四月里，奇迹不会发生。任凭游人扫兴和诅咒，牡丹依然安之若素。它不苟且、不俯就、不妥协、不媚俗，甘愿自己冷落自己。它遵循自己的花期自己的规律，它有权利为自己选择每年一度的盛大节日。它为什么不拒绝寒冷？

天南地北的看花人，依然络绎不绝地涌入洛阳城。人们不会因牡丹的拒绝而拒绝它的美。如果它再被贬谪十次，也许它就会繁衍出十个洛阳牡丹城。

于是你在无言的遗憾中感悟到，富贵与高贵只是一字之差。同人一样，花儿也是有灵性的，更有品位之高低。品位这东西为气为魂为筋骨为神韵，只可意会。你叹服牡丹卓尔不群之姿，方知品位是多么容易被世人忽略或是漠视的美。

——节选自张抗抗《牡丹的拒绝》

作品 31 号

　　森林涵养水源，保持水土，防止水旱灾害的作用非常大。据专家测算，一片十万亩面积的森林，相当于一个两百万立方米的水库，这正如农谚所说的："山上多栽树，等于修水库。雨多它能吞，雨少它能吐。"

　　说起森林的功劳，那还多得很。它除了为人类提供木材及许多种生产、生活的原料之外，在维护生态环境方面也是功劳卓著。它用另一种"能吞能吐"的特殊功能孕育了人类。因为地球在形成之初，大气中的二氧化碳含量很高，氧气很少，气温也高，生物是难以生存的。大约在四亿年之前，陆地才产生了森林。森林慢慢将大气中的二氧化碳吸收，同时吐出新鲜氧气，调节气温：这才具备了人类生存的条件，地球上才最终有了人类。

　　森林，是地球生态系统的主体，是大自然的总调度室，是地球的绿色之肺。森林维护地球生态环境的这种"能吞能吐"的特殊功能是其他任何物体都不能取代的。然而，由于地球上的燃烧物增多，二氧化碳的排放量急剧增加，使得地球生态环境急剧恶化，主要表现为全球气候变暖，水分蒸发加快，改变了气流的循环，使气候变化加剧，从而引发热浪、飓风、暴雨、洪涝及干旱。

　　为了使地球的这个"能吞能吐"的绿色之肺恢复健壮，以改善生态环境，抑制全球变暖，减少水旱等自然灾害，我们应该大力造林、护林，使每一座荒山都绿起来。

　　　　　　　　——节选自《中考语文课外阅读试题精选》中《"能吞能吐"的森林》

作品 32 号

　　朋友即将远行。

　　暮春时节，又邀了几位朋友在家小聚。虽然都是极熟的朋友，却是终年难得一见，偶尔电话里相遇，也无非是几句寻常话。一锅小米稀饭，一碟大头菜，一盘自家酿制的泡菜，一只巷口买回的烤鸭，简简单单，不像请客，倒像家人团聚。

　　其实，友情也好，爱情也好，久而久之都会转化为亲情。

　　说也奇怪，和新朋友会谈文学、谈哲学、谈人生道理等，和老朋友却只话家常，柴米油盐，细细碎碎，种种琐事。很多时候，心灵的契合已经不需要太多的言语来表达。

　　朋友新烫了个头，不敢回家见母亲，恐怕惊骇了老人家，却欢天喜地来见我们，老朋友颇能以一种趣味性的眼光欣赏这个改变。

　　年少的时候，我们差不多都在为别人而活，为苦口婆心的父母活，为循循善诱的师长活，为许多观念、许多传统的约束力而活。年岁逐增，渐渐挣脱外在的限制与束缚，开始懂得为自己活，照自己的方式做一些自己喜欢的事，不在乎别人的批评意见，不在乎别人的诋毁流言，只在乎那一份随心所欲的舒坦自然。偶尔，也能够纵容自己放浪一下，并且有一种恶作剧的窃喜。

　　就让生命顺其自然，水到渠成吧，犹如窗前的乌桕，自生自落之间，自有一份圆融丰满的喜悦。春雨轻轻落着，没有诗，没有酒，有的只是一份相知相属的自在自得。

　　夜色在笑语中渐渐沉落，朋友起身告辞，没有挽留，没有送别，甚至也没有问归期。

　　已经过了大喜大悲的岁月，已经过了伤感流泪的年华，知道了聚散原来是这样的自然和顺理成章，懂得这点，便懂得珍惜每一次相聚的温馨，离别便也欢喜。

　　　　　　　　——节选自（台湾）杏林子《朋友和其他》

作品 33 号

我们在田野散步：我，我的母亲，我的妻子和儿子。

母亲本不愿出来的。她老了，身体不好，走远一点儿就觉得很累。我说，正因为如此，才应该多走走。母亲信服地点点头，便去拿外套。她现在很听我的话，就像我小时候很听她的话一样。

这南方初春的田野，大块小块的新绿随意地铺着，有的浓，有的淡，树上的嫩芽也密了，田里的冬水也咕咕地起着水泡。这一切都使人想着一样东西——生命。

我和母亲走在前面，我的妻子和儿子走在后面。小家伙突然叫起来："前面是妈妈和儿子，后面也是妈妈和儿子。"我们都笑了。

后来发生了分歧：母亲要走大路，大路平顺；我的儿子要走小路，小路有意思。不过，一切都取决于我。我的母亲老了，她早已习惯听从她强壮的儿子；我的儿子还小，他还习惯听从他高大的父亲；妻子呢，在外面，她总是听我的。霎时我感到了责任的重大。我想找一个两全的办法，找不出；我想拆散一家人，分成两路，各得其所，终不愿意。我决定委屈儿子，因为我伴同他的时日还长。我说："走大路。"

但是母亲摸摸孙儿的小脑瓜，变了主意："还是走小路吧。"她的眼随小路望去：那里有金色的菜花，两行整齐的桑树，尽头一口水波粼粼的鱼塘。"我走不过去的地方，你就背着我。"母亲对我说。

这样，我们在阳光下，向着那菜花、桑树和鱼塘走去。到了一处，我蹲下来，背起了母亲；妻子也蹲下来，背起了儿子。我和妻子都是慢慢地，稳稳地，走得很仔细，好像我背上的同她背上的加起来，就是整个世界。

——节选自莫怀戚《散步》

作品 34 号

地球上是否真的存在"无底洞"？按说地球是圆的，由地壳、地幔和地核三层组成，真正的"无底洞"是不应存在的，我们所看到的各种山洞、裂口、裂缝，甚至火山口也都只是地壳浅部的一种现象。然而中国一些古籍却多次提到海外有个深奥莫测的无底洞。事实上地球上确实有这样一个"无底洞"。

它位于希腊亚各斯古城的海滨。由于濒临大海，大涨潮时，汹涌的海水便会排山倒海般地涌入洞中，形成一股湍湍的急流。据测，每天流入洞内的海水量达三万多吨。奇怪的是，如此大量的海水灌入洞中，却从来没有把洞灌满。曾有人怀疑，这个"无底洞"，会不会就像石灰岩地区的漏斗、竖井、落水洞一类的地形。然而从 20 世纪 30 年代以来，人们就做了多种努力企图寻找它的出口，却都是枉费心机。

为了揭开这个秘密，1958 年美国地理学会派出一支考察队，他们把一种经久不变的带色染料溶解在海水中，观察染料是如何随着海水一起沉下去。接着又察看了附近海面以及岛上的各条河、湖，满怀希望地寻找这种带颜色的水，结果令人失望。难道是海水量太大把有色水稀释得太淡，以致无法发现？

至今谁也不知道为什么这里的海水会没完没了地"漏"下去，这个"无底洞"的出口又在哪里，每天大量的海水究竟都流到哪里去了？

——节选自 ［美］罗伯特·罗威尔《神秘的"无底洞"》

作品 35 号

我在俄国见到的景物再没有比托尔斯泰墓更宏伟、更感人的。

完全按照托尔斯泰的愿望，他的坟墓成了世间最美的，给人印象最深刻的坟墓。它只是树林中的一个小小的长方形土丘，上面开满鲜花——没有十字架，没有墓碑，没有墓志铭，连托尔斯泰这个名字也没有。

这位比谁都感到受自己的声名所累的伟人，却像偶尔被发现的流浪汉，不为人知的士兵，不留名姓地被人埋葬了。谁都可以踏进他最后的安息地，围在四周稀疏的木栅栏是不关闭的——保护列夫·托尔斯泰得以安息的没有任何别的东西，唯有人们的敬意；而通常，人们却总是怀着好奇，去破坏伟人墓地的宁静。

这里，逼人的朴素禁锢住任何一种观赏的闲情，并且不容许你大声说话。风儿俯临，在这座无名者之墓的树木之间飒飒响着，和暖的阳光在坟头嬉戏；冬天，白雪温柔地覆盖这片幽暗的圭土地。无论你在夏天或冬天经过这儿，你都想象不到，这个小小的、隆起的长方体里安放着一位当代最伟大的人物。

然而，恰恰是这座不留姓名的坟墓，比所有挖空心思用大理石和奢华装饰建造的坟墓更扣人心弦。在今天这个特殊的日子里，到他的安息地来的成百上千人中间，没有一个有勇气，哪怕仅仅从这幽暗的土丘上摘下一朵花留做纪念。人们重新感到，世界上再没有比托尔斯泰最后留下的、这座纪念碑式的朴素坟墓。更打动人心的了。

——节选自 [奥] 茨威格《世间最美的坟墓》 张厚仁译

作品 36 号

我国的建筑，从古代的宫殿到近代的一般住房，绝大部分是对称的，左边怎么样，右边怎么样。苏州园林可绝不讲究对称，好像故意避免似的。东边有了一个亭子或者一道回廊，西边决不会来一个同样的亭子或者一道同样的回廊。这是为什么？我想，用图画来比方，对称的建筑是图案画，不是美术画，而园林是美术画，美术画要求自然之趣，是不讲究对称的。

苏州园林里都有假山和池沼。

假山的堆叠，可以说是一项艺术而不仅是技术。或者是重峦叠嶂，或者是几座小山配合着竹子花木，全在乎设计者和匠师们生平多阅历，胸中有丘壑，才能使游览者攀登的时候忘却苏州城市，只觉得身在山间。

至于池沼，大多引用活水。有些园林池沼宽敞。就把池沼作为全园的中心，其他景物配合着布置。水面假如成河道模样，往往安排桥梁。假如安排两座以上的桥梁，那就一座一个样，决不雷同。

池沼或河道的边沿很少砌齐整的石岸，总是高低屈曲任其自然。还在那儿布置几块玲珑的石头，或者种些花草。这也是为了取得从各个角度看都成一幅画的效果。池沼里养着金鱼或各色鲤鱼，夏秋季节荷花或睡莲开放，游览者看"鱼戏莲叶间"，又是入画的一景。

——节选自叶圣陶《苏州园林》

作品 37 号

一位访美中国女作家，在纽约遇到一位卖花的老太太。老太太穿着破旧，身体虚弱，但脸上的神情却是那样祥和兴奋。女作家挑了一朵花说："看起来，你很高兴。"老太太面带微笑地说："是的，一切都这么美好，我为什么不高兴呢？""对烦恼，你倒真能看得开。"女作家又说了一句。没料到，老太太的回答更令女作家大吃一惊："耶稣在星期五被钉上十字架时，是全世界最糟糕的一天，可三天后就是复活节。所以，当我遇到不幸时，就会等待三天，这样一切就恢复正常了。"

"等待三天"，多么富于哲理的话语，多么乐观的生活方式。它把烦恼和痛苦抛下，全力去收获快乐。

沈从文在"文革"期间，陷入了非人的境地。可他毫不在意，他在咸宁时给他的表侄、画家黄永玉写信说："这里的荷花真好，你若来……"身陷苦难却仍为荷花的盛开欣喜赞叹不已，这是一种趋于澄明的境界，一种旷达洒脱的胸襟，一种面临磨难坦荡从容的气度，一种对生活童子般的热爱和对美好事物无限向往的生命情感。

由此可见，影响一个人快乐的，有时并不是困境及磨难，而是一个人的心态。如果把自己浸泡在积极、乐观、向上的心态中，快乐必然会占据你的每一天。

——节选自《态度创造快乐》

作品 38 号

泰山极顶看日出，历来被描绘成十分壮观的奇景。有人说：登泰山而看不到日出，就像一出大戏没有戏眼，味儿终究有点寡淡。

我去爬山那天，正赶上个难得的好天，万里长空，云彩丝儿都不见。素常，烟雾腾腾的山头，显得眉目分明。同伴们都欣喜地说："明天早晨准可以看见日出了。"我也是抱着这种想头，爬上山去。

一路从山脚往上爬，细看山景，我觉得挂在眼前的不是五岳独尊的泰山，却像一幅规模惊人的青绿山水画，从下面倒展开来。在画卷中最先露出的是山根底那座明朝建筑岱宗坊，慢慢地便现出王母池、斗母宫、经石峪。山是一层比一层深，一叠比一叠奇，层层叠叠，不知还会有多深多奇，万山丛中，时而点染着极其工细的人物。王母池旁的吕祖殿里有不少尊明塑，塑着吕洞宾等一些人，姿态神情是那样有生气，你看了，不禁会脱口赞叹说："活啦。"

画卷继续展开，绿阴森森的柏洞露面不太久，便来到对松山。两面奇峰对峙着，满山峰都是奇形怪状的老松，年纪怕都有上千岁了，颜色竟那么浓，浓得好像要流下来似的。来到这儿，你不妨权当一次画里的写意人物，坐在路旁的对松亭里，看看山色，听听流水和松涛。

一时间，我又觉得自己不仅是在看画卷，却又像是在零零乱乱翻着一卷历史稿本。

——节选自杨朔《泰山极顶》

作品 39 号

育才小学校长陶行知在校园看到学生王友用泥块砸自己班上的同学，陶行知当即喝止了他，并令他放学后到校长室去。无疑，陶行知是要好好教育这个"顽皮"的学生。那么他是如何教育的呢？

放学后，陶行知来到校长室，王友已经等在门口准备挨训了。可一见面，陶行知却掏出一块糖果送给王友，并说："这是奖给你的，因为你按时来到这里，而我却迟到了。"王友惊疑地接过糖果。

随后，陶行知又掏出一块糖果放到他手里，说："这第二块糖果也是奖给你的，因为当我不让你再打人时，你立即就住手了，这说明你很尊重我，我应该奖你。"王友更惊疑了，他眼睛睁得大大的。

陶行知又掏出第三块糖果塞到王友手里，说："我调查过了，你用泥块砸那些男生，是因为他们不守游戏规则，欺负女生；你砸他们，说明你很正直善良，且有批评不良行为的勇气，应该奖励你啊！"王友感动极了，他流着眼泪后悔地喊道："陶……陶校长你打我两下吧！我砸的不是坏人，而是自己的同学啊……"

陶行知满意地笑了，他随即掏出第四块糖果递给王友，说："为你正确地认识错误，我再奖给你一块糖果，只可惜我只有这一块糖果了。我的糖果没有了，我看我们的谈话也该结束了吧！"说完，就走出了校长室。

——节选自《教师博览·百期精华》中《陶行知的"四块糖果"》

作品 40 号

享受幸福是需要学习的，当它即将来临的时刻需要提醒。人可以自然而然地学会感官的享乐，却无法天生地掌握幸福的韵律。灵魂的快意同器官的舒适像一对孪生兄弟，时而相傍相依，时而南辕北辙。

幸福是一种心灵的震颤。它像会倾听音乐的耳朵一样，需要不断地训练。

简而言之，幸福就是没有痛苦的时刻。它出现的频率并不像我们想象的那样少。人们常常只是在幸福的金马车已经驶过去很远时，才拣起地上的金鬃毛说，原来我见过它。

人们喜爱回味幸福的标本，却忽略它披着露水散发清香的时刻。那时候我们往往步履匆匆，瞻前顾后不知在忙着什么。

世上有预报台风的，有预报蝗灾的，有预报瘟疫的，有预报地震的。没有人预报幸福。

其实幸福和世界万物一样，有它的征兆。

幸福常常是朦胧的，很有节制地向我们喷洒甘霖。你不要总希望轰轰烈烈的幸福，它多半只是悄悄地扑面而来。你也不要企图把水龙头拧得更大，那样它会很快地流失。你需要静静地以平和之心，体验它的真谛。

幸福绝大多数是朴素的。它不会像信号弹似的，在很高的天际闪烁红色的光芒。它披着本色的外衣，亲切温暖地包裹起我们。

幸福不喜欢喧嚣浮华，它常常在暗淡中降临。贫困中相濡以沫的一块糕饼，患难中心心相印的一个眼神，父亲一次粗糙的抚摸，女友一张温馨的字条……这都是千金难买的幸福啊。像一粒粒缀在旧绸子上的红宝石，在凄凉中愈发熠熠夺目。

——节选自毕淑敏《提醒幸福》

作品 41 号

在里约热内卢的一个贫民窟里，有一个男孩子，他非常喜欢足球，可是又买不起，于是就踢塑料盒，踢汽水瓶，踢从垃圾箱里拣来的椰子壳。他在胡同里踢，在能找到的任何一片空地上踢。

有一天，当他在一处干涸的水塘里猛踢一个猪膀胱时，被一位足球教练看见了。他发现这个男孩儿踢得很像是那么回事，就主动提出要送给他一个足球。小男孩儿得到足球后踢得更卖劲了。不久，他就能准确地把球踢进远处随意摆放的一个水桶里。

圣诞节到了，孩子的妈妈说："我们没有钱买圣诞礼物送给我们的恩人，就让我们为他祈祷吧。"

小男孩儿跟随妈妈祈祷完毕，向妈妈要了一把铲子便跑了出去。他来到一座别墅前的花园里，开始挖坑。

就在他快要挖好坑的时候，从别墅里走出一个人来，问小孩儿在干什么，孩子抬起满是汗珠的脸蛋儿，说："教练，圣诞节到了，我没有礼物送给您，我愿给您的圣诞树挖一个树坑。"

教练把小男孩儿从树坑里拉上来，说，我今天得到了世界上最好的礼物。明天你就到我的训练场去吧。

三年后，这位十七岁的男孩儿在第六届足球锦标赛上独进二十一球，为巴西第一次捧回了金杯。一个原来不为世人所知的名字——贝利，随之传遍世界。

——节选自刘燕敏《天才的造就》

作品 42 号

记得我十三岁时，和母亲住在法国东南部的耐斯城。母亲没有丈夫，也没有亲戚，够清苦的，但她经常能拿出令人吃惊的东西，摆在我面前。她从来不吃肉，一再说自己是素食者。然而有一天，我发现母亲正仔细地用一小块碎面包擦那给我煎牛排用的油锅。我明白了她称自己为素食者的真正原因。

我十六岁时，母亲成了耐斯市美蒙旅馆的女经理。这时，她更忙碌了。一天，她瘫在椅子上，脸色苍白，嘴唇发灰。马上找来医生，做出诊断：她摄取了过多的胰岛素。直到这时我才知道母亲多年一直对我隐瞒的疾痛——糖尿病。

她的头歪向枕头一边，痛苦地用手抓挠胸口。床架上方，则挂着一枚我 1932 年赢得耐斯市少年乒乓球冠军的银质奖章。

啊，是对我的美好前途的憧憬支撑着她活下去，为了给她那荒唐的梦至少加一点真实的色彩，我只能继续努力，与时间竞争，直至 1938 年我被征入空军。巴黎很快失陷，我辗转调到英国皇家空军。刚到英国就接到了母亲的来信。这些信是由在瑞士的一个朋友秘密地转到伦敦，送到我手中的。

现在我要回家了，胸前佩戴着醒目的绿黑两色的解放十字绶带，上面挂着五六枚我终身难忘的勋章，肩上还佩带着军官肩章。到达旅馆时，没有一个人跟我打招呼。原来，我母亲在三年半以前就已经离开人间了。

在她死前的几天中，她写了近二百五十封信，把这些信交给她在瑞士的朋友，请这个朋友定时寄给我。就这样，在母亲死后的三年半的时间里，我一直从她身上吸取着力量和勇气——这使我能够继续战斗到胜利那一天。

——节选自 [法] 罗曼·加里《我的母亲独一无二》

作品 43 号

生活对于任何人都非易事，我们必须有坚韧不拔的精神。最要紧的，还是我们自己要有信心。我们必须相信，我们对每一件事情都具有天赋的才能，并且，无论付出任何代价，都要把这件事完成。当事情结束的时候，你要能问心无愧地说："我已经尽我所能了。"

有一年的春天，我因病被迫在家里休息数周。我注视着我的女儿们所养的蚕正在结茧，这使我很感兴趣。望着这些蚕执著地、勤奋地工作，我感到我和它们非常相似。像它们一样，我总是耐心地把自己的努力集中在一个目标上。我之所以如此，或许是因为有某种力量在鞭策着我——正如蚕被鞭策着去结茧一般。

近五十年来，我致力于科学研究，而研究，就是对真理的探讨。我有许多美好快乐的记忆。少女时期我在巴黎大学，孤独地过着求学的岁月；在后来献身科学的整个时期，我丈夫和我专心致志，像在梦幻中一般，坐在简陋的书房里艰辛地研究，后来我们就在那里发现了镭。

我永远追求安静的工作和简单的家庭生活。为了实现这个理想，我竭力保持宁静的环境，以免受人事的干扰和盛名的拖累。

我深信，在科学方面我们有对事业而不是对财富的兴趣。我的唯一奢望是在一个自由国家中，以一个自由学者的身份从事研究工作。

我一直沉醉于世界的优美之中，我所热爱的科学也不断增加它崭新的远景。我认定科学本身就具有伟大的美。

——节选自 [波兰] 玛丽·居里《我的信念》 剑捷译

作品 44 号

我为什么非要教书不可？是因为我喜欢当教师的时间安排表和生活节奏。七、八、九三个月给我提供了进行回顾、研究、写作的良机，并将三者有机融合，而善于回顾、研究和总结正是优秀教师素质中不可缺少的成分。

干这行给了我多种多样的"甘泉"去品尝，找优秀的书籍去研读，到"象牙塔"和实际世界里去发现。教学工作给我提供了继续学习的时间保证，以及多种途径、机遇和挑战。

然而，我爱这一行的真正原因，是爱我的学生。学生们在我的眼前成长、变化。当教师意味着亲历"创造"过程的发生——恰似亲手赋予一团泥土以生命，没有什么比目睹它开始呼吸更激动人心的了。

权利我也有了：我有权利去启发诱导，去激发智慧的火花，去问费心思考的问题，去赞扬回答的尝试，去推荐书籍，去指点迷津。还有什么别的权利能与之相比呢？

而且，教书还给我金钱和权利之外的东西，那就是爱心。不仅有对学生的爱，对书籍的爱，对知识的爱，还有教师才能感受到的对"特别"学生的爱。这些学生，有如冥顽不灵的泥块，由于接受了老师的炽爱才勃发了生机。

所以，我爱教书，还因为，在那些勃发生机的"特别"学生身上，我有时发现自己和他们呼吸相通，忧乐与共。

——节选自 [美] 彼得·基·贝得勒《我为什么当教师》

作品 45 号

中国西部我们通常是指黄河与秦岭相连一线以西，包括西北和西南的十二个省、市、自治区。这块广袤的土地面积为五百四十六万平方公里，占国土总面积的百分之五十七；人口二点八亿，占全国总人口的百分之二十三。

西部是华夏文明的源头。华夏祖先的脚步是顺着水边走的：长江上游出土过元谋人牙齿化石，距今约一百七十万年；黄河中游出土过蓝田人头盖骨，距今约七十万年。这两处古人类都比距今约五十万年的北京猿人资格更老。

西部地区是华夏文明的重要发源地，秦皇汉武以后，东西方文化在这里交汇融合，从而有了丝绸之路的驼铃声声，佛院深寺的暮鼓晨钟。敦煌莫高窟是世界文化史上的一个奇迹，它在继承汉晋艺术传统的基础上，形成了自己兼收并蓄的恢宏气度，展现出精美绝伦的艺术形式和博大精深的文化内涵。秦始皇兵马俑、西夏王陵、楼兰古国、布达拉宫、三星堆、大足石刻等历史文化遗产，同样为世界所瞩目，成为中华文化重要的象征。

西部地区又是少数民族及其文化的集萃地，几乎包括了我国所有的少数民族。在一些偏远的少数民族地区，仍保留了一些久远时代的艺术品种，成为珍贵的"活化石"，如纳西古乐、戏曲、剪纸、刺绣、岩画等民间艺术和宗教艺术。特色鲜明、丰富多彩，犹如一个巨大的民族民间文化艺术宝库。

我们要充分重视和利用这些得天独厚的资源优势，建立良好的民族民间文化生态环境，为西部大开发作出贡献。

——节选自《中考语文课外阅读试题精选》中《西部文化和西部开发》

作品 46 号

高兴，这是一种具体的被看得到摸得着的事物所唤起的情绪。它是心理的，更是生理的。它容易来也容易去，谁也不应该对它视而不见失之交臂，谁也不应该总是做那些使自己不高兴也使旁人不高兴的事。让我们说一件最容易做也最令人高兴的事吧，尊重你自己，也尊重别人，这是每一个人的权利，我还要说这是每一个人的义务。

快乐，它是一种富有概括性的生存状态、工作状态。它几乎是先验的，它来自生命本身的活力，来自宇宙、地球和人间的吸引，它是世界的丰富、绚丽、阔大、悠久的体现。快乐还是一种力量，是埋在地下的根脉。消灭一个人的快乐比挖掘掉一棵大树的根要难得多。

欢欣，这是一种青春的、诗意的情感。它来自面向着未来伸开双臂奔跑的冲力，它来自一种轻松而又神秘、朦胧而又隐秘的激动，它是激情即将到来的预兆，它又是大雨过后的比下雨还要美妙得多也久远得多的回味……

喜悦，它是一种带有形而上色彩的修养和境界。与其说它是一种情绪，不如说它是一种智慧、一种超拔、一种悲天悯人的宽容和理解，一种饱经沧桑的充实和自信，一种光明的理性，一种坚定的成熟，一种战胜了烦恼和庸俗的清明澄澈。它是一潭清水，它是一抹朝霞，它是无边的平原，它是沉默的地平线，多一点儿、再多一点儿喜悦吧，它是翅膀，也是归巢。它是一杯美酒，也是一朵永远开不败的莲花。

——节选自王蒙《喜悦》

作品 47 号

在湾仔，香港最热闹的地方，有一棵榕树，它是最贵的一棵树，不光在香港，在全世界，都是最贵的。

树，活的树，又不卖何言其贵？只因它老，它粗，是香港百年沧桑的活见证，香港人不忍看着它被砍伐，或者被移走，便跟要占用这片山坡的建筑者谈条件：可以在这儿建大楼盖商厦，但一不准砍树，二不准挪树，必须把它原地精心养起来，成为香港闹市中的一景。太古大厦的建设者最后签了合同，占用这个大山坡建豪华商厦的先决条件是同意保护这棵老树。

树长在半山坡上，计划将树下面的成千上万吨山石全部掏空取走，腾出地方来盖楼，把树架在大楼上面，仿佛它原本是长在楼顶上似的。建设者就地造了一个直径十八米、深十米的大花盆，先固定好这棵老树，再在大花盆底下盖楼。光这一项就花了两千三百八十九万港币，堪称是最昂贵的保护措施了。

太古大厦落成之后，人们可以乘滚动扶梯一次到位，来到太古大厦的顶层，出后门，那儿是一片自然景色。一棵大树出现在人们面前，树干有一米半粗，树冠直径足有二十多米，独木成林，非常壮观，形成一座以它为中心的小公园，取名叫"榕圃"。树前面插着铜牌，说明原由。此情此景，如不看铜牌的说明，绝对想不到巨树根底下还有一座宏伟的现代大楼。

——节选自舒乙《香港：最贵的一棵树》

作品 48 号

我们的船渐渐地逼近榕树了：我有机会看清它的真面目：是一棵大树，有数不清的丫枝，枝上又生根，有许多根一直垂到地上，伸进泥土里。一部分树枝垂到水面，从远处看，就像一棵大树斜躺在水面上一样。

现在正是枝繁叶茂的时节。这棵榕树好像在把它的全部生命力展示给我们看。那么多的绿叶，一簇堆在另一簇的上面，不留一点儿缝隙。翠绿的颜色明亮地在我们的眼前闪耀，似乎每一片树叶上都有一个新的生命在颤动，这美丽的南国的树！

船在树下泊了片刻，岸上很湿，我们没有上去。朋友说这里是"鸟的天堂"，有许多鸟在这棵树上做窝，农民不许人去捉它们。我仿佛听见几只鸟扑翅的声音，但是等到我的眼睛注意地看那里时，我却看不见一只鸟的影子，只有无数的树根立在地上，像许多根木桩。地是湿的，大概涨潮时河水常常冲上岸去。"鸟的天堂"里没有一只鸟，我这样想到。船开了，一个朋友拨着船，缓缓地流到河中间去。

第二天，我们划着船到一个朋友的家乡去，就是那个有山有塔的地方。从学校出发，我们又经过那"鸟的天堂"。

这一次是在早晨，阳光照在水面上，也照在树梢上。一切都显得非常光明。我们的船也在树下泊了片刻。

起初四周围非常清静。后来忽然起了一声鸟叫。我们把手一拍，便看见一只大鸟飞了起来，接着又看见第二只，第三只。我们继续拍掌，很快地这个树林就变得很热闹了。到处都是鸟声，到处都是鸟影。大的，小的，花的，黑的，有的站在枝上叫，有的飞起来，在扑翅膀。

——节选自巴金《小鸟的天堂》

作品 49 号

有这样一个故事。

有人问：世界上什么东西的气力最大？回答纷纭得很，有的说"象"，有的说"狮"，有人开玩笑似的说：是"金刚"，金刚有多少气力，当然大家全不知道。

结果，这一切答案完全不对，世界上气力最大的，是植物的种子。一粒种子所可以显现出来的力，简直是超越一切。

人的头盖骨，结合得非常致密与坚固，生理学家和解剖学者用尽了一切的方法，要把它完整地分出来，都没有这种力气。后来忽然有人发明了一个方法，就是把一些植物的种子放在要剖析的头盖骨里，给它以温度与湿度，使它发芽。一发芽，这些种子便以可怕的力量，将一切机械力所不能分开的骨骼，完整地分开了。植物种子的力量之大，如此如此。

这，也许特殊了一点儿，常人不容易理解。那么，你看见过笋的成长吗？你看见过被压在瓦砾和石块下面的一棵小草的生长吗？它为着向往阳光，为着达成它的生之意志，不管上面的石块如何重，石与石之间如何狭，它必定要曲曲折折地，但是顽强不屈地透到地面上来。它的根往土壤钻，它的芽往地面挺，这是一种不可抗拒的力，阻止它的石块，结果也被它掀翻，一粒种子的力量之大，如此如此。

没有一个人将小草叫做"大力士"，但是它的力量之大，的确是世界无比。这种力是一般人看不见的生命力。只要生命存在，这种力就要显现。上面的石块，丝毫不足以阻挡。因为它是一种"长期抗战"的力；有弹性，能屈能伸的力；有韧性，不达目的不止的力。

——节选自夏衍《野草》

作品 50 号

著名教育家班杰明曾经接到一个青年人的求救电话，并与那个向往成功、渴望指点的青年人约好了见面的时间和地点。

待那个青年如约而至时，班杰明的房门敞开着，眼前的景象却令青年人颇感意外——班杰明的房间里乱七八糟、狼藉一片。

没等青年人开口，班杰明就招呼道："你看我这房间，太不整洁了，请你在门外等候一分钟，我收拾一下，你再进来吧。"一边说着，班杰明就轻轻地关上了房门。

不到一分钟的时间，班杰明就又打开了房门并热情地把青年人让进客厅。这时，青年人的眼前展现出另一番景象——房间内的一切已变得井然有序，而且有两杯刚刚倒好的红酒，在淡淡的香水气息里还漾着微波。

可是，没等青年人把满腹的有关人生和事业的疑难问题向班杰明讲出来，班杰明就非常客气地说道："干杯。你可以走了。"

青年人手持酒杯一下子愣住了，既尴尬又非常遗憾地说："可是，我……我还没向您请教呢……"

"这些……难道还不够吗？"班杰明一边微笑着，一边扫视着自己的房间，轻言细语地说："你进来又有一分钟了。"

"一分钟……一分钟……"青年人若有所思地说："我懂了，您让我明白了一分钟的时间可以做许多事情，可以改变许多事情的深刻道理。"

班杰明舒心地笑了。青年人把杯里的红酒一饮而尽，向班杰明连连道谢后，开心地走了。

其实，只要把握好生命的每一分钟，也就把握了理想的人生。

——节选自纪广洋《一分钟》

作品 51 号

有个塌鼻子的小男孩儿，因为两岁时得过脑炎，智力受损，学习起来很吃力。打个比方，别人写作文能写两三百字，他却只能写三五行。但即便这样的作文，他同样能写得很动人。

那是一次作文课，题目是《愿望》。他极其认真地想了半天，然后极认真地写，那作文极短。只有三句话：我有两个愿望，第一个是，妈妈天天笑眯眯地看着我说："你真聪明，"第二个是，老师天天笑眯眯地看着我说："你一点儿也不笨。"

于是，就是这篇作文，深深地打动了他的老师，那位妈妈式的老师不仅给了他最高分，在班上带感情地朗读了这篇作文，还一笔一画地写道：你很聪明，你的作文写得非常感人。请放心，妈妈肯定会格外喜欢你的，老师肯定会格外喜欢你的，大家肯定会格外喜欢你的。

捧着作文本，他笑了，蹦蹦跳跳地回家了，像只喜鹊。但他并没有把作文本拿给妈妈看，他是在等待，等待着一个美好的时刻。

那个时刻终于到了，是妈妈的生日——一个阳光灿烂的星期天：那天，他起得特别早，把作文本装在一个亲手做的美丽的大信封里，等着妈妈醒来。妈妈刚刚睁眼醒来，他就笑眯眯地走到妈妈跟前说："妈妈，今天是您的生日，我要送给您一件礼物。"

果然，看着这篇作文，妈妈甜甜地涌出了两行热泪，一把搂住小男孩儿，搂得很紧很紧。

是的，智力可以受损，但爱永远不会。

——节选自张玉庭《一个美丽的故事》

作品 52 号

小学的时候，有一次我们去海边远足，妈妈没有做便饭，给予我十块钱买午餐。好像走了很久，很久，终于到海边了，大家坐下来便吃饭，荒凉的海边没有商店，我一个人跑到防风林外面去，级任老师要大家把吃剩的饭菜分给我一点儿。有两三个男生留下一点儿给我，还有一个女生，她的米饭拌了酱油，很香。我吃完的时候，她笑眯眯地看着我，短头发，脸圆圆的。

她的名字叫翁香玉。

每天放学的时候，她走的是经过我们家的一条小路，带着一位比她小的男孩儿，可能是弟弟。小路边是一条清澈见底的小溪，两旁竹阴覆盖，我总是远远地跟在她后面，夏日的午后特别炎热，走到半路她会停下来，拿手帕在溪水里浸湿，为小男孩儿擦脸。我也在后面停下来，把肮脏的手帕弄湿了擦脸，再一路远远跟着她回家。

后来我们家搬到镇上去了，过几年我也上了中学。有一天放学回家，在火车上，看见斜对面一位短头发、圆圆脸的女孩儿，一身素净的白衣黑裙。我想她一定不认识我了。火车很快到站了，我随着人群挤向门口，她也走近了，叫我的名字。这是她第一次和我说话。

她笑眯眯的，和我一起走过月台。以后就没有再见过她了。

这篇文章收在我出版的《少年心事》这本书里。

书出版后半年，有一天我忽然收到出版社转来的一封信，信封上是陌生的字迹，但清楚地写着我的本名。

信里面说她看到了这篇文章心里非常激动，没想到在离开家乡，漂泊异地这么久之后，会看见自己仍然在一个人的记忆里，她自己也深深记得这其中的每一幕，只是没想到越过遥远的时空，竟然另一个人也深深记得。

——节选自苦伶《永远的记忆》

作品 53 号

在繁华的巴黎大街的路旁，站着一个衣衫褴褛、头发斑白、双目失明的老人。他不像其他乞丐那样伸手向过路行人乞讨，而是在身旁立一块木牌，上面写着："我什么也看不见！"街上过往的行人很多，看了木牌上的字都无动于衷，有的还淡淡一笑，便姗姗而去了。

这天中午，法国著名诗人让·彼浩勒也经过这里。他看看木牌上的字，问盲老人："老人家，今天上午有人给你钱吗？"

盲老人叹息着回答："我，我什么也没有得到。"说着，脸上的神情非常悲伤。

让·彼浩勒听了，拿起笔悄悄地在那行字的前面添上了"春天到了，可是"几个字，就匆匆地离开了。

晚上，让·彼浩勒又经过这里，问那个盲老人下午的情况。盲老人笑着回答说："先生，不知为什么，下午给我钱的人多极了！"让·彼浩勒听了，摸着胡子满意地笑了。

"春天到了，可是我什么也看不见！"这富有诗意的语言，产生这么大的作用，就在于它有非常浓厚的感情色彩。是的，春天是美好的，那蓝天白云，那绿树红花，那莺歌燕舞，那流水人家，怎么不叫人陶醉呢？但这良辰美景，对于一个双目失明的人来说，只是一片漆黑。当人们想到这个盲老人，一生中竟连万紫千红的春天都不曾看到，怎能不对他产生同情之心呢？

——节选自小学《语文》第六册中《语言的魅力》

作品 54 号

有一次，苏东坡的朋友张鹗拿着一张宣纸来求他写一幅字，而且希望他写一点儿关于养生方面的内容。苏东坡思索了一会儿，点点头说："我得到了一个养生长寿古方，药只有四味，今天就赠给你吧。"于是，东坡的狼毫在纸上挥洒起来，上面写着："一曰无事以当贵，二曰早寝以当富，三曰安步以当车，四曰晚食以当肉。"

这哪里有药？张鹗一脸茫然地问。苏东坡笑着解释说，养生长寿的要诀，全在这四句里面。

所谓"无事以当贵"，是指人不要把功名利禄、荣辱过失考虑得太多，如能在情志上潇洒大度，随遇而安，无事以求，这比富贵更能使人终其天年。

"早寝以当富"，指吃好穿好、财货充足，并非就能使你长寿。对老年人来说，养成良好的起居习惯，尤其是早睡早起，比获得任何财富更加宝贵。

"安步以当车"，指人不要过于讲求安逸、肢体不劳，而应多以步行来替代骑马乘车，多运动才可以强健体魄，通畅气血。

"晚食以当肉"，意思是人应该用已饥方食、未饱先止代替对美味佳肴的贪吃无厌。他进一步解释，饿了以后才进食，虽然是粗茶淡饭，但其香甜可口会胜过山珍；如果饱了还要勉强吃，即使美味佳肴摆在眼前也难以下咽。

苏东坡的四味"长寿药"，实际上是强调了情志、睡眠、运动、饮食四个方面对养生长寿的重要性，这种养生观点即使在今天仍然值得借鉴。

——节选自蒲昭和《赠你四味长寿药》

作品 55 号

人活着，最要紧的是寻觅到那片代表着生命绿色和人类希望的丛林，然后选一高高的枝头站在那里观览人生，消化痛苦，孕育歌声，愉悦世界！

这可真是一种潇洒的人生态度，这可真是一种心境爽朗的情感风貌。

站在历史的枝头微笑，可以减免许多烦恼。在那里，你可以从众生相所包含的甜酸苦辣、百味人生中寻找你自己；你境遇中的那点儿苦痛，也许相比之下，再也难以占据一席之地；你会较容易地获得从不悦中解脱灵魂的力量，使之不致变得灰色。

人站得高些，不但能有幸早些领略到希望的曙光，还能有幸发现生命的立体的诗篇。每一个人的人乞，都是这诗篇中的一个词、一个句子或者一个标点。你可能没有成为一个美丽的词，一个引人注目的句子，一个惊叹号，但你依然是这生命的立体诗篇中的一个音节、一个停顿、一个必不可少的组成部分。这足以使你放弃前嫌，萌生为人类孕育新的歌声的兴致，为世界带来更多的诗意。

最可怕的人生见解，是把多维的生存图景看成平面。因为那平面上刻下的大多是凝固了的历史——过去的遗迹；但活着的人们，活得却是充满着新生智慧的，由不断逝去的"现在"组成的元来。人生不能像某些鱼类躺着游，人生也不能像某些兽类爬着走，而应该站着向前行，这才是人类应有的生存姿态。

——节选自［美］本杰明·拉什《站在历史的枝头微笑》

作品 56 号

中国的第一大岛、台湾省的主岛台湾，位于中国大陆架的东南方，地处东海和南海之间，隔着台湾海峡和大陆相望。天气晴朗的时候，站在福建沿海较高的地方，就可以隐隐约约地望见岛二的高山和云朵。

台湾岛形状狭长，从东到西，最宽处只有一百四十多公里；由南至北，最长的地方约有三百九十多公里。地形像一个纺织用的梭子。

台湾岛二的山脉纵贯南北，中间的中央山脉犹如全岛的脊梁。西部为海拔近四千米的玉山山脉，是中国东部的最高峰。全岛约有三分之一的地方是平地，其余为山地。岛内有缎带般的瀑布，蓝宝石似的湖泊，四季常青的森林和果园，自然景色十分优美。西南部的阿里山和日月潭，台北市郊的大屯山风景区，都是闻名世界的游览胜地。

台湾岛地处热带和温带之间，四面环海，雨水充足，气温受到海洋的调剂，冬暖夏凉，四季如春，这给水稻和果木生长提供了优越的条件。水稻、甘蔗、樟脑是台湾的"三宝"。岛上还盛产鲜果和鱼虾。

台湾岛还是一个闻名世界的"蝴蝶王国"。岛上的蝴蝶共有四百多个品种，其中有不少是世界稀有的珍贵品种。岛上还有不少鸟语花香的蝴蝶谷，岛上居民利用蝴蝶制作的标本和艺术品，远销许多国家。

——节选自《中国的宝岛——台湾》

作品 57 号

对于中国的牛，我有着一种特别尊敬的感情。

留给我印象最深的，要算在田垄上的一次"相遇"。

一群朋友郊游，我领头在狭窄的阡陌上走，怎料迎面来了几头耕牛，狭道容不下人和牛，终有一方要让路。它们还没有走近，我们已经预计斗不过畜生，恐怕难免踩到田地泥水里，弄得鞋袜又泥又湿了。正踟蹰的时候，带头的一头牛，在离我们不远的地方停下来，抬起头看看，稍迟疑一下，就自动走下田去。一队耕牛，全跟着它离开阡陌，从我们身边经过。

我们都呆了，回过头来，看着深褐色的牛队，在路的尽头消失，忽然觉得自己受了很大的恩惠。

中国的牛，永远沉默地为人做着沉重的工作。在大地上，在晨光或烈日下，它拖着沉重的犁，低头一步又一步，拖出了身后一列又一列松土，好让人们下种。等到满地金黄或农闲时候，它可能还得担当搬运负重的工作；或终日绕着石磨，朝同一方向，走不计程的路。

在它沉默的劳动中，人便得到应得的收成。

那时候，也许，它可以松一肩重担，站在树下，吃几口嫩草。偶尔摇摇尾巴，摆摆耳朵，赶走飞附身上的苍蝇，已经算是它最闲适的生活了。

中国的牛，没有成群奔跑的习惯，永远沉沉实实的，默默地工作，平心静气。这就是中国的牛！

——节选自小思《中国的牛》

作品 58 号

不管我的梦想能否成为事实，说出来总是好玩儿的：

春天，我将要住在杭州。二十年前，旧历的二月初，在西湖我看见了嫩柳与菜花，碧浪与翠竹。由我看到的那点儿春光，已经可以断定，杭州的春天必定会教人整天生活在诗与图画之中。所以，春天我的家应当是在杭州。

夏天，我想青城山应当算做最理想的地方。在那里，我虽然只住过十天，可是它的幽静已浸住了我的心灵。在我所看见过的山水中，只有这里没有使我失望。到处都是绿，目之所及，那片淡而光润的绿色都在轻轻地颤动，仿佛要流入空中与心中似的。这个绿色会像音乐，涤清了心中的万虑。

秋天一定要住北平。天堂是什么样子，我不知道，但是从我的生活经验去判断，北平之秋便是天堂。论天气，不冷不热。论吃的，苹果、梨、柿子、枣儿、葡萄，每样都有若干种。论花草，菊花种类之多，花式之奇，可以甲天下。西山有红叶可见，北海可以划船——虽然荷花已残，荷叶可还有一片清香。衣食住行，在北平的秋天，是没有一项不使人满意的。

冬天，我还没有打好主意，成都或者相当合适，虽然并不怎样和暖，可是为了水仙，素心腊梅，各色的茶花，仿佛就受一点儿寒冷，也颇值得去了。昆明的花也多，而且天气比成都好，可是旧书铺与精美而便宜的小吃远不及成都那么多。好吧，就暂这么规定：冬天不住成都便住昆明吧。

在抗战中，我没能发国难财。我想，抗战胜利以后，我必能阔起来。那时候，假若飞机减价，一二百元就能买一架的话，我就自备一架，择黄道吉日慢慢地飞行。

——节选自老舍《住的梦》

作品 59 号

我不由得停住了脚步。

从未见过开得这样盛的藤萝，只见一片辉煌的淡紫色，像一条瀑布，从空中垂下，不见其发端，也不见其终极，只是深深浅浅的紫，仿佛在流动，在欢笑，在不停地生长。紫色的大条幅上，泛着点点银光，就像迸溅的水花。仔细看时，才知那是每一朵紫花中的最浅淡的部分，在和阳光互相挑逗。

这里除了光彩，还有淡淡的芳香。香气似乎也是浅紫色的，梦幻一般轻轻地笼罩着我。忽然记起十多年前，家门外也曾有过一大株紫藤萝，它依傍一株枯槐爬得很高，但花朵从来都稀落，东一穗西一串伶仃地挂在树梢，好像在察言观色，试探什么。后来索性连那稀零的花串也没有了。园中别的紫藤花架也都拆掉，改种了果树。那时的说法是，花和生活腐化有必然关系。我曾遗憾地想：这里再看不见藤萝花了。

过了这么多年，藤萝又开花了，而且开得这样盛，这样密，紫色的瀑布遮住了粗壮的盘虬卧龙般的枝干，不断地流着，流着，流向人的心底。

花和人都会遇到各种各样的不幸，但是生命的长河是无止境的。我抚摸了一下那小小的紫色的花舱，那里满装了生命的酒酿，它张满了帆，在这闪光的花的河流上航行。它是万花中的一朵，也正是由每一个一朵，组成了万花灿烂的流动的瀑布。

在这浅紫色的光辉和浅紫色的芳香中，我不觉加快了脚步。

——节选自宗璞《紫藤萝瀑布》

作品60号

在一次名人访问中，被问及20世纪最重要的发明是什么时，有人说是计算机，有人说是汽车，等等。但新加坡的一位知名人士却说是冷气机。他解释，如果没有冷气，热带地区如东南亚国家，就不可能有很高的生产力，就不可能达到今天的生活水准。他的回答实事求是，有理有据。

看了上述报道，我突发奇想：为什么没有记者问："20世纪最糟糕的发明是什么？"其实，2002年10月中旬，英国的一家报纸就评出了"人类最糟糕的发明"。获此"殊荣"的，就是人们每天大量使用的塑料袋。

诞生于20世纪30年代的塑料袋，其家族包括用塑料制成的快餐饭盒、包装纸、餐用杯盘、饮料瓶、酸奶杯、雪糕杯等。这些废弃物形成的垃圾，数量多、体积大、质量轻、不降解，给治理工作带来很多技术难题和社会问题。

比如，散落在田间、路边及草丛中的塑料餐盒，一旦被牲畜吞食，就会危及健康甚至导致死亡。填埋废弃塑料袋、塑料餐盒的土地，不能生长庄稼和树木，造成土地板结，而焚烧处理这些塑料垃圾，则会释放出多种化学有毒气体，其中一种称为二呀噁英的化合物，毒性极大。

此外，在生产塑料袋、塑料餐盒的过程中使用的氟利昂，对人体免疫系统和生态环境造成的破坏也极为严重。

——节选自林光如《最糟糕的发明》

参 考 文 献

[1] 李开复. 做最好的自己. 北京：人民出版社，2007

[2] 金正昆. 公关礼仪. 北京：北京大学音像出版社，2006

[3] 华阅. 说话水平培训手册. 北京：中国商业出版社，2004

[4] 夏少钦. 普通话. 北京：电子工业出版社，2007

[5] 杨革. 说讲普通话技能训练指导. 北京：中国林业出版社，2001

[6] 陈小兰，冯倩. 电话调查中的沟通问题探析. 中外企业家. 2009（3）

[7] 周卫海. 主持会议的拉、调、烘. 领导科学. 2005（8）

[8] 高雅杰. 普通话训练教程. 北京：清华大学出版社，北京交通大学出版社，2009

[9] 四川省语言工作委员会. 普通话水平测试训练教程. 北京：电子科技大学出版社，2003

[10] 碧泠，陈枫. 主持人是怎样炼成的. 北京：北京工业大学出版社，2005

[11] 张晓梅. 晓梅说礼仪. 北京：中国青年出版社，2008

[12] 何宇华. 如何与客户签合同. 北京：中国经济出版社，2007

[13] 俞玉荣. 商务谈判中"提问"和"答复"的技巧和运用. 职业技术. 2004（4）

[14] 阎冠羽. 商务谈判中回答的艺术. 硅谷. 2008.11

[15] 鲁小慧，周连云. 商务谈判中的倾听技巧. 科技信息. 2007（32）

[16] 李嫦英，刘立莉，乔志杰. 浅论商务谈判的倾听技巧. 河北北方学院学报. 2007（5）

[17] 刘媛，董良峰. 论商务谈判中幽默语言的语用特征. 徐州教育学院学报. 2008（1）

[18] 麻友平. 普通话与口语实训教程. 北京：中国石化出版社，2010

[19] 陈兴焱. 普通话口语教程. 北京：清华大学出版社，2010

[20] 王浩瑜. 跟我说普通话. 北京：中国传媒大学出版社，2009

[21] 国家语言文字工作委员会普通话培训测试中心. 普通话水平实施纲要. 2007

http://home.pomoho.com

http://psy.mz16.cn

http://www.gwyoo.com/

http://www.docin.com/

http://www.zxyww.com

中国客服论坛 电话沟通宝典 电话咨询服务行为规范

http://blog.sina.com.cn/s/blog_520d68d30100ec8p.html）-职场礼仪——介绍他人的礼仪_礼仪培训师赵鸿渐_新浪博客

读者意见反馈表

书名：普通话与口语交际训练　　　　　主　编：魏雪　　　　　策划编辑：徐　玲

> 　　谢谢您关注本书！烦请填写该表。您的意见对我们出版优秀教材、服务教学，十分重要。如果您认为本书有助于您的教学工作，请您认真地填写表格并寄回。**我们将定期给您发送我社相关教材的出版资讯或目录，或者寄送相关样书。**

个人资料

姓名_____年龄_____联系电话_____（办）_____（手机）

学校_____专业_____职称/职务_____

通信地址_____邮编_____E-mail_____

您校开设课程的情况为：

本校是否开设相关专业的课程　□是，课程名称为_____　□否

您所讲授的课程是_____课时_____

所用教材_____出版单位_____印刷册数_____

本书可否作为您校的教材？

□是，会用于_____课程教学　　□否

影响您选定教材的因素（可复选）：

□内容　　　　□作者　　　　□封面设计　　□教材页码　　　□价格　　　　□出版社

□是否获奖　　□上级要求　　□广告　　　　□其他_____

您对本书质量满意的方面有（可复选）：

□内容　　　　□封面设计　　□价格　　　　□版式设计　　　□其他_____

您希望本书在哪些方面加以改进？

□内容　　　　□篇幅结构　　□封面设计　　□增加配套教材　□价格

可详细填写：_____

_____

您还希望得到哪些专业方向教材的出版信息？

_____

　　感谢您的配合，可将本表按以下方式反馈给我们：

　　【方式一】电子邮件：登录华信教育资源网（http://www.hxedu.com.cn/resource/OS/zixun/zz_reader.rar）下载本表格电子版，填写后发至 ve@phei.com.cn

　　【方式二】邮局邮寄：北京市万寿路 173 信箱华信大厦 1104 室　　　职业教育分社　（邮编：100036）

　　如果您需要了解更详细的信息或有著作计划，请与我们联系。

　　电话：010-88254475；88254591